ポケット判

実用
ことわざ
新辞典

高橋書店編集部 編

高橋書店

はじめに

情報発信の機会が増えた現代では、これまで類を見ないほどの多くのことばが飛び交うようになりました。新しいことばが次々と生みだされ、その多くは瞬く間に消えていきます。

先人の伝えてきた「ことわざ・成句」はこうした「風化」に耐えたことばともいえます。それは、それらの持つ教えや知恵が、どの時代の人々にも響く普遍性を持っていたためではないでしょうか。

ことばの寿命が短い現代こそ、ことわざ・成句の持つ教えは、私たちの心を強く打つのです。

本書は、実生活で活用できることわざ・成句を厳選しました。簡明な解説に加え、成句にまつわる知識や出典、類義語・対義語、英語のことわざを掲載し、その意味を理解するだけでなく、楽しみながら教養を深められるよう工夫しています。

本文には見出し語が見つけやすい横書きレイアウトを採用し、巻末には「類義語・対義語索引」、意味や生活の場面から引ける「テーマ別索引」「状況別索引」を収録することで、求めることばがすぐに見つかるようにしました。

この辞典を手に取った皆さんが、先人の伝えてきたことばに出会い、日々を心豊かに生きていく糧にして頂ければ幸いです。

高橋書店編集部

本辞典の特色

本辞典は、日常生活でよく使われることわざ、慣用句をはじめ、進学・就職試験に出題される故事成語・格言など、約3000語（見出し語約1500語）を精選収録したものです。

見出し語は五十音順に配列。解説文は、明解な説明を心がけ、必要に応じてことばの原義や故事の由来、用例、類義・対義語、対応する英語のことわざを掲げ、多面的に理解できるように工夫を施しています。

巻末には、本文で取りあげた類義語・対義語を五十音に配列した索引のほか、主な収録語をテーマ別・状況別に分類し、意味や生活の中の場面から引ける索引を付しました。

記号一覧

- (知識) 故事の由来やことばの原義など、豆知識を掲載しています。
- (用例) 見出し語の使い方を示しています。
- (注意) 誤記・誤読・誤解・誤用など、間違えやすい注意点をまとめています。
- (類義) 見出し語と同義・類義の語句を掲載しています。
- (対義) 見出し語と対義・反意の語句を掲載しています。
- (英語) 見出し語が西洋のことわざに由来するものは、原文（英語圏か否かは不問）を英文で掲げています。そのほか、見出し語と類義の一般的な英語のことわざも掲載しています。

ああ言《い》えばこう言《い》う

相手の意見を受け入れずに、あれこれと理屈を並べたり、言葉尻をとらえたりして、口答えすること。

(用例) ああ言えばこう言う息子の減らず口にはお手上げだ。

(類義) 西と言えば東と言う／右と言えば左／山と言えば川

愛多《あいおお》ければ憎《にく》しみ至《いた》る

人から愛を受けることが多ければ、一方で必ず人から憎まれるようになる。特別な寵愛《ちょうあい》は、身の破滅を招くことにもなりかねないから注意しなければならないという意。

挨拶《あいさつ》は時《とき》の氏神《うじがみ》

「挨拶」は、仲裁の意。けんかや口論の仲裁をしてくれる人は、ありがたい氏神様と同じであるという意。仲裁人の調停には、すみやかに従うのがよいという教え。「仲裁は時の氏神」とも、たんに「時の氏神」ともいう。

相手《あいて》のない喧嘩《けんか》は出来《でき》ぬ

けんかは相手がいてこそはじめてできる。けんかを売られても相手になるなという教え。また、けんかを買ったほうも悪いという戒め。

(類義) 一人喧嘩《ひとりげんか》はならぬ

(英語) It takes two to make a quarrel.
(喧嘩するには二人要る)

阿吽《あうん》の呼吸《こきゅう》

協力して物事にあたるときの、互いの微妙な呼吸や調子。また、それがぴたりと合うこと。「阿吽」は「阿呍」とも書く。

(知識) サンスクリット語で、最初の字母(英語の A)「阿」が吐く息を、最後の字母(同 Z)「吽」が吸う息を表し、それがぴったり合うことからいう。

仰《あお》いで天《てん》に愧《は》じず

自らを反省してみて、心にやましいことがなければ、天を仰ぎ見てもすこしも恥ずかしいと思うところがない。自分自身が潔白であるということ。出典は『孟子《もうし》』。

(類義) 俯仰《ふぎょう》天地に愧じず

青菜《あおな》に塩《しお》

青菜に塩をかけると水分が抜けて萎《しお》れてしまうことから、急に元気をなくしてしょんぼりしてしまうさまをいう。

(類義) 青菜を湯につけたよう／蛞蝓《なめくじ》に塩

青《あお》は藍《あい》より出《い》でて藍《あい》より青《あお》し

かつて染料の青色(紺色)は、植物の藍の葉からとっていたが、その染料で染めたものは、原料の藍の葉よりも青かった。転じて、弟子がその師匠(先生)よりも優れていることのたとえ。出藍《しゅつらん》の誉れ。出典は『荀子《じゅんし》』。

(類義) 氷は水より出でて水よりも寒し

(英語) The scholar may be better than the master.
(弟子が師匠にまさることがある)

赤子《あかご》の手《て》をひねるよう

抵抗する力のない赤ん坊の手をひねるように、たやすくできる、また、力量の劣る者をやすやすと負かすたとえ。「赤子の腕をねじるよう」ともいう。

(用例) 対戦相手が新人なら赤子の手をひねるようなものだ。

明《あか》るけりゃ月夜《つきよ》だと思《おも》う

夜、外が明るければ、すべて月夜だと思うこと。考えが単純で物事を知らないこと。深く考えない、のんきな者を嘲笑することば。

(類義) 明るけりゃ盆／団子さえ食えば彼岸だと思う ↗

(英語) A bright rain makes fools fain.
(雨空が明るくなると、晴れると思って愚か者は喜ぶ)

空《あ》き樽《だる》は音《おと》が高《たか》い

樽をたたくと、中身が詰まっていれば重々しい音が響くが、空だと高い音がすることから、中身の空疎な人間ほどよくしゃべり、周囲をうるさがらせることのたとえ。

(類義) 浅瀬に仇浪《あだなみ》

(英語) Empty vessels make the greatest sound.
(空の樽が一番大きな音を出す)

商《あきな》い三年《さんねん》

商売は始めてから三年くらいたたなければ、利をあげるまでに至らない。三年は辛抱せよということ。

(類義) 顎振り三年／売り出し三年

商《あきな》いは牛《うし》の涎《よだれ》

商売は、牛のよだれが細く長く切れ目なく流れ出るように、こつこつと気長に辛抱せよ、利益を急ぐなという意。

秋茄子《あきなすび》 嫁《よめ》に食《く》わすな

おいしい秋茄子《なす》を嫁に食べさせるなという意で、姑《しゅうとめ》の嫁いびりのことばと解釈するのが一般的。反対に秋茄子は体が冷える、あるいは秋茄子は種が少ないので子種がなくなるのを心配して、嫁に食わすなと解釈する説もある。

(類義) 秋鯖《さば》 嫁に食わすな／五月蕨《ごがつわらび》は嫁に食わすな／鯒《こち》の頭は嫁に食わせよ

(対義) 秋茄子 嫁に食わせよ

秋《あき》の扇《おうぎ》

夏のあいだ重宝がられた扇が秋になって不要になるように、男性の愛を失って見捨てられた女性のたとえ。

秋《あき》の鹿《しか》は笛《ふえ》に寄《よ》る

秋になると、発情した牡鹿《おじか》が牝《め》鹿の鳴き声に似せた鹿笛に引き寄せられ人に捕らえられる。転じて、恋に身を滅ぼすこと。また、自分から危難に陥ることのたとえ。

(類義) 妻恋う鹿は笛に寄る／飛んで火に入る夏の虫／笛に寄る鹿は妻を恋う

秋《あき》の日《ひ》は釣瓶《つるべ》落《お》とし

水を汲《く》む釣瓶が手を放すと勢いよく井戸の中に落ちていくように、秋の日脚は速くすぐに暮れるというたとえ。

(類義) 秋の日の鉈《なた》落とし

秋葉山《あきばさん》から火事《かじ》

火難よけの神を祭る秋葉神社(静岡県浜松市の秋葉山にある)から火事を出す。人を戒める立場にある人が、自ら過ちを犯してしまうたとえ。

(類義) 火消しの家にも火事

空《あ》き家《や》で声《こえ》嗄《か》らす

人が住んでいない家で、声がかれるまで案内を求めても返事がない。いくら努力しても人に認められないこと。

(類義) 空き家で棒振る／縁の下の力持ち／楽屋で声嗄らす

空《あ》き家《や》の雪隠《せっちん》

「雪隠」は、便所のこと。人の家を訪ねていくら呼んでも返事がないとき、「声なし」にかけて「肥なし」としゃれたことば。ものが言えない、返答がないの意。

商人《あきんど》の空誓文《そらせいもん》

商人の約束事はうそが多く、信用できないということ。

(注意)「空」を「から」とは読まない。

商人《あきんど》の元値《もとね》

商人は(客にはわからない)元値、原価を高めに言うことが多く、信用できないということ。

灰汁《あく》が強《つよ》い

「灰汁」は洗濯や染め物に用いた、灰を水に溶かして上澄みをすくった汁。また、植物に含まれる液で、渋みが強い。転じて、人の性格やものの考え方、表現のしかたなどに特有の癖やどぎつさがあること。

(知識) この逆に、嫌みがなく、洗練されてさっぱりすることを「灰汁が抜ける」という。

悪妻《あくさい》は百年《ひゃくねん》の不作《ふさく》

悪妻は、夫だけでなく、子孫にまで悪い影響を及ぼすものであるから、妻選びは慎重にせよという教え。「悪妻は六十年の不作」「悪妻は一生の不作」ともいう。

(類義) 悪妻は家の破滅／一生の患《うれ》いは性悪《しょうわる》の妻

(英語) An ill marriage is a spring of ill fortune.
(まずい結婚は不幸の泉)

悪事千里《あくじせんり》を走《はし》る

悪行や悪評は、たちまち世間に知れ渡るということ。「好《こう》事門《じもん》を出《い》でず」のあとに続けていうこともある。また「走る」は「行く」ともいう。出典は『北夢瑣言《ほくぼうさげん》』。

(類義) 隠す事《こと》千里

(英語) Bad news has wings. (悪い知らせは翼を持つ)

悪事身《あくじみ》にとまる

悪事は犯した自分の身に戻り、けっきょくは自分が苦しむことになるという意。「悪事身に返る」ともいう。

(類義) 因果応報／自業自得／天に唾《つば》す／身から出た錆《さび》

悪女《あくじょ》の深情《ふかなさ》け

容姿の劣る女ほど愛情や嫉妬心が強いということ。女性の情けは好ましいが、できることなら美人の情けであってほしいということから、男女関係以外の、ありがた迷惑のたとえにもされる。

(知識) 現代では、「悪女」は性格の悪い女性の意味で使われるが、本来は醜い女性をさす。

(英語) The plainer the woman, the fiercer the love.
（女性は醜いほど愛情が激しい）

悪銭身《あくせんみ》に付《つ》かず

不当に得たお金は大切にしないから、やがてつまらないことに使ってしまい、けっきょくは残らないということ。

(対義) **正直の儲《もう》けは身に付く**

(英語) Ill got, ill spent.（不当に得たものは不当に使われる）

揚《あ》げ足《あし》をとる

相手が蹴ろうとして上げた足をとって倒すこと。転じて、人の言い間違いや言葉尻をとってやり込めたり、皮肉ったりすること。「揚げ足」は「挙げ足」とも書く。

(用例) 公式会見では揚げ足をとる記者もいたりするから、回答や発言には気をつけろよ。

挙《あ》げ句《く》の果《は》て

連歌《れんが》で、はじめの五・七・五の17字を発句《ほっく》、最後の七・七の2句を挙げ句ということから、物事の最後。とどのつまり。「挙げ句」は「揚げ句」とも書く。

(用例) つぶやいた嫌みから敵意むき出しの口論となり、挙げ句の果ては取っ組み合いの大げんかとなった。

(注意) さまざまやったが、けっきょく悪い方向へ進んでしまった場合に用いる。好結果の場合は使わない。

阿漕《あこぎ》が浦《うら》に引《ひ》く網《あみ》

隠し事も、度重なると知れ渡ることのたとえ。

(知識) 阿漕が浦(三重県津市一帯の海辺)は、伊勢神宮に供える魚を捕るため一般人には禁漁区だったが、ある漁師が病の老母のため、たびたび魚を捕っていて発覚し、捕らえられたという伝説から。◇「阿漕なやり方」などのように、「阿漕」は強欲な意味にもいう。

顎《あご》で蠅《はえ》を追《お》う

体にとまった蠅を追うのに手が動かせず、顎を動かして追い払う。病人が衰弱し、動きもままならないさまをいう。体力の衰えた人のたとえ。「頤《おとがい》で蠅を追う」ともいう。

(類義) 火を吹く力もない

顎《あご》振《ふ》り三年《さんねん》

尺八を習うのに、顎を振る練習だけでも３年はかかる。簡単に見えることも、熟練するまでにはたいへんな苦労があることのたとえ。「首振り三年」ともいう。

朝雨《あさあめ》 女《おんな》の腕《うで》まくり

朝に降る雨はすぐにやんでしまうことから、朝雨も女の腕まくりも、たいしたことはないということ。

(類義) 朝雨馬に鞍《くら》を置け／朝雨小ばくち／朝雨に傘いらず

浅《あさ》い川《かわ》も深《ふか》く渡《わた》れ

たとえ浅く見える川でも、どんな危険が潜んでいるかわからないもの。深い川を渡るように、用心が肝要であるということ。油断を戒めることば。

(類義) 石橋を叩《たた》いて渡る／念には念を入れよ

(英語) Cross a shallow river as if it were deep.
(浅い川も深いと思って渡れ)

浅瀬《あさせ》に仇浪《あだなみ》

「仇浪」は「徒波」とも書き、いたずらに立ち騒ぐ波の意。波は川の深い所よりも浅い所に立ち騒ぐもの。転じて、考えの浅い人ほど騒ぎたてるということ。

(類義) 空き樽《だる》は音が高い／痩せ犬は吠《ほ》える／痩せ馬の声嚇《おど》し

(対義) **深い川は静かに流れる**

(英語) Deep rivers move in silence, shallow brooks are noisy.
（深い川は音を立てずに流れ、浅い小川はやかましい）

麻《あさ》に連《つ》るる蓬《よもぎ》

曲がりやすい蓬でも、まっすぐ伸びる麻の中でなら曲がらずに生長する。転じて、善良な人と交われば、感化を受け、しぜんと善良な人に育つ。人はその環境しだいで善くも悪くもなるということ。「麻の中の蓬」ともいう。

(類義) 朱に交われば赤くなる／水は方円の器に随《したが》う

(英語) Keep good men company and you shall be of the number.
（善人とつき合えばその仲間になれる）

朝比奈《あさひな》と首引《くびひ》き

剛力の朝比奈と首に紐《ひも》をかけて引っぱり合うことから、とうていかなわないことのたとえ。

(知識) 「朝比奈」とは、剛力無双と伝えられる朝比奈義秀《よしひで》のこと。和田義盛《よしもり》の三男で、安房《あわ》の国・朝夷《あさひな》で成人したので朝比奈三郎といった。

薊《あざみ》の花《はな》も一盛《ひとさか》り

薊の花はあまり見栄えがしないものだが、それでも花盛りには手折る人もいる。女性の顔かたちの悪さを薊になぞらえ、年頃になればそれなりに美しくなり、魅力が出るということ。「薊の花」は「蕎麦《そば》の花」ともいう。

(類義) 鬼も十八番茶も出花

朝飯前《あさめしまえ》のお茶漬《ちゃづ》け

朝飯前の空腹なときなら、茶漬けはたやすく食べられる。転じて、物事が簡単にできることのたとえ。たんに「朝飯前」と略してもいう。

(類義) 朝腹の丸薬／お茶の子さいさい

明日《あした》は明日《あした》の風《かぜ》が吹《ふ》く

明日には今日《きょう》とは違う風が吹く。明日のことを心配してもどうにもならない、なるようになるということ。

(知識) もとは、いずれ運も向くからくよくよするな、と励ます意味だったが、現在では、先のことは気にしない、と楽観的に開き直る場合にも使われる。

(用例) 所持金を遣い果たして貯金もなし。それでも明日は明日の風が吹く、なんとかなるさ。

(類義) 明日は明日の神が守《も》る

(英語) Let the morn come, and comes the meat with it.
(明日は明日の食べ物を持ってくる)

足下《あしもと》から鳥《とり》が立《た》つ

足下の草むらから急に鳥が飛び立って驚かされることから、身近な所で突然、意外な事件が起こること。また、急に思いついて慌てて物事を始めることにもいう。「足下から煙が出る」ともいう。「足下」は「足元」とも書く。

(類義) 思い立ったが吉日／寝耳に水

(英語) Many things happen unlooked-for.
(意外なことがよく起こるもの)

足下《あしもと》から火《ひ》がつく

危険や災難が身辺から起こり、身に迫ること。「足下に火がつく」ともいう。

(類義) 頭に火がつく

あ

足下《あしもと》の明《あか》るいうち

日が暮れると足下も見えなくなり、歩くのにも危険である。転じて、危険が身に迫る前に、あるいは手遅れにならないうちに行動すべきであるということ。

足下《あしもと》を見《み》る

人の弱点を見抜いてつけ込むこと。

(知識) 昔、籠かきが、旅人の疲労した足つきを見て料金をふっかけたことから。◇受動態は「足下を見られる」。ちなみに、人の隙につけ込んで失敗させる慣用句は「足下」ではなく「足をすくう(すくわれる)」という。

(類義) 足下につけ込む

味《あじ》を占《し》める

一度うまくいったことが忘れられないこと。また、その味を覚えて期待すること。「味を得《え》る」ともいう。

明日《あす》ありと思《おも》う心《こころ》の仇桜《あだざくら》

今美しく咲いている桜の花が、明日もまた咲いているとは限らない。咲いてすぐ散る桜の花のように、人の世は明日がどうなるかわからないほど無常なもの。明日をあてにしていると、機会を逸してしまうというたとえ。

(知識) 「夜半《よわ》に嵐の吹かぬものかは」と続く親鸞上人《しんらんしょうにん》の道歌。

(英語) Never put off till tomorrow what you can do today.
(今日《きょう》できることは明日まで延ばすな)

飛鳥川《あすかがわ》の淵瀬《ふちせ》

奈良盆地南部を流れる飛鳥川は、水流の変化がはなはだしく、淵(深い所)と瀬(浅い所)が変わりやすい。世の中や人の境遇の移り変わりが激しいことのたとえ。

(類義) 滄海《そうかい》変じて桑田《そうでん》となる

預《あず》かり物《もの》は半分《はんぶん》の主《ぬし》

人からの預かり物の半分は、自分のものだと思ってもよいということ。また、預けるほうもその覚悟を持つべきという戒め。「預かる物は半分の主」ともいう。

(英語) Possession is nine points of the law.
（占有は九分の所有権）

明日《あす》の百《ひゃく》より今日《きょう》の五十《ごじゅう》

明日になってもらえるはずの百両より、今日の五十両のほうがよいという意。明日手に入るかもしれない不確実なものよりも、量は少なくとも、今日手に入る確実なもののほうがよいというたとえ。

(類義) 明日の親鳥より今日の卵／今日の一つは明日の十にまさる／死しての千年より生きての一日

(英語) A bird in the hand is worth two in the bush.
（手中の一羽は茂みの中の二羽の価値がある）

明日《あす》はまだ手付《てつ》かず

明日という日がまるまる残っているのだから焦ることはない。まだ余裕があるということ。

(知識) 時間的に追い込まれた人への励ましに用いる。

東男《あずまおとこ》に京女《きょうおんな》

男性は元気で粋な江戸の男が、女性はしとやかで優しい京都の女が良い。良い組み合わせの例。

(類義) 伊勢《いせ》男に筑紫《つくし》女／越後《えちご》女に上州《じょうしゅう》男／越前《えちぜん》男に加賀女／京男に伊勢女／京女に奈良男／筑前《ちくぜん》女に筑前男

遊《あそ》びに師《し》なし

遊び事は、誰に教えられるでもなく、しぜんに覚えてしまうものだということ。「遊ぶに師なし」ともいう。

当《あ》たって砕《くだ》けよ

成功するか失敗するか結果はわからないが、躊躇《ちゅうちょ》せずに思いきって決行せよ、と行動を促し勇気づけることば。

(用例) 相手は優勝候補だ。当たって砕けよの意気込みで決戦に臨もう。

徒花《あだばな》に実《み》は生《な》らぬ

「徒花」は、咲いても実を結ばない花。外見は立派でも、中身、実質が伴わなければ成果をあげられないということ。

頭隠《あたまかく》して尻隠《しりかく》さず

草むらに首を突っ込んで隠れたつもりでいる雉子《きじ》が、尾が丸見えでも平気でいることから、悪事や欠点などの一部だけしか隠していないのに、本人は完全に隠したつもりでいることの愚かさをいう。「頭」は「かしら」ともいう。

(知識) 最初から見破られている場合に使い、隠していてあとでばれる「馬脚を露《あらわ》す」の句とは意味合いが異なる。

(類義) 柿を盗んで核《さね》隠さず／雉子の草隠れ

頭《あたま》の上《うえ》の蠅《はえ》を追《お》え

人のことより、まず自分のことを始末せよということ。

(知識) 人のことに口を出す出しゃばりな人を嘲っていう。また、自分のことを解決できない人を評して「頭の上の蠅も追えない」という。

(類義) 人のことより足下の豆を拾え

頭《あたま》の黒《くろ》い鼠《ねずみ》

主家のものをかすめ取る者をいう。盗っ人が同居人であること。髪の黒い人間を、鼠に見立てていったことば。

(知識) 家の中のものがなくなったときなどに、犯人は家の中の者であろう、とほのめかすときにいう。

新《あたら》しい酒《さけ》は新《あたら》しい革袋《かわぶくろ》に盛《も》れ

新しい思想や物事を表現するには、それに似つかわしい新しい形式で表すべきだということ。

(知識)『新約聖書』の「誰も新しいぶどう酒を古い革袋に入れたりしない。そんなことをしたら、革袋は裂け、酒が流れ出て革袋もだめになる。新しいぶどう酒は新しい革袋に入れよ。そうすれば両方とも保てるだろう」による。キリストの新しい教えが古い腐った心にはそぐわないことをさすもの。

(英語) Neither do men put new wine in old bottles. の訳。

中《あた》らずと雖《いえど》も遠《とお》からず

射た矢が的中していなくても、それほど外れてもいないことから、だいたい推測どおりであること。

当《あ》たるも八卦《はっけ》 当《あ》たらぬも八卦《はっけ》

「八卦」は占い、易のこと。占いは、当たるときも当たらないときもある。必ず的中するというものではない。占いの結果をあまり気にすることはないということ。

(類義) 合うも不思議 合わぬも不思議

仇《あだ》を恩《おん》で報《ほう》ずる

恨みを抱いて当然の相手に、逆に情けをかけること。

(類義) 仇を情けにひきかえる／怨《うら》みに報ゆるに徳を以《もっ》てす

(対義) 恩を仇で返す

彼方《あちら》立《た》てれば此方《こちら》が立《た》たぬ

一方によくすれば、他方には悪くなる。両方同時によくすることは難しいということ。また、二人の主人に仕えることはできないという意味にも使う。

(類義) 頭押さえりゃ尻ゃ上がる／両方立てれば身が立たぬ

暑《あつ》さ寒《さむ》さも彼岸《ひがん》まで

秋の彼岸の頃には残暑も衰え、春の彼岸になれば寒さも薄らぐ。共にその後はしのぎやすい気候になること。

(類義) 暑い寒いも彼岸ぎり

(英語) Neither heat nor cold abides always in the sky.
(暑さ寒さもいつまでも空にあるわけではない)

熱《あつ》火《び》を子《こ》に払《はら》う

火災のとき、熱い火をわが子のほうに払ってでも自分は熱さから逃れ身の安全を図るということから、とっさの場合に現れる極端な利己心をいう。「熱き火は子に払う」「跳ね火子に払う」ともいう。

羹《あつもの》に懲《こ》りて膾《なます》を吹《ふ》く

「羹」は、熱い吸い物。「膾」は酢で味つけした冷たい料理。吸い物で火傷《やけど》し、それに懲りて冷たいなますも吹いて冷まそうとすることから、一度の失敗に懲りて無用な用心をするたとえ。出典は『楚辞《そじ》』。

(注意) 「羹」を「熱物」、「膾」を「生酢」と書くのは誤り。

(類義) 傷弓《しょうきゅう》の鳥／蛇に嚙《か》まれて朽《く》ち縄に怖《お》じる

(英語) A burnt child dreads the fire.
(火傷した子は火を怖がる)

当《あ》て事《ごと》は向《む》こうから外《はず》れる

「当て事」は当てにすること、頼みにすること。自分の都合で勝手に当てにしていることは、相手の都合でうまくいかないことが多いということ。布に紐《ひも》のついた越中褌《えっちゅうふんどし》が、前(向こう)側から簡単に外れることに引っかけて「当て事と越中褌は向こうから外れる」ともいう。

(用例) 「当て事は向こうから外れる」というじゃないか。
希望の部署に配属だなんて、期待しないほうがいい。

後足《あとあし》で砂《すな》をかける

世話になった人の恩を平然と裏切るばかりか、去るときにさらに迷惑をかけること。

(用例) まるで後足で砂をかけるように職場を去った。

(注意)「後足」を「うしろあし」というのは誤り。

(類義) 後は野となれ山となれ／飼い犬に手を噛《か》まれる

(対義) **立つ鳥跡を濁さず**

(英語) A runaway monk never praises his monastery.
(逃亡した修道士は修道院を褒めることはない)

後《あと》の祭《まつ》り

祭りが終わったあとの山車《だし》や祭祀《さいし》用具の意から、時が過ぎて役に立たないことのたとえ。また、手遅れのこと。

(知識) 祭りが終了してから来てもしかたがないとの説も、人が亡くなってから手厚く祭っても無意味であるとの説もある。

(用例) 盗難に遭って防犯について論じても後の祭りさ。

(類義) 後薬《あとぐすり》／証文の出し後れ／十日の菊 六日の菖蒲《あやめ》

(英語) It is too late to plead after sentence is passed.
(宣告されてから弁論しても手遅れである)

後《あと》は野《の》となれ山《やま》となれ

自分に関係がなくなれば、そこが野になろうが山になろうがかまわないという意。自分はやるべきことはやったのだから、あるいは自分の利害得失はないのだから、以後どうなろうと関知しない。勝手にしろということ。「末は野となれ山となれ」ともいう。

(知識) やけになったときによく使われる。

(類義) 旅の恥は掻《か》き捨て

(対義) **立つ鳥跡を濁さず**

(英語) After us the deluge. (私たちの死後なら、洪水よ来い)

あの声《こえ》で蜥蜴《とかげ》食《く》らうか時鳥《ほととぎす》

時鳥は、蜥蜴を食うとは思えないほどの美しい声で鳴く。人の性格や物事は見かけによらないものということ。

(知識) 江戸時代の俳人、榎本《えのもと》(宝井《たからい》)其角《きかく》の句。

(対義) 鬼面仏心《きめんぶっしん》

(英語) You can't judge a book by its cover.
(表紙だけで本の価値は判断できない)

痘痕《あばた》も靨《えくぼ》

愛する者の目には、醜いあばたもかわいいえくぼに見えるもの。ひいき目に見ると欠点も長所に見えるという意。

(類義) 愛してその醜さを忘る／惚《ほ》れた欲目／面面《めんめん》の楊貴妃《ようきひ》

(英語) Love covers many infirmities.(愛は多くの欠点を隠す)

危《あぶ》ない橋《はし》を渡《わた》る

今にも崩れそうな危険な橋を渡る、の意から、危険を冒して物事を行うこと。法に触れるか触れないかすれすれの手段や方法で仕事をするときなどに使うことば。

(類義) 虎穴《こけつ》に入《い》らずんば虎子《こじ》を得ず

(対義) 石橋を叩《たた》いて渡る

虻蜂《あぶはち》取《と》らず

虻と蜂を一度に追いかけて、両方取り逃がしてしまう。両方のものを得ようとして、どちらも取り逃がすこと。欲ばりすぎたために、かえってだめになることのたとえ。

(用例) 仕事と趣味を両立させようなんて、けっきょく虻蜂取らずに終わるぞ。

(類義) 花も折らず実も取らず／二兎《にと》を追う者は一兎《いっと》をも得ず

(対義) 一挙両得／一石二鳥

(英語) Between two stools the tail goes to the ground.
(二つの腰掛けのあいだで尻餅をつく)

脂《あぶら》に画《えが》き 氷《こおり》に鏤《ちりば》む

脂肪の塊に絵を描いたり、氷に彫刻をしたりしても、すぐ消えうせてしまうことから、実体のはっきりしないものに向かって苦労しても甲斐《かい》がないこと。骨折り損。

(類義) 氷に鏤《ちりば》め 水に描《えが》く／流れ川を棒で打つ／水に絵を描《か》く

油《あぶら》に水《みず》

油に水を入れると分離してしまうことから、異質なためにしっくりとなじまないこと。融和しないこと。

(用例) きみと彼では油に水だから、チームは組めないよ。

(類義) 油に水の混じるが如《ごと》し／水と油

油《あぶら》を売《う》る

仕事中に時間をつぶして怠けること。また、仕事中に長々とむだ話をすること。

(知識) 江戸時代の油売りが客の容器に油を移すのに時間がかかったことからとも、髪油を売り歩く商人が婦女を相手にのんびり話しながら商売したからともいわれる。また、油屋が夜忙しく昼は暇であるからとも。

(用例) いつまでも油を売っていないで、早く職場に戻れ。

雨垂《あまだ》れ 石《いし》を穿《うが》つ

雨垂れも、長年にわたって同じ所に落ち続ければ石にも穴をあけるという意味から、わずかな力でも、根気よく続ければ事が成就するということ。「雨垂れ」は一文字で「霤」とも書き、「点滴」「水滴」ともいう。

(類義) 牛の歩みも千里／愚公《ぐこう》 山《やま》を移す／泰山《たいざん》の 霤《したたり》 石を穿つ／釣瓶縄《つるべなわ》 井桁を断つ／人跡繁《ひとあとしげ》ければ山も窪《くぼ》む

(英語) Constant dripping wears away the stone.
（絶えず落ちる滴は石にさえ穴をあける）

雨《あま》夜《よ》の月《つき》

雨の降る夜でも空に月はある。あるにはあっても目には見えないもの。実際には見られない物事のたとえ。「雨夜の星」ともいう。

阿《あ》弥《み》陀《だ》も銭《ぜに》で光《ひか》る

阿弥陀仏の御利益さえも布施の金額の多寡によって違ってくる。金の力は絶大であるということ。また世の中は万事金で動くという皮肉。

(類義) 金さえあれば飛ぶ鳥も落ちる／金の力は阿弥陀ほど／地獄の沙汰も金次第

(英語) No penny, no paternoster.
（金がないと祈りも上げられぬ）

網《あみ》 呑舟《どんしゅう》の魚《うお》を漏《も》らす

「呑舟の魚」は、舟を丸呑《の》みにするほどの大魚のことで、大罪人をさす。網の目が粗いために大魚を逃すこと。転じて、法律が巨悪や大罪人を逃してしまうことのたとえ。たんに「呑舟の魚」ともいう。出典は『史記』。

(用例) 私腹を肥やした元大臣が、世論の、「網 呑舟の魚を漏らす」の見立てどおり不起訴処分となった。

(類義) 大魚は網を破る／天に目なし

(対義) 天道様は見通し／天網恢恢《てんもうかいかい》疎にして漏らさず

(英語) A coach-and-six may be driven through an act of Parliament.（六頭立ての馬車も法の網を駆け抜ける）

網《あみ》無《な》くして淵《ふち》にのぞむな

網もないのに魚を捕ろうと淵をのぞいてもしかたない。準備や用意をせずに事を始めても成功しないということ。また、努力もせずに人を羨むものではないという戒め。

(類義) 網を持たずに海をのぞくな

網《あみ》に掛《か》かった魚《うお》

逃れようにも逃れようのないこと。対処する方法がまったくないことのたとえ。たんに「網の魚」ともいう。

(類義) 籠の鳥／袋の鼠《ねずみ》

網《あみ》の目《め》に風《かぜ》たまらず

網で風を防ごうとしても、風は網の目を吹き抜けてしまうことから、何の効果もないこと。むだなことのたとえ。「網の目に風とまらず」ともいう。

(類義) 籠で水汲《く》む／蜘蛛《くも》の網に風たまらず／笊《ざる》に水

(英語) Catch the wind in a net.（網で風を捕らえる）

網《あみ》の目《め》に風《かぜ》とまる

風は、網の目にはとまらずに吹き抜けてしまうことから、あるはずがないこと、不可能なことのたとえ。また、常識的にはありえないことも、ごくまれにはあるということ。「網の目に風たまる」ともいう。

(類義) 雨の夜《よ》にも星／蚊帳の目に風たまる

雨《あめ》が降《ふ》ろうが槍《やり》が降《ふ》ろうが

どんな困難があっても必ずやりとげるという、決心の固さを表すことば。「雨が降ろうと槍が降ろうと」ともいう。

(用例) 雨が降ろうが槍が降ろうが、期日までに必ず完成させます。

(類義) 石に囓《かじ》りついても／火が降っても槍が降っても

雨《あめ》 塊《つちくれ》を破《やぶ》らず

雨が静かに降り土の塊や形を壊すことなく地面に染み込む、の意から、世の中が泰平であるたとえ。五風十雨。出典は『塩鉄論』。

(類義) 海《うみ》波《なみ》を揚げず／吹く風枝《えだ》を鳴らさず

雨《あめ》降《ふ》って地固《じかた》まる

雨が降ると、染み込んだ水が地面を引きしめ固くなることから、もめ事や困難なことがあったあとは、その試練に耐えることで、かえって物事が丸く収まり落ち着くようになるというたとえ。

(用例) 大げんかして言い争ったら、かえって彼女と仲よくなれたんだって。雨降って地固まるだね。

(類義) 諍《いさか》い果てての契り

(英語) After a storm comes a calm.
(嵐のあとには静けさがくる)

危《あや》うきこと累卵《るいらん》の如《ごと》し

「累卵」は、卵を積み上げること。また、その卵。積み上げた卵がいつ崩れるかわからないように物事が危険な状態をいう。「累卵の危うき」ともいう。出典は『史記』。

過《あやま》ちて改《あらた》めざる是《これ》を過《あやま》ちと謂《い》う

人は誰でも過ちを犯すもの。したがって、その過失を隠したり犯した言い訳をしたりせず、謝って即座に改めれば過ちとはいえない。しかし、それを改めようとしなければ、それこそが本当の過ちであるという意。気づいた過失はすぐに改めよ、という戒め。出典は『論語』。

(類義) 過ちては改むるに憚《はばか》ることなかれ

(英語) He is doubly fond that justifies his fondness.
(過ちを正当化する者は二重に過つ)

過《あやま》ちては改《あらた》むるに憚《はばか》ることなかれ

間違いや不始末を犯したときにはためらわず、すみやかに改めなければならない。過ちに気がついたら即座に改めよ、という意。出典は『論語』。

(類義) 過ちて改めざる是《これ》を過ちと謂《い》う ↗

(英語) It is never too late to mend.

(悔い改めるのに遅すぎることはない)

過《あやま》ちは好《この》む所《ところ》にあり

過ちは、ともすれば自分の得意なこと、好きなことをやっているときに気が緩み、起こりがちであるということ。

(類義) 河童《かっぱ》の川流れ／猿も木から落ちる／好きな事には騙《だま》され易《やす》い／善《よ》く游《およ》ぐ者は溺れ 善く騎《の》る者は堕《お》つ

文目《あやめ》も分《わ》かぬ

「文」は、織物や木目《もくめ》の模様のこと。暗くて、模様や色合いがはっきりしないさま。また、物事の分別がつかないさま。

(用例) 文目も分かぬ闇夜の一人歩きは怖いよ。

蟻《あり》の穴《あな》から堤《つつみ》の崩《くず》れ

ごく小さな油断や手ぬかりが、取り返しのつかない大事を引き起こすことのたとえ。油断大敵。

(類義) 蟻の一穴 天下の破れ／千丈の堤も蟻の一穴から

(英語) A little leak will sink a great ship.

(小さな穴が大船を沈める)

蟻《あり》の熊野参《くまのまい》り

「熊野参り」は古来、信仰の厚い和歌山県の熊野三社にお参りすること。熊野三所権現《さんしょごんげん》にお参りする人の長い行列を蟻の行列にたとえたことば。大勢が同じ道をひっきりなしに行き来するさまをいう。「熊野参り」は「開帳参り」「観音伊勢《いせ》参り」「百度参り」ともいう。

有《あ》る時《とき》は米《こめ》の飯《めし》

「米の飯」は、ぜいたくな食事を意味する。人は、余裕があるときには浪費やぜいたくをしがちであるということ。

(類義) 有れば有るだけ無い時三昧

有《あ》る時払《ときばら》いの催促《さいそく》なし

期限や金利を決めずに、都合がついたときに返し、貸し主からも催促しないという借金の返済条件。出世払い。

(注意) お金があるときにすぐに返せば催促されない、という意味ではない。

慌《あわ》てる乞食《こじき》は貰《もら》いが少《すく》ない

仲間よりも早く多くもらおうと慌てて欲ばる乞食は、人々の反感を買って、もらいが少なくなる。慌てふためいて急ぐと、かえって良い結果が得られないというたとえ。

(知識) せっかちな人や慌てている人に対する忠告、からかいのことばとして使う。

(類義) 慌てる蟹《かに》は穴へ入れぬ／急《せ》いては事を仕損ずる

(英語) Hurrying gets you nowhere.
(慌ててはちっとも進まない)

阿波《あわ》に吹《ふ》く風《かぜ》は讃岐《さぬき》にも吹《ふ》く

ある土地の風俗や習慣は、ほかの土地にも移りやすい。また、上のすることは下も見習うようになるということ。どこに行っても人情は変わらないということ。

案《あん》ずるより産《う》むが易《やす》い

事前にあれこれ心配したことも、思いきってやってみると存外、たやすくできるものだということ。取り越し苦労を慰めることば。「思うより産むが易い」ともいう。

(類義) 案じる子は産み易い

暗夜《あんや》に灯火《ともしび》を失《うしな》う

暗闇で明かりをなくして困ることから、頼りにするものを失い、途方に暮れること。「闇の夜に灯火を失う」とも。

(類義) 川からあがった河童《かっぱ》

言《い》い得《え》て妙《みょう》

表現が巧みで、的確に言い表しているさま。

(用例) 決まり手がいくつもある、あの小兵《こひょう》力士を評して「技のデパート」とは、なるほど言い得て妙だ。

(注意) 「妙」は極めて巧みなこと。奇妙の意で使うのは誤り。

言《い》い勝《が》ち功名《こうみょう》

ことばの数の多いほうが勝つ。道理のない意見でも多弁なほうが受け入れられる、黙っていては良い意見も周囲の者に通じないということ。「功名」は「高名」とも書く。

(類義) 言わぬことは聞こえぬ

(対義) 言わぬは言うにまさる／沈黙は金 雄弁は銀

言《い》いたい事《こと》は明日《あす》言《い》え

思ったことはすぐ口に出さず、一晩じっくり考えるくらいの間《ま》をおいたほうが、失言をせずにすむということ。

(類義) 腹の立つ事は明日言え

(英語) Think twice before you speak.（言う前に二度考えよ）

言《い》うは易《やす》く行《おこな》うは難《かた》し

口に出して言うのは簡単だが、それを実行するとなるとなかなか難しいという意。出典は『塩鉄論』。

(類義) 言うは行うより易し／口では大阪の城も建つ

(英語) Soon said than done.（言うは行うより易しい）

家柄《いえがら》より芋茎《いもがら》

良い家柄よりも、食べられる芋茎のほうがよいという意。落ちぶれた旧家や門閥を嘲っていうことば。

(類義) 芋茎は食えるが家柄は食えぬ

(英語) Birth is much, but breeding is more.
（生まれは大事だが、育ちはより肝心）

家《いえ》貧《まず》しくして孝子《こうし》顕《あらわ》る

家が貧しいと子どもも家計を助けたりするので、しぜんとその孝行が人に知られてくる。逆境のときにこそ、人の真価が現れて認められるという意。出典は『宝鑑』。

怒《いか》りは敵《てき》と思《おも》え

「怒る」という感情は、他人からの怒りや恨みを招くので、わが身を滅ぼす敵と思って抑えよという戒め。

(知識) 徳川家康《とくがわいえやす》の遺訓の一つ。

怒《いか》れる拳《こぶし》 笑顔《えがお》に当《あ》たらず

怒って振り上げた拳も、笑顔の相手には振り下ろせない。相手の怒りや強気な態度には、かえって優しい態度で対するほうが有効であるという教え。

(類義) 尾を振る犬は叩《たた》かれず／袖の下に回る子は打たれぬ

生《い》き馬《うま》の目《め》を抜《ぬ》く

生きている馬の目を抜くほどすばしこいという意。ずる賢く立ち回り、他人を出し抜いてすばやく利益を得ること。油断も隙もないさまのたとえ。

(用例) 就職先が憧れの会社に決まったって⁉　でも、あの業界は生き馬の目を抜く競争社会らしいよ。

(英語) Water sleeps, the enemy wakes.（水は眠っても敵は眠らず）

いざ鎌倉《かまくら》

さあたいへん、一大事が起こった、すぐにでも駆けつけなければ、という意。「すわ鎌倉」ともいう。

(知識) 危急のときや大事が起こった場合にいう。◇鎌倉時代、大事件が起きたとき諸国の武士が幕府のある鎌倉に召集され、馳《は》せ参じたことから。謡曲『鉢木《はちのき》』の中のことばに由来するという。

石臼《いしうす》を箸《はし》に刺《さ》す

「石臼を箸で突き刺せ」のような、無理を言うこと、だだをこねることのたとえ。「箸」は「楊子《ようじ》」ともいう。

(類義) 斧《おの》をといで針にする／豆腐を藁《わら》でつなぐ

石《いし》が流《なが》れて木《こ》の葉《は》が沈《しず》む

重くて沈むはずの石が流れ、軽くて浮くはずの木の葉が沈むかのように、物事の道理が逆になっているたとえ。「石が浮かんで木の葉が沈む」ともいう。

(類義) 牛が嘶《いなな》き馬が吼《ほ》える／西から日が出る

石地蔵《いしじぞう》に蜂《はち》

痛くもかゆくもない、なんとも感じないたとえ。

(類義) 牛の角を蜂が刺す

石《いし》に漱《くちすす》ぎ流《なが》れに枕《まくら》す

負け惜しみが強く、理屈をこじつけて自分の間違いを正当化しようと言い逃れること。「流れに枕し石に漱ぐ」ともいう。

(知識) 中国、晋《しん》の孫楚《そんそ》が山林で隠居しようと、「石に枕し流れに漱ぐ(俗世を離れて自由気ままに生活する)」と王済《おうさい》に言うべきところを、間違えて「石に漱ぎ流れに枕す」と言ってしまった。王済が「流れは枕とすることはできず、石で口をすすぐことはできない」と言うと、孫楚は「流れを枕にするというのは、耳を洗うためであり、石に漱ぐというのは、歯を磨くためである」と言い返したという『晋書《しんじょ》』の故事による。◇明治の文豪・夏目漱石《そうせき》の「漱石」の号は、この故事からとったといわれる。また、「さすが」の当て字「流石」も、「さすがにうまく言い逃れた」ことに由来するといわれている。◇このことばの四字熟語が「漱石枕流《ちんりゅう》」。

い

石《いし》に立《た》つ矢《や》

必死で行えば、どんなこともできうるというたとえ。

(知識) 昔、中国の楚《そ》の熊渠子《ゆうきょし》が狩りに行って、横たわっている石を虎と見誤って射たところ、矢が石を割ったという『韓詩外伝《かんしがいでん》』の故事による。また、『史記』の「李将軍伝《りしょうぐんでん》」にも、漢の李広《りこう》のものとして同様の故事がある。

(用例) 上客からの注文なのだから、たとえ無理でもむげに断らず、石に立つ矢を信じて応じよう。

(類義) 雨垂れ 石を穿《うが》つ／一念岩をも徹《とお》す／精神一到何事か成らざらん

石《いし》に判《はん》

確実なものをさらに確実にすること。絶対に間違えないことのたとえ。「石に錠」ともいう。

(類義) 石の証文 岩の判／石屋の尻に老中の判

石《いし》に布団《ふとん》は着《き》せられぬ

石は墓石のこと。親が死んでから、その墓石に布団を着せかけても意味がない。孝行は親が生きているうちにこそすべきであるという戒め。

(類義) 孝行のしたい時分に親はなし

石《いし》に枕《まくら》し流《なが》れに漱《くちすす》ぐ

石を枕にして、川の水で口を洗う。俗世間を離れ、自然の中で気ままに暮らすこと。

石《いし》の上《うえ》にも三年《さんねん》

冷たい石の上にも三年座り続ければ温まるということから、どんなにつらくても我慢強くがんばれば、やがて報われるという意。辛抱の大切さを説いたことば。

(類義) 茨の中にも三年の辛抱／三年居れば温まる／辛 ↗

抱する木に金がなる

(英語) Perseverance kills the game.（忍耐が獲物を落とす）

石橋《いしばし》を叩《たた》いて渡《わた》る

堅固な石橋でさえ叩いて安全を確かめてから渡ること。非常に用心深い、慎重なことのたとえ。

(知識) 用心深さを強調して「石橋を叩いても渡らない」ともいい、何事にも慎重すぎる人を皮肉っていうことばとしても使われる。

(類義) 浅い川も深く渡れ／石橋に鉄《かね》の杖《つえ》／念には念を入れよ

(対義) **危ない橋を渡る**

(英語) You can never be too cautious.
（用心しすぎることはない）

石部金吉鉄兜《いしべきんきちかなかぶと》

「石部金吉」は、堅固なものを代表する擬人名。「石」と「金」を組み合わせたような堅物が、さらに「鉄兜」をかぶっているという意味から、極端に実直な人のこと。

(知識) 多く、まったく融通のきかない人を皮肉っていう。

医者《いしゃ》が取《と》るか坊主《ぼうず》が取《と》るか

お金を、生きていれば医者が取り、死んでしまえば僧侶が取る。生死の境を行ったり来たりしている重病人をさしていう。また、治療や葬式にお金がかかることにもいう。「医者が取らにゃ坊主が取る」とも。

(知識) お金はあの世にまで持っていけないことを、金銭に執着する人にあてつけがましくいうときにも使われる。

医者《いしゃ》と味噌《みそ》は古《ふる》いほどよい

医者は経験豊富な人ほどよく、味噌は時間がたって塩によくなじんだものがよいということ。

(類義) 医者と坊主は年寄りがよい／医者坊主南瓜《かぼちゃ》

医者《いしゃ》の不養生《ふようじょう》

医者というのは、人には養生を勧めながら、自分では不養生をするもの。転じて、人にはたいそう立派なことを言っても、自分では実行が伴わないこと。

(類義) 学者の不身持ち／紺屋《こうや》の白袴《しろばかま》／坊主の不信心

衣食《いしょく》足《た》りて礼節《れいせつ》を知《し》る

人は、生活が豊かになってはじめて礼儀に心を向けるゆとりができ、節度をわきまえるようになるということ。

(類義) 倉廩《そうりん》満ちて礼節を知る／礼儀は富足《ふそく》に生ず

(対義) **人はパンのみにて生くるにあらず**

(英語) Well fed, well bred.

(食べ物を十分に与えられた者は立派に育つ)

何《いず》れ菖蒲《あやめ》

どれも同様に優れていて、選ぶのに困ることのたとえ。

(知識) 源頼政《みなもとのよりまさ》が、鵺《ぬえ》(伝説の怪獣)を退治した褒美として菖蒲前《あやめのまえ》という美女を賜ることになり、12人の美女の中から見つけだすように言われた。頼政は選びかね「五月雨《さみだれ》に沢べのまこも水たえていづれあやめと引きぞわづらふ」と詠んだ、という『太平記《たいへいき》』の話から。菖蒲と杜若《かきつばた》がよく似ていることから、「菖蒲と杜若」「何《いず》れ菖蒲か杜若」ともいう。

居候《いそうろう》の三杯目《さんばいめ》

居候は世話になっている手前、何事につけ肩身が狭い。食事のお代わりも三杯目は遠慮し、茶わんをそっと出すということ。「居候 三杯目にはそっと出し」の川柳から。

急《いそ》がば回《まわ》れ

急いでいるときには、焦って近道をしたくなるがそ ↗

れが失敗の原因ともなる。多少遠回りでも安全な道を行くほうが、けっきょくは早く着く。時間や手間がかかっても安全で確実な方法をとったほうがよいというたとえ。

(類義) 急《せ》いては事を仕損ずる／近道は遠道

(対義) **巧遅は拙速に如《し》かず**

(英語) Make haste slowly.（ゆっくり急げ）

磯際《いそぎわ》で船《ふね》を破《やぶ》る

港近くまで来て難破する。目的を果たす間際、完成直前に失敗することのたとえ。「磯際」は「磯端」ともいう。

(用例) 残念だが、商談は磯際で船を破る結果だった。

(類義) 九仞《きゅうじん》の功を一簣《いっき》に虧《か》く／草履履《は》き際で仕損じる／百日の説法屁《へ》一つ／港口《みなとぐち》で難船

磯《いそ》の鮑《あわび》の片思《かたおも》い

鮑が一枚貝で貝殻が片方だけであることから、「片思い」にかけたことば。一方的に恋しいだけで、相手は何とも思ってくれないこと。たんに「鮑の片思い」とも。

痛《いた》くもない腹《はら》を探《さぐ》られる

痛くもないのに、痛む所はどこかと腹を探られる。やましいことは、まったくしていないのに、あれこれと疑いをかけられたり、調べられたりすること。

(用例) 証人もいるのに痛くもない腹を探られて、不愉快だ。

(類義) 食わぬ腹探られる

板子《いたご》一枚《いちまい》 下《した》は地獄《じごく》

舟乗りに危険はつきものであるということ。転じて、危険と隣り合わせの状態をいう。「一寸下は地獄」とも。

(知識) 「板子」は和船の底の揚げ板で、その下は船底。船底の下は深海で、つねに危険と接していることから。

(用例) 板子一枚下は地獄のつもりで、慎重に取りかかろう。

鼬《いたち》の最後《さいご》っ屁《ぺ》

鼬は敵に追いつめられて危険が迫ると、尻から悪臭のする液体を放ち敵をひるませて逃げることから、進退窮まったときに非常手段に訴えて打開しようとすること。最後になって醜態を演じるという意味もある。

鼬《いたち》の道切《みちき》り

交際や音信が途絶えること。鼬は同じ道を二度通らないという言い伝えから、鼬が人の前を横切ることは行ったきりで戻らなくなる、交際が途絶えることなどを暗示する不吉な前兆とされる。たんに「鼬の道」とも、「鼬の道が切れる」ともいう。

一押《いちお》し 二金《にかね》 三男《さんおとこ》

女性の愛を勝ち取るための条件は、第一に押しの強さ、第二にお金があること。男前の良さはその次ということ。

一事《いちじ》が万事《ばんじ》

一つの事柄を見れば、それをもってほかのすべてのことを推察できるということ。

(知識) 好ましくない例を見て、ほかも同様に悪いはず、と推察するときに使うことが多い。

(類義) 一事を以《もっ》て万端を知る

一日《いちじつ》作《な》さざれば一日《いちじつ》食《く》らわず

一日仕事をしなければ一日食事をとらない。労働の大切さをいったもの。

一日《いちじつ》の長《ちょう》

一日先に生まれて、ほんのすこし年齢が上であること。そのことから、ほかの人より経験が長く、技能などが ↗

すこし優れていること。「一日」は「いちにち」とも読む。出典は『論語』。

(知識) 年長者や古参者が自分の力を謙遜するときに使う。

(用例) 私があなた方より成績が良いのは、実力というより一日の長があるからです。

(類義) 亀の甲より年の劫《こう》

一難《いちなん》去《さ》ってまた一難《いちなん》

一つの災難をようやく切り抜けたと思ったら、また別の災難に襲われること。次々と災難が襲ってくること。

(用例) 妻の病気が治ったら、今度は息子が事故で入院。まったく一難去ってまた一難だ。

(類義) 虎口《ここう》を逃れて竜穴に入《い》る／火避けて水に陥る

(英語) Jump out of the frying pan into the fire.
（フライパンから飛び出て火に入る）

一年《いちねん》の計《けい》は元旦《がんたん》にあり

「計」は、計画。一年間の計画は元旦に立てるべきだということ。行動する前にまず計画を立て、それに沿って事を進めるほうがうまくいくという意。

(知識) 一日の計画はその日の朝に立てるべきとの意の「一日の計は朝《あした》にあり」に続けていうこともある。

(英語) New Year's Day is the key of the year.
（元日は一年の鍵である）

一《いち》の裏《うら》は六《ろく》

さいころで、「一」の裏は一番大きな数の「六」であることから、悪いことのあとには良いこともあるというたとえ。

(知識) 失敗したり災いがふりかかったりして、気落ちしている人を励ますときなどに用いる。

(用例) 人生、一の裏は六。捨てたもんじゃない。

(類義) 悪の裏は善

い

一姫二太郎《いちひめにたろう》

生まれてくる子の理想的な順序のこと。「姫」は女児、「太郎」は男児で、最初は育てやすい女の子が、二人目は男の子がよいということ。

(知識) 最初は男児を望んでいたが女児が生まれてしまったときの慰めにいうことも。◇漢語では「先花後果《せんかごか》」という。

(注意) 子どもは、女一人男二人の計三人がいいとの意で使われることもあるが誤用で、本来はその意味ではない。

一富士《いちふじ》 二鷹《にたか》 三茄子《さんなすび》

夢、とくに初夢に見るのに縁起がいいとされているものを順番にいったもの。富士山は「高大」、鷹は「つかみとる」、茄子は「成す」に通じるからともいう。

(知識) 駿河《するが》の国の名物を挙げたものが、いつの間にか転用されたとの別説もある。

一目置《いちもくお》く

自分より優れている人に敬意を表し、一歩譲ること。

(知識)「一目」は、一個の碁石。囲碁で、弱いほうが先に石を置いてから打ち始めることからいう。◇俗にいう「一目も二目も置く」は、このことばの強調表現。

一文吝《いちもんおし》みの百知《ひゃくし》らず

目先の損得にとらわれてわずかな出費を惜しみ、結果的に大損すること。また、それに気づかないばかばかしさをいう。「百知らず」は「百損」「百失い」ともいう。

(類義) 小利を貪って大利を失う／安物買いの銭失い／指を惜しみて掌《てのひら》を失う

(対義) **損して得取れ**

(英語) Penny-wise and pound-foolish.

（ペニー［小銭］には賢いがポンド［大金］には愚か）

一《いち》夜《や》検校《けんぎょう》 半日乞食《はんにちこじき》

栄枯盛衰の激しいことのたとえ。

(知識)「検校」は盲人の最高位であったが、江戸時代には官に千両の金を納めてこの位に就く者もあった。一夜検校には「にわか成金」「にわか大尽」の意味もある。

一葉《いちよう》落《お》ちて天下《てんか》の秋《あき》を知《し》る

ほかの木より早く落葉する青桐《あおぎり》の葉が一枚落ちるのを見て、秋の訪れを察する。わずかな前兆から、物事の衰えや大勢を予知するたとえ。たんに「一葉の秋」とも。

(類義) 霜を履《ふ》みて堅氷至る

(英語) A straw shows which way the wind blows.
(藁《わら》一本からでも風の方向がわかる)

一輪《いちりん》咲《さ》いても花《はな》は花《はな》

たくさん咲くばかりが花ではなく、たった一輪咲いても花は花である。小さなものでも本質的には劣ることはないというたとえ。

(類義) 一合取っても武士は武士

一《いち》を聞《き》いて十《じゅう》を知《し》る

物事の一端を聞いただけでその全体を悟ること。理解が早く、洞察が鋭いたとえ。「一を聞いて十を悟る」ともいう。

(知識) 孔子が弟子の子貢《しこう》に「おまえと顔回《がんかい》ではどちらが優れているか」と質問したところ、「顔回は一を聞いて十を知るが、私などは一を聞いてわずかに二を知るばかり」と答えたという『論語』の故事による。

(類義) 一事を以《もっ》て万端を知る

(対義) **一を知って二を知らず**

(英語) Half a word to a wise man is enough.
(賢人には半語で十分である)

一犬影《いっけんかげ》に吠《ほ》ゆれば百犬声《ひゃっけんこえ》に吠《ほ》ゆ

一匹の犬が物影を見て、あるいは何かにおびえて吠えると、あたりの多くの犬がそれにつられていっせいに吠えだす。誰か一人がうわさをすると、世間の人がそれを事実として広めてしまうことのたとえ。出典は『潜夫論』。「影」は「形」とも、「百犬」は「千犬」「万犬」ともいう。

(類義) 一鶏鳴けば万鶏歌う

(英語) Like dogs, when one barks all bark.
(犬のように、一匹が吠えると全部が吠える)

一災起《いっさいお》これば二災起《にさいお》こる

災難は、連続して起こるもの。一度災難に遭うと、再び遭うことが多い。悪い事は重なるということ。

(類義) 朝にある事は晩にもある／一度ある事は二度ある

一将功成《いっしょうこうな》りて万骨枯《ばんこつか》る

一人の将軍が立てた立派な手柄の陰には、多くの兵卒の痛ましい犠牲があるということ。縁の下の力持ちとして陰になって働いた、多くの配下の苦労が顧みられずに、指導者・代表者にだけ華々しい功名が与えられることに憤ったり嘆いたりするときにいう。出典は曹松《そうしょう》「己亥歳《きがいのとし》」。

(英語) The pleasures of the mighty are the tears of the poor.
(強者の喜びの陰に貧者の涙あり)

一升入《いっしょうはい》る壺《つぼ》

「一升」は、約 1.8 リットル。一升入りの容器には、どうやっても一升しか入らないように、用途や物事には限度というものがあり、事実は争えないというたとえ。「一升入る袋」「一升入る壺は一升」ともいう。

(類義) 一升徳利《どくり》に二升は入らぬ／一升入る瓢《ふくべ》は海へ入れても一升

一寸先《いっすんさき》は闇《やみ》の夜《よる》

「一寸先」は、ごく近い未来の意。未来は闇の中にあるようなもので、ほんのすこし先でも何が起こるか前もって知ることはできない。未来のことは、まったく予測できないというたとえ。たんに「一寸先は闇」ともいう。

(知識) 思いがけない不幸に遭った場合のほか、油断を戒める場合にも用いる。◇「一寸」は、約3.03センチメートル。短い時間や距離のたとえに用いられる。

(用例) 先輩がリストラだって⁉　一寸先は闇の夜だ……。

(英語) Nobody knows what tomorrow might bring.
(明日何が来るかは誰にもわからない)

一寸《いっすん》の光陰《こういん》軽《かろ》んずべからず

「光陰」は、月日・時間のことで、時がたつのはあっという間だから、一寸、つまりほんのわずかな時間でもむだに過ごさず、勉学に励まなければならないということ。

(知識) 若者に対する戒めや励ましのことばとして用いられる。◇朱熹《しゅき》の詩「偶成《ぐうせい》」にある「少年老い易《やす》く学成り難し」に続くことば。

一寸《いっすん》の虫《むし》にも五分《ごぶ》の魂《たましい》

わずか一寸(約3.03センチメートル)しかない小さな虫でも、その半分の五分にあたるほどの魂を持っている。そこから、小さくて弱い者や貧しい者でも、それ相応の意地や思慮を持っているのだから侮ってはいけないということ。また、自分にも意地があることを表現するときにも使う。略して「五分の魂」ともいう。

(類義) 粉糠《こぬか》にも根性／蛞蝓《なめくじ》にも角／匹夫も志を奪うべからず／痩せ腕にも骨

(英語) Even a worm will turn.
(虫けらさえも向き直ってくる)

い

一世《いっせい》を風靡《ふうび》する

ある時代の多くの人々が受け入れ従うこと。ある時代に広く知られ、もてはやされること。

(知識)「一世」は、ある時代、その時代。「風靡」は、風が草木をなびかせるように、多くの者をある動きに従わせること。四字熟語として「一世風靡」でも使われる。

(用例)一世を風靡した銀幕のスターの訃報に驚かされた。

(注意)権力で押さえつける意に用いるのは誤り。

一銭《いっせん》を笑《わら》う者《もの》は一銭《いっせん》に泣《な》く

たった一銭、と笑う者は、その一銭がなくて困るはめに陥るということ。たとえ非常にわずかな額でも、金銭は大事にしなくてはならないという戒め。また、わずかな額でも心がけて節約や貯蓄をするよう勧めることば。「一銭」は「一円」ともいう。

一丁字《いっていじ》を知《し》らず

一個の字も知らない。無学で文字が読めないこと。

(知識)「丁」は「个(＝個)」の誤写とされている。

(注意)「いってい・じを知らず」と区切って音読しない。

一擲乾坤《いってきけんこん》を賭《と》す

「擲」は投げる、「乾坤」は天地の意。天下を取るかすべてを失うかの思いきった大勝負に出ること。

(類義)一か八《ばち》か／乾坤一擲／のるか反るか

一頭地《いっとうち》を抜《ぬ》く

人々の上に頭一つ抜け出ている。学問や才能がいちだんと優れている人をいう。「群を抜く(抜群)」と同意。「一頭地を擢《ぬきん》ず」「一頭地を出《いだ》す」ともいう。

(知識)「地」は、頭一つ分の意の「一頭」の接尾辞。

一敗《いっぱい》 地《ち》に塗《まみ》れる

「地に塗れる」は、泥まみれになること。再起できないくらい徹底的に負けること。大失敗したときなどにいう。

(知識) 大敗した死者の内臓が踏まれ泥にまみれるさまから。

一髪《いっぱつ》 千鈞《せんきん》を引《ひ》く

たった一筋の髪の毛で、千鈞もの重量があるものを引っぱること。非常に危険なことをするたとえ。

(知識)「一鈞」は 30 斤。1 斤は約 600 グラム。

一斑《いっぱん》を見《み》て全豹《ぜんぴょう》を卜《ぼく》す

「斑」は、ぶち、まだらの意。豹《ひょう》の皮の一つのまだら模様を見て豹の全身を推測する。物事の一部を見てその全体を推し量ることのたとえ。

(類義) 蛇首《だしゅ》を見て長短を知る

(英語) You may know the lion by its claw.
(爪によってライオンを知る)

一匹《いっぴき》の馬《うま》が狂《くる》えば千匹《せんびき》の馬《うま》も狂《くる》う

群衆は暗示にかかりやすく、一人が異常な行動をとると、ほかの人もそれにつられて大きな混乱が起きるということ。群集心理。たんに「一匹狂えば千匹狂う」とも。

(類義) 一犬影に吠《ほ》ゆれば百犬声に吠ゆ

いつまでもあると思《おも》うな親《おや》と金《かね》

親がいつまでも生きていて自分のめんどうをみてくれると思ってはならず、遣うと減っていく金がいつまでもあると思ってはならない。自立心を持ち倹約を心がけておかないと、困るときがくるという戒め。

(英語) It is too late to spare when the bottom is bare.
(財布の底が見えてから節約するのでは遅すぎる)

いつも月夜《つきよ》に米《こめ》の飯《めし》

明るい月の夜と米の飯が毎日続けば、この世は極楽であるということ。明かりが貴重だった頃の月夜や米の飯のありがたさをいう。略して「月夜に米の飯」ともいう。

(知識) そうありたいが、なかなかうまくいかない、それほど現実は甘くないという意味で用いられる。

田舎《いなか》の学問《がくもん》より京《きょう》の昼寝《ひるね》

田舎で一所懸命学問してもたかがしれている。怠けながらでも都会で暮らしたほうが見聞は広くなるということ。

犬《いぬ》が西向《にしむ》きゃ尾《お》は東《ひがし》

わかりきったことを、わざわざ取り立てていうことば。理の当然、当たり前なことを強調していう。

(知識) わかりきっているであろうことに、からかいの感じを込めて相手に言い募るときに使ったりする。

(類義) 雨の降る日は天気が悪い／親父《おやじ》は俺より年が上／北に近けりゃ南に遠い／どこの鶏《にわとり》も裸足《はだし》

(英語) When the crow flies her tail follows.
(烏《からす》が飛べば尾は後ろ)

犬《いぬ》に論語《ろんご》

犬に論語を説明しても理解できないように、道理のわからない者には、ありがたい教えもむだであるということ。

(類義) 犬に念仏 猫に経／兎《うさぎ》に祭文《さいもん》／猫に小判／豚に真珠

犬《いぬ》の川端歩《かわばたある》き

犬が川べりで餌をあさってうろつくさまから、金銭を持たずに目的もなく店先をぶらつくこと。また、流された餌を追って犬が川べりを駆け回ってもむだなことから、奔走しても何も得られないことのたとえ。

犬《いぬ》の遠吠《とおぼ》え

弱い犬が遠くで吠えることから、臆病者や弱者が、陰で批判や悪口を言うことのたとえ。「犬の長吠え」とも。

(英語) Dogs that bark at a distance bite not at hand.
(遠くで吠える犬は近くで噛《か》みつかない)

犬《いぬ》は三日《みっか》飼《か》えば三年恩《さんねんおん》を忘《わす》れぬ

犬でさえも三日飼えば長くその恩を忘れないのだから、まして人は、受けた恩を忘れてはいけないという意。

(類義) 犬はその主《あるじ》を知る／飼い養《か》う犬も主《しゅう》を知る

犬《いぬ》も歩《ある》けば棒《ぼう》に当《あ》たる

犬も出歩けば棒で殴られるとの解釈から、出しゃばったり積極的に行動したりすると、災難に遭うことが多いということ。また、棒に行き当たるとの解釈から、取り柄のないものでも何かをやっているうちに、意外な利益が得られる幸運にめぐりあうということ。

(知識) 本来は前者の意での用法だったが、現在は後者の意味で使われることが多い。「棒」は、心張り棒や天秤《てんびん》棒、杖《つえ》、木刀など昔の庶民生活で重宝される代物だった。

(英語) The dog that trots about finds a bone.
(歩き回る犬は骨を見つける)

命《いのち》あっての物種《ものだね》

何事も命があってこそできる、死んでしまっては何もできない。命を危険にさらすことはできないということ。

(知識) あとに「畠《はたけ》あっての芋種」と続けていうこともある。

(類義) 命に過ぎたる宝なし／死んで花実が咲くものか

(対義) **命は鴻毛《こうもう》より軽し／命より名を惜しむ**

(英語) While there is life, there is hope.
(命あればこそ、希望もある)

い

命《いのち》長《なが》ければ恥多《はじおお》し

長く生きていると、それだけ恥をさらす機会も多くなるということ。「長生きは恥多し」ともいう。

(対義) 命長ければ蓬莱《ほうらい》を見る

(英語) Long life has long misery.（長生きすれば苦悩も多い）

命《いのち》の洗濯《せんたく》

ふだんの苦労から解放されて、のびのびと気晴らしや息抜きをすること。「命の土用干し」ともいう。

(用例) こんどの長期休暇は古里の温泉地で命の洗濯だ。

井《い》の中《なか》の蛙大海《かわずたいかい》を知《し》らず

井戸の中にいる蛙《かえる》は大きな海を知らない。自分だけの狭い見聞や知識がすべてと思い、ほかに広い世界があることを知らないこと。また、自分の狭い見識だけで物事を判断している人のたとえ。たんに「井の中の蛙」とも。

(知識) 独り善がりな人を戒めるときに使われる。

医《い》は仁術《じんじゅつ》なり

「医」は病人を治療し命を救う仁徳の術。たんなる金儲《もう》けの手段ではなく、人を救うためのものであるということ。

(知識)「仁」は儒教が説く最高の徳。仁徳。「仁術」は仁徳を施す手段・方法。貝原益軒《かいばらえきけん》の『養生訓』などに見える。

(用例) 清貧に甘んじたあの町医者こそ、医は仁術なりを地で行った人だ。

衣鉢《いはつ》を継《つ》ぐ

先人や恩師の、思想や業績の後継者となること。「衣鉢」は、学問や芸術などの分野の、師から弟子に伝える奥義のことで、「えはつ」「えはち」とも読む。

(知識) 仏教界で、衣(袈裟《けさ》)と托鉢《たくはつ》に使用する鉢を、師 ↗

僧が、優れた弟子に仏法を伝えたしるしとして与えたことから出たことば。

(用例) 博士の衣鉢を継ぐのは、彼のほかにはいないだろう。

韋《い》編《へん》三《み》度《たび》絶《た》つ

「韋編」は、竹の札をなめし革の紐《ひも》(韋)で綴《と》じた中国古代の書物。転じて、広く書物全般のこと。書物の綴じ紐が三度も切れるほど、繰り返し熱心に書物を読むことのたとえ。四字熟語として「韋編三絶《さんぜつ》」ともいう。

(知識) 彖伝《たんでん》・繋辞《けいじ》・象伝《しょうでん》・説卦《せっか》・文言《ぶんげん》の解説を書いた孔子は晩年『易経』を何度も読んだので、なめし革の紐が三度も切れたという『史記』に見える故事による。

今《いま》の情《なさ》けは後《のち》の仇《あだ》

一時《いっとき》の同情による手助けは後々、弊害になりかねないから安易にしてはならないという戒め。

(用例) 間に合わなそうだからと加勢するな。今の情けは後の仇、かえって本人の甘えにつながる。

芋頭《いもがしら》でも頭《かしら》は頭《かしら》

小さくても集団の頭であるからには、それだけの価値、権限、責任があるというたとえ。

芋茎《いもがら》で足《あし》を衝《つ》く

「芋茎」は里芋の茎。油断して思わぬ失敗を犯すこと。また、おおげさなことのたとえ。「芋茎」は「長芋」ともいう。

(類義) 豆腐で足突く／牝牛《めうし》に腹突かれる

芋《いも》の煮《に》えたも御存《ごぞん》じない

芋が煮えたか煮えないかという簡単なことすら判断できないたとえ。世間知らずの若様や姫君の常識のなさを嘲ることば。甘やかされて育った人間のたとえ。

入船《いりふね》あれば出船《でふね》あり

入る船もあれば出る船もある港のように、世の中は一か所にとどまらずさまざまに移り変わっていくということ。

(類義) 一去一来／片山曇れば片山日照る

(英語) People come and people go.（人は来るし去ってしまう）

色《いろ》の白《しろ》いは七難《しちなんかく》隠す

女は肌の色が白ければ、その美しさから、多少の欠点があってもきれいに見える。女は色白のほうが得であるということ。「七難」は「十難」ともいう。

色眼鏡《いろめがね》で見《み》る

先入観や偏見によって物事を判断すること。

(知識) サングラスなどのようにレンズに色のついた眼鏡をかけると、見えるものにも色がつく。このように、見方にバイアス（偏り）がかかってしまうことから。

(用例) 好悪の感情を交えたり色眼鏡で見たりして優劣をつけてはならない。評価は公平にすべきだ。

鰯《いわし》の頭《あたま》も信心《しんじん》から

鰯の頭のように、他人から見ればつまらないものでも、それを信仰する人の目から見れば尊いものであるということ。「頭」は「かしら」とも読む。

(知識) 何かを信じ込んでいる人をからかう場合などにもいう。◇節分の夜に、鰯の頭を柊《ひいらぎ》の枝に刺して門口に置くと悪鬼を追い払えるとされていた風習を踏まえてできたことば。「信心から」は「信心がら」ともいい、信じ方しだいの意味。

(類義) 竹箒《たけぼうき》も五百羅漢《らかん》

(英語) Miracles are those who believe in them.
（奇跡はそれを信じる人に起きるものである）

言《い》わぬが花《はな》

黙っているほうが、かえって趣や値打ちがあってよい、露骨に言ってしまっては、身も蓋もないということ。よけいな口出しを戒めることば。

(英語) Silence is more eloquent than words.
(沈黙はことばより雄弁である)

殷鑑遠《いんかんとお》からず

「殷」は中国古代王朝の名。「鑑」は鑑《かがみ》で、戒めとすべき手本のこと。殷は前代の夏《か》王朝が悪政によって滅亡したことを鑑、戒めとしなければならないという意。失敗の前例はあれこれ探さずとも身近にあるものであるから、それを見て手本とせよということ。出典は『詩経』。殷の別名から、「商鑑遠からず」ともいう。

陰徳《いんとく》あれば陽報《ようほう》あり

人に知られないよう善行をひそかに施せば、必ず良い報いがあるということ。出典は『淮南子《えなんじ》』。

(類義) 陰徳は果報の来《く》る門口／隠れての信は顕《あらわ》れての徳

(英語) Secret gifts are openly rewarded.
(こっそりと贈られたものは公然と報いられる)

有為転変《ういてんぺん》は世《よ》の習《なら》い

「有為」は仏教用語で、因縁によるこの世のすべての事象。移り変わりが激しいのは世の常であるということ。「有為転変の世の習い」ともいう。

(注意)「転変」を「天変」と書くのは誤り。

(類義) 驕《おご》れる者久しからず／変わりやすきは世の習い／盛者《じょうしゃ》必衰／物盛んなれば則《すなわ》ち衰う

(英語) Life is full of ups and downs.
(人生は浮き沈みで満ちている)

魚心《うおごころ》あれば水心《みずごころ》

相手が好意を持っていれば、こちらもまた好意を持つ。相手がこちらの望むことをしてくれるのなら、こちらも相手の要望に応えようという気持ちをいう。

(知識)「魚、心あれば、水、心あり」で、魚と心、水と心が一語化したもの。魚に水を思う心があれば、水もまた魚を思う心を持つということ。前後を入れ替えた「水心あれば魚心」とも「網心あれば魚心」ともいう。

(英語) Claw me and I'll claw you.
（掻《か》いてくれれば掻いてやる）

魚《うお》の木《き》に登《のぼ》るが如《ごと》し

不可能なことをしようとするたとえ。また、不得手な分野や危険な状況にあって、手も足も出ないことのたとえ。

(類義) 魚の水を離れたよう

魚《うお》の釜《ふ》中《ちゅう》に遊《あそ》ぶが如《ごと》し

魚が煮られるのも知らずに釜の中で泳いでいるさまにたとえて、目前に危険や滅亡が迫っているのも知らずに、のんびりしていることをいう。たんに「釜中の魚」ともいう。出典は『後漢書』。

(英語) Sitting like a frog on a chopping block.
（物切り台の上の蛙《かえる》のように座っている）

魚《うお》を得《え》て筌《せん》を忘《わす》る

「筌」は、魚を捕るための竹製の道具。目的を達すると、それまで利用していたもののことは忘れてしまうというたとえ。また、人から受けた恩を忘れることのたとえ。

(知識) 熟語の「筌蹄《せんてい》」は、このことばが語源。

(類義) 雨晴れて笠《かさ》を忘る／病治りて医師《くすし》忘れる

(対義) **水を飲みて源を思う**

浮《う》き名《な》を流《なが》す

男女関係のうわさが世間に広まること。

(知識)「浮き名」は、もとは「憂き名」で、無実のうわさ、嫌なうわさを意味したが、しだいに色めいたうわさをさすようになり、憂鬱なものよりも浮気なイメージがまさるようになった。「流す」は「浮く」の縁語。

(用例)もう年老いたが、その昔は芸能界で多くの女優と浮き名を流したものだ。

鶯《うぐいす》鳴《な》かせた事《こと》もある

鶯は梅の枝でよく鳴くことから女性を梅に、男性を鶯に見立てたことば。今は老いたが、若い時分には男性にもてはやされたこともあるという老女の述懐。梅にかけ、「梅干し婆《ばば》はしなびておれど」に続けていったりもする。

有《う》卦《け》に入《い》る

好運が当分続きそうなこと。出典は『好色一代男』。

(知識)「有卦」とは、陰陽道《おんみょうどう》で人の生まれた年を干《え》支《と》に割り当てて定めた幸運の年回りのこと。陰陽道では有卦に入れば吉事が七年続き、無卦に入れば凶事が五年続くという。ただし、「無卦に入る」とはいわない。

烏合《うごう》の衆《しゅう》

群れて騒ぐ烏《からす》のように、規律も統制もない人々の集まり。

(注意)解釈から「烏合の集」とは書かない。

(英語)The mob has many heads, but no brains.
(群衆は、頭数はあっても脳みそがない)

雨後《うご》の筍《たけのこ》

雨が降ったあとに次々生えてくる筍になぞらえて、同じようなものが次々と現れることのたとえ。

兎《うさぎ》の上《のぼ》り坂《ざか》

兎は前脚より後脚が長く坂を速く上ることから、物事が好条件に恵まれ、どんどん進行すること。とんとん拍子。

(用例) 状況は兎の上り坂、好天続きで間もなく完工です。

兎《うさぎ》の罠《わな》に狐《きつね》がかかる

思いがけず好運が舞い込むことのたとえ。

兎《うさぎ》も七日《なぬか》なぶれば噛《か》みつく

兎のようにおとなしい人でも長いあいだ、いじめたり恥をかかせたりすれば怒りだすということ。

(類義) 仏の顔も三度

兎《うさぎ》を見《み》て犬《いぬ》を呼《よ》ぶ

兎を捕まえるのに、兎を見てから犬を呼んで追いかけさせるという意。手遅れに思える場合でも間に合うことがある、あきらめてはいけないということ。逆に、手遅れになることにもいう。「犬を呼ぶ」は「鷹《たか》を放つ」とも。

牛《うし》に対《たい》して琴《こと》を弾《だん》ず

愚かな者にいくら立派な道理を説き聞かせても効き目がないということのたとえ。

(知識) 中国、魯《ろ》の国の公明儀《こうめいぎ》が牛に向かって琴の名曲を弾いても反応がなかったが、蚊や虻《あぶ》の羽音、子牛の鳴き声に似せた音を出したところ尾を振って耳をそばだてたという故事による。「対牛弾琴」はこの四字熟語。

(類義) 犬に論語／兎《うさぎ》に祭文《さいもん》／牛に経文《きょうもん》／馬の耳に念仏

牛《うし》に乗《の》って牛《うし》をたずねる

たずねるものが身近なところにあるのに気づかず、むやみに遠くを探すことのたとえ。

牛《うし》に引《ひ》かれて善光寺詣《ぜんこうじまい》り

予想外のできごとや他人の誘いによって、思いがけず信仰の道に入ること。思わぬことで、良いほうへ導かれたり良いことにめぐりあったりすることのたとえ。末尾を省いて「牛に引かれて善光寺」ともいう。

(知識) 昔、信濃《しなの》に住んでいた老婆が、晒《さら》しておいた布を角にひっかけて走っていく隣家の牛を追いかけていくうちに善光寺に着いてしまった。それがきっかけで老婆は度々参詣するようになったという故事による。

牛《うし》は牛《うし》づれ馬《うま》は馬《うま》づれ

似た者どうしがしぜんに集まる、また連れ添えばうまくいくというたとえ。片方を省き、たんに「牛は牛づれ」とも「馬は馬づれ」ともいう。

(類義) 同類相求む／似た者夫婦／類は友を呼ぶ／類を以《もっ》て集まる／破《わ》れ鍋に綴《と》じ蓋

(英語) Likeness causes liking.（似ていると好きになる）

氏《うじ》より育《そだ》ち

家柄や身分より、その人の人格形成に深くかかわっている環境や教育など育ち方のほうが重要であるということ。

(類義) 氏より育ちが恥ずかしい／生まれつきより育ちが第一

(対義) **氏素性は争われぬ**

後《うし》ろ髪《がみ》を引《ひ》かれる

未練が残って、きっぱりと思いきれないこと。

(知識) 去って行く人が、心残りがするの意味で用いる。

後《うし》ろ指《ゆび》をさされる

自分には見えない後ろから指をさされる。自分の知らないところで他人に悪口を言われること。

薄紙《うすがみ》を剥《は》ぐよう

病が一日一日と快方に向かっていることを、薄い紙を一枚一枚剝がすさまにたとえたことば。

(用例) 術後の経過も良好で薄紙を剝ぐように回復、おかげさまで来週には退院できそうです。

嘘《うそ》から出《で》た実《まこと》

はじめはうそや冗談のつもりで言ったことが、結果として本当のことになること。

(類義) おどけがほんになる／虚は実を引く／冗談から駒／瓢箪《ひょうたん》から駒が出る

(英語) Many a true word is spoken in jest.
（多くの本音が冗談として語られる）

嘘《うそ》つきは泥棒《どろぼう》の始《はじ》まり

平気でうそをついていると、それが基点となって、ひいては盗みを働くことさえ悪いと思わなくなるから、うそをついてはならないという戒め。

(類義) 嘘つきは盗人《ぬすびと》の苗代／嘘は盗みのもと

(対義) **嘘も方便／嘘をつかねば仏になれぬ**

(英語) Lying and stealing live next door to each other.
（嘘と盗みは隣り合わせに住んでいる）

嘘《うそ》も方便《ほうべん》

物事を円滑に運ばせるには、うそをついたほうがよいときもある、うそが許される場合もあるということ。

(知識)「方便」とは、仏が衆生を悟りに導くために用いるさまざまな方法。転じて、ある目的を達するための便宜的な方法を意味する。

(注意) たとえば遅刻の言い訳など、自分の都合だけで人をだますような場合には使えない。あくまで事態を良 ↗

い方向に導くためにうそが必要になるときだけ使われる。

(類義) 嘘つき世渡り上手《じょうず》／嘘も重宝／嘘も追従《ついしょう》も世渡り／嘘も誠も話の手管／嘘をつかねば仏になれぬ

(対義) **嘘つきは泥棒の始まり／嘘を言えば地獄へ行く／嘘をつくと腹に竹が生える／正直は一生の宝**

(英語) The end justifies the means.
（目的は手段を正当化する）

疑《うたが》わしきは罰《ばっ》せず

罪を犯した決定的な証拠がない限り、被告人を罰してはならないという考え方。

(知識) 刑事訴訟法上、裁判官が被告人の犯罪事実に確信を持てない場合には被告人の利益に従うという原則。

(類義) 推定無罪

梲《うだつ》が上《あ》がらない

思うようにならない、出世したり地位が上がったりしない、生活が向上しないなど、ぱっとしないことをいう。

(知識)「梲」には諸説ある。建物の外側に張りだした防火用の袖壁を「梲」といい、これがつけられた家は建築費がかかることから、立派な境遇を意味する。また、梁《はり》の上に立てて棟木を支える短い柱のことを「梲」といい、これが立たないと屋根がつけられず、棟木を支えていることから、上から押さえつけられてぱっとしないからという説もある。「梲」は「うだち」ともいう。

(用例) ドラフト上位指名で入団しましたが、二軍生活が続いて梲が上がらず、おととし球界を去りました。

打《う》たれても親《おや》の杖《つえ》

子を思って打つ親の杖には愛情がこもっているから、打たれる子はありがたいと思わねばならないということ。

(類義) 親の打つ拳《こぶし》より他人の撫《な》でるほうが痛い

内裸《うちはだか》でも外錦《そとにしき》

内実は貧しくても、世間体は立派につくろうこと。

(類義) 世間は張り物

内《うち》ひろがりの外《そと》すぼまり

うちの中では威張っていても、外へ出るとまったく意気地をなくしてしまうこと。内弁慶。「すぼまり」は「すばり」「すぼり」「すわり」ともいう。

(類義) 内で蛤《はまぐり》 外でしじみ貝／内ふんばりの外ひっこみ／内弁慶の外地蔵／内弁慶の外幽霊

(英語) Every dog is a lion at home.
（どの犬も家ではみんなライオンである）

腕《うで》に縒《よ》りを掛《か》ける

腕前を十二分に発揮しようと張りきること。

(知識)「腕」は実力、技量。「縒り」は、糸や紐《ひも》をねじり合わせて一本にすること。より強くしっかりしたものになることから、いっそう精を出す意となる。たんに「縒りを掛ける」ともいう。

(用例) 拙宅では愚妻が皆さまのために腕に縒りを掛けた手料理でおもてなしいたします。

独活《うど》の大木《たいぼく》

大きくなった独活は食用にも用材にもならないことから、体ばかり大きくて役に立たない人をいう。

(類義) 大男総身《そうみ》に知恵が回りかね／大きな大根辛くなし／白豆腐の拍子木《ひょうしぎ》／千人持ちの蒟蒻《こんにゃく》／長鞭《ちょうべん》馬腹《ばふく》に及ばず

(対義) 山椒《さんしょう》は小粒でもぴりりと辛い

鵜《う》の真似《まね》する烏《からす》

烏が、水に潜って魚を捕る鵜の真似をしても溺れて ↗

しまう。自分の能力や適性を顧みずに人の真似をしても失敗するという戒め。たんに「烏が鵜の真似」もいう。

(類義) 鵜の真似する烏 水に溺れる／鸚鵡《おうむ》の人真似／人真似すれば過ちする

(英語) The jay is unmeet for a fiddle.
(懸巣《かけす》はバイオリンに似合わない)

馬《うま》には乗《の》ってみよ人《ひと》には添《そ》うてみよ

馬のよしあしは乗ってみないとわからず、人柄のよしあしも結婚して共に暮らしてみないとわからない。物事はまず実際に経験して確かめよというたとえ。前後を入れ替え「人には添うてみよ馬には乗ってみよ」ともいう。

(類義) 馬を相するには輿《こし》を以《もっ》てし士を相するには居を以てす

馬《うま》の耳《みみ》に念仏《ねんぶつ》

御利益のある念仏を馬に聞かせても、ありがたみはわからないことから、人が意見してもまったく効き目のないことのたとえ。「馬の耳に風」ともいう。

(用例) 健康への悪影響をいくら説いても、ヘビースモーカーの彼には馬の耳に念仏だった。

(類義) 犬に念仏 猫に経／犬に論語／兎《うさぎ》に祭文《さいもん》／牛に経文《きょうもん》／牛に対して琴を弾ず／蛙《かえる》の面に水／馬耳東風

生《う》まれぬ前《さき》の襁褓《むつき》定《さだ》め

まだ生まれていない赤ん坊のおむつなどを作るのに大騒ぎすること。物事の準備が早すぎることをいう。

(類義) 海も見えぬに舟用意

海魚《うみうお》腹《はら》から川魚《かわうお》背《せ》から

海の魚は腹から割き、川魚は背から割くのが料理の定法であるということ。

(知識) 焼き方では逆の「海背川腹」ということばもある。

海《うみ》に千年《せんねん》 河《かわ》に千年《せんねん》

海に千年、河に千年棲《す》んだ蛇は竜になるという言い伝えから、長い年月を経てさまざまな経験をし、世の中の裏表を知り尽くして抜け目のないこと。また、そのように悪賢い人のたとえ。略して「海千河千」とも、また「海に千年山に千年(海千山千)」ともいう。

(類義) 煮ても焼いても食えぬ

生《う》みの親《おや》より育《そだ》ての親《おや》

生んでくれただけの実の親よりも、たいへんな思いをして育ててくれた養父母のほうが、愛情も恩義も感じられるということ。「親」は「恩」ともいう。

(類義) 生んだ子より抱いた子／後《のち》の親が親

埋《う》もれ木《ぎ》に花《はな》が咲《さ》く

「埋もれ木」は、長いあいだ地中に埋もれて半ば炭化した樹木。埋もれ木に芽が出て再び花を咲かせることから、世間から忘れられ不遇だった人が意外な幸運にめぐりあうこと。「老い木に花が咲く」ともいう。

(用例) 交換トレードで移籍したおかげでレギュラーになれた。埋もれ木に花が咲いた気分だろう。

(類義) 一陽来復／枯れ木に花／日の目を見る

売《う》り家《いえ》と唐様《からよう》で書《か》く三代目《さんだいめ》

初代が苦労して築き上げた財産も三代目の孫ともなると遊興の果てに使い果たし、ついには家屋敷も手放すことになる。二代目は親の苦労を直接見て知っているから、まず身を持ち崩すことはない。しかし三代目ともなると身を持ち崩し、商売などがおろそかになるということを皮肉った古川柳。

(知識) 「唐様」は、中国風のしゃれた書体のこと。唐様 ↗

で「売り家」と書かれた貼り紙の文字が三代目の道楽ぶりを表している。

(類義) 長者に二代なし

売《う》り言葉《ことば》に買《か》い言葉《ことば》

相手に言われた悪口に、悪口で返すこと。「売られたけんか」「けんかを買う」などの言い方に関連したことば。「売る言葉に買う言葉」ともいう。

(英語) One ill word asks another. (悪口は別の悪口を招く)

瓜《うり》に爪《つめ》あり爪《つめ》に爪《つめ》なし

似た漢字で、「瓜」には下に「つめ」があるが、「爪」にはない。「瓜」と「爪」の漢字の違いを覚えさせることば。

(類義) 戌《いぬ》に棒あり戊《ぼう》に棒なし／于《う》ばね干《かん》棒

瓜《うり》の蔓《つる》に茄子《なすび》はならぬ

平凡な親から非凡な子は生まれないというたとえ。血筋は争えないということ。また、ある事柄からはそれ相応の結果しか生まれないということ。

(注意) 自分の身内を謙遜していうことば。他人に対して使うのは失礼にあたる。

(類義) 瓜の種に茄子《なすび》は生えぬ／燕雀鳳《えんじゃくほう》を生まず／蛙《かえる》の子は蛙／薔薇《ばら》の根から藁《わら》は生えぬ／糸瓜《へちま》の種は大根にならぬ

(対義) **筍《たけのこ》の親勝り／鳶《とび》が鷹《たか》を生む**

(英語) Eagles do not breed doves. (鷲《わし》は鳩《はと》を産まない)

瓜二《うりふた》つ

瓜を縦二つに割ると断面が同じで見分けがつかないように、容姿が非常によく似ていることのたとえ。

(類義) 瓜を二つに割ったよう

(英語) As alike as two peas in a pod.
(一つのさやの中の二つのえんどう豆くらい似ている)

烏《う》鷺《ろ》の争《あらそ》い

羽の色が黒い烏《からす》と白い鷺《さぎ》の争い。黒と白の石を打つ囲碁の対局をいう。碁で「烏」は黒石の、「鷺」は白石の異名。

噂《うわさ》は遠《とお》くから

うわさは、真実や真相を知っている人から発生せずに、聞きかじった外部の人から起こりやすいということ。

噂《うわさ》をすれば影《かげ》がさす

人のうわさをしていると、えてしてその当人が現れるということ。「影がさす」は、人の姿や不吉な兆候が現れるという意味の慣用句。たんに「噂をすれば影」ともいう。

(類義) 噂を言えば主《ぬし》が来る／謗《そし》れば影さす

(英語) Sooner named, sooner come.（名を呼べば、すぐ現れる）
Talk[Speak] of the devil and he will appear.
（悪魔のことを話せば、悪魔が現れる）

運根鈍《うんこんどん》

成功するためには、幸運に恵まれること、根気があること、鈍いと思われるくらい粘り強いこと、この三つが必要であるということ。「運鈍根」ともいう。

蘊蓄《うんちく》を傾《かたむ》ける

身につけてきた知識や技能のすべてを発揮すること。

(知識)「蘊」は積む、「蓄」は蓄えること。「傾ける」は、ある事柄に集中、傾注すること。「蘊蓄」は「薀蓄」とも書く。

(用例) 古物商が蘊蓄を傾けて、アンティークの魅力を熱っぽく語ってくれた。

(注意) 近年は「蘊蓄をたれる」などと、聞きかじりの知識をひけらかす意で使われるが、これは誤用で、本来は深い学識を意味する。「蘊蓄を注ぐ」は誤り。

雲泥《うんでい》の差《さ》

雲(天)と泥(地)の差のように、大きな隔たりがあること。「天地雲泥の差」ともいう。

(用例) 同じ商店街の酒屋だが、蔵元のよしあしのせいか客足に雲泥の差がある。

(類義) 雲泥万里《ばんり》／月と鼈《すっぽん》

運《うん》は天《てん》にあり

人間の運は、すべて天命によるものだから、どうあがこうと人の力ではどうにもできないということ。また、結果はどうあれ運を天に任せてとにかくやってみようと決意を固めること。「運は天にあり鎧《よろい》は胸にあり」「命《めい》は天にあり」ともいう。

(用例) 運は天にあり。本番では実力を出しきるだけです。

(英語) No man can make his own hap.
（いかなる者も自分の運は作れない）

運用《うんよう》の妙《みょう》は一心《いっしん》に存《そん》す

法則や戦術は実際に運用する人の心しだいである。臨機応変に活用することが大切であるということ。出典は『宋史《そうし》』。「運用の妙は一心にあり」ともいう。

(知識) 中国の宋代、将軍・岳飛《がくひ》のことば「陣して後戦うは兵法の常、運用の妙は一心に存す」から。

益者三友《えきしゃさんゆう》 損者三友《そんしゃさんゆう》

交際して、益をもたらす友人は正直な人、誠実な人、知識のある人の、逆に損をもたらす友人は、へつらう人、誠のない人、口ばかり達者な人の、おのおの三種類あるという『論語』の孔子のことばからいう。

(英語) Your best friends are honesty, sincerity and wisdom.
（正直・誠実・博学が最高の友である）

易者《えきしゃ》身《み》の上《うえ》知《し》らず

易者は、他人は占うが自分のこととなるとわからない。自分のことには正しい判断ができないことのたとえ。

(注意)「易者身の程知らず」とはいわない。

(類義) 医者の不養生／髪結いの乱れ髪／紺屋《こうや》の白袴《しろばかま》／儒者《じゅしゃ》の不身持ち／坊主の不信心

(英語) A fortune teller knows not his own fate.
(易者は自分の運命を知らず)

枝《えだ》を伐《き》って根《ね》を枯《か》らす

木を枯らすには、まず切りやすい枝のほうから手をつけ、だんだんに根本に及ぼすのがよいという意。転じて、敵を攻撃するときに、攻めやすい末端から攻撃し、本拠がしだいに衰えるのを待つということ。

(対義) 根を断って葉を枯らす

越鳥南枝《えっちょうなんし》に巣《す》くい 胡馬北風《こばほくふう》に嘶《いなな》く

故郷が忘れ難いこと。たんに「胡馬北風に依《よ》る」とも。

(知識) 中国南方の越《えつ》の国から来た鳥は南側の枝に巣を作り、北の胡の国から来た馬は北風が吹くと故郷を慕って嘶く、の意。出典は『文選《もんぜん》』。

得手《えて》に鼻《はな》つく

得意なことは気が緩み、失敗することがあるということ。

(類義) 得手で手を焼く／弘法《こうぼう》にも筆の誤り／好む道より破る

(英語) Good swimmers are oftenest drowned.
(よく泳ぐ者はよく溺れる)

得手《えて》に帆《ほ》を揚《あ》げる

追い風が吹くやすぐさま帆を揚げ船を加速する。自分の得意な分野で絶好の機会を得て、ここぞとばかりに ↗

張りきること。たんに「得手に帆」ともいう。

(類義) 順風満帆

(英語) Hoist your sails when the wind is fair.
(順風のときに帆を揚げよ)

江戸《えど》っ子《こ》は五月《さつき》の鯉《こい》の吹《ふ》き流《なが》し

江戸の人は、ことばは荒っぽいが腹の中はさっぱりしているという意。また、口先ばかりで胆力がないという意味もある。「口先ばかりで腸《はらわた》はなし」と続く。「江戸っ子は五月の鯉で口ばかり」ともいう。

江戸《えど》っ子《こ》は宵越《よいご》しの銭《ぜに》は使《つか》わぬ

江戸っ子は、稼いだ金はその日のうちに使ってしまい、翌日には残さない。江戸っ子の金離れのよさをいったことば。「使わぬ」は「持たぬ」ともいう。

(知識) これに相関した「江戸者の生まれ損ない金をため」という川柳もある。

江戸《えど》の敵《かたき》を長崎《ながさき》で討《う》つ

江戸での恨みを遠い長崎で晴らす。昔の恨みを、関わりのない場所で、また筋違いなことで仕返しすること。

(知識) 受けた屈辱は必ず雪《そそ》いでみせる、という誓いのことばとしても使われる。

絵《え》に描《か》いた餅《もち》

絵に描いた餅は、どんなにおいしそうでも食べられない。企図がどんなにすばらしくても、成功しなければ、話だけで何の役にも立たないというたとえ。

(知識) 「画餅《がべい》」ともいい、計画などが実現せずそれまでの骨折りがむだに終わることを「画餅に帰す」という。

(用例) いいプランでも、資金がないなら絵に描いた餅だ。

(類義) 机上の空論／砂上の楼閣／畳の上の水練

海老《えび》で鯛《たい》を釣《つ》る

小さい海老のようなたいしたことのない餌で、大きな鯛のように高級な獲物を釣る。すこしの元手や労力で大きな収穫や利益を得ることのたとえ。略して「海老で鯛」「海老鯛」「雑魚《ざこ》で鯛釣る」ともいう。

(類義) 瓜《うり》を投じて玉を得る／麦飯《むぎいい》で鯉《こい》を釣る

(英語) Throw a sprat to catch a whale.（小鰯《いわし》を投げて鯨を捕る）

栄耀《えよう》の餅《もち》の皮《かわ》

「栄耀」はぜいたくなこと。ぜいたくに慣れると、餅の皮までむいて食べるようになるという意から、度を越してぜいたくをすることのたとえ。「栄耀に餅の皮をむく」、また「栄華の上の餅の皮をむく」ともいう。

(用例) 賞与が出たときくらい栄耀の餅の皮、みんなで楽しもうじゃないか。

(類義) 豆腐の皮をむく

鴛鴦《えんおう》の契《ちぎ》り

「鴛鴦」はおしどり。鴛鴦の雌雄はいつもいっしょにいることから、夫婦仲のむつまじいこと。また、末長く連れ添う夫婦の契りをいう。「鴛鴦の偶《ぐう》」ともいう。

(用例) 本日、鴛鴦の契りを結ばれたお二人に、一言お祝いのことばを述べさせていただきます。

燕雀安《えんじゃくいずく》んぞ鴻鵠《こうこく》の志《こころざし》を知《し》らんや

小者には大者の遠大な志がわからないというたとえ。

(知識) 中国の楚《そ》王の陳渉《ちんしょう》が若い頃、農耕に雇われていたときに「立身出世して富貴になっても、互いに忘れないようにしよう」と雇い主に言って嘲笑された。陳渉はため息をつき「燕雀(つばめとすずめ)のような小鳥には鴻鵠(おおとりとくぐい)のような大きな鳥の志は ↗

理解できない」と言ったという『史記』の故事による。

(類義) 猫は虎の心を知らず

遠水近火《えんすいきんか》を救《すく》わず

遠くの水では近くの火事を消せない。遠方にいては急場の役に立たないことのたとえ。略して「遠水近火」とも。

(知識) 喉が渇いても、遠くの水ではすぐに飲めないことから「遠水近渇を救わず」という同義語もある。

(類義) 遠い親戚より近くの他人

縁《えん》と浮《う》き世《よ》は末《すえ》を待《ま》て

良縁と好機は早く求めようと焦らずに、じっくり待ったほうがよいということ。

縁《えん》なき衆生《しゅじょう》は度《ど》し難《がた》し

「縁」は、仏縁の意。「衆生」は仏が救うべきあらゆる生物、とくに人間をさしていう。「度す」は「済度《さいど》す」ともいい、悟りを開かせること。いくら慈悲深い仏様でも仏縁のない人は救えない。転じて、いくら相手の身になって言い聞かせても、聞き入れない人は救い難いという意味。

縁《えん》の下《した》の筍《たけのこ》

頭がつかえて伸びられないことから、出世できない人をたとえていう。「縁の下の赤小豆」ともいう。

縁《えん》の下《した》の力持《ちからも》ち

人目につかないところで努力すること。また、世のために尽くしても認められないこと、あるいはその人。

(用例) 縁の下の力持ちとして部員を支えてくれたマネージャーに心から感謝します。

(類義) 縁の下の舞／楽屋で声嗄《か》らす／陰の舞の奉公／簀子《すのこ》の下の舞／闇の独り舞

お

縁《えん》は異《い》なもの味《あじ》なもの

男女の縁はおもしろいもので、どこでどう結ばれるかわからない不思議なものであるという意。分割して、「縁は異なもの」とも「縁は味なもの」ともいう。

(知識)「合縁奇縁」は、このことばの四字熟語。

(注意)一般的な人と人のつき合いやつながりの妙には使わない。あくまで男女関係に限って使われる。

(英語)Marriages are made in heaven.（結婚は天が定めるもの）

遠慮《えんりょ》は無沙汰《ぶさた》

相手のことを考えて訪問を控えるような遠慮も、度がすぎると何の挨拶もしないのと同じで、かえって失礼になるということ。「遠慮が無沙汰になる」ともいう。

老《お》いたる馬《うま》は道《みち》を忘《わす》れず

人生経験豊かな人は、事にあたって判断を誤らないこと。また、代々主家に仕えた者が、受けた恩をいつまでも忘れないことのたとえ。

(知識)道に迷い、老馬を放ってそのあとについていったら、正しい道に出られたという『韓非子《かんぴし》』の故事による。

(類義)亀の甲より年の劫《こう》／老馬の智《ち》

老《お》いては子《こ》に従《したが》え

年老いてからは、何事も子どものいうことに従って生きていくほうがよいということ。語尾は「従う」ともいう。

(知識)もとは、女性を対象とした仏教・儒教の「三従の教え」の一つだが、現在では男女を問わず使われる。

(注意)「老いては子を従え」は誤り。

負《お》うた子《こ》に教《おし》えられて浅瀬《あさせ》を渡《わた》る

自分よりも経験の浅い年下の者や未熟な者からも、↗

時には教えられることがあるというたとえ。「負うた子に浅瀬」「負うた子に教えられる」と縮めてもいう。

(類義) 愚者も一得

(英語) Chicken gives advice to hen.
(ひよこが親鶏《どり》に助言する)

負《お》うた子《こ》より抱《だ》いた子《こ》

背におぶった子より胸に抱いた子のほうが先に世話しやすいことから、離れている者より身近な者を大事にしたり優先したりすること。「負うた」は「おぶった」ともいう。

負《お》うた子《こ》を三年捜《さんねんさが》す

背におぶっている子が見当たらないと三年も捜し続けることから、身近にあるのに気づかずに長いあいだ捜し回ることのたとえ。

鸚鵡《おうむ》よく言《い》えども飛鳥《ひちょう》を離《はな》れず

鸚鵡は人間のことばをよくまねるが、空を飛ぶ鳥にすぎず、人間とは違う。うわべのことばだけでは信用できないということ。出典は『礼記《らいき》』。

(知識) このことばの次に「猩猩《しょうじょう》よく言えども禽獣《きんじゅう》を離れず」と続くが、意味は同じ。

大男《おおおとこ》 総身《そうみ》に知恵《ちえ》が回《まわ》りかね

体だけ大きくて役に立たない男を嘲笑う川柳。これに対し「小男の総身の知恵も知れたもの」という句もある。

(類義) 独活《うど》の大木／大男の殿《しんがり》／大きな大根辛くなし

(対義) 山椒《さんしょう》は小粒でもぴりりと辛い／小さくとも針は呑《の》まれぬ

(英語) A tall man is a fool. (大きい男は馬鹿《ばか》)
Big head, little wit. (大頭に小知恵)

大《おお》取《ど》りより小《こ》取《と》り

一時《いちどき》に大儲《もう》けしようとせず、計画的にすこしずつ利益を増やしていくほうが賢明であるということ。「大取りするより小取りしろ」ともいう。

(類義) 大掴《づか》みより小掴み／小利を積んで大利成る

(英語) Light gains make heavy purses.
（小さな利益が財布を重くする）

大鉈《おおなた》を振《ふ》るう

薪《まき》割りなどに使う大きな鉈でばっさり切ることから、大胆に規模を縮小したり、思いきった処理をしたりすることのたとえ。

(用例) 政権が変わり、予算案に大鉈が振るわれた。

(注意) 「大鉈を振る」「大鉈を奮う」は誤り。

大鍋《おおなべ》の底《そこ》は撫《な》でても三杯《さんばい》

大鍋の底に残った料理は、軽くよそっても三杯ある。規模が大きいと何から何まで大きいというたとえ。

(類義) 一升徳利《いっしょうどくり》転《こ》けても三分《さんぶ》／古川《ふるかわ》に水絶えず

大船《おおぶね》に乗《の》る

大きな船は転覆などの心配がないことから、頼れるものに任せきり安心することのたとえ。「親船に乗る」とも。

(知識) 通常は「車の運転には自信があります。大船に乗ったつもりで私にお任せください」のように「乗ったよう」「乗った気（気分）」のような使い方をする。

(類義) 親船に乗った気

大《おお》風《ぶ》呂《ろ》敷《しき》を広《ひろ》げる

実力や現実に見合わない大それたことを語ったり行ったりすること。大ぼらを吹くこと。

陸《おか》に上《あ》がった河童《かっぱ》

水中生活をする河童は、陸では無力であることから、自分に合った場所から引き離され、力が発揮できなくなったり、意気地がなくなったりすることのたとえ。

(類義) 陸へ上がった船頭／木から落ちた猿／水を離れた魚

屋烏《おくう》の愛《あい》

愛する人の家の屋根にとまった烏《からす》さえ好きになるほどの愛。愛する人に関わるものすべてに愛情が及ぶこと。

(類義) 愛屋烏に及ぶ／痘痕《あばた》も靨《えくぼ》

(対義) **坊主憎けりゃ袈裟《けさ》まで憎い**

屋上屋《おくじょうおく》を架《か》す

屋根の上にさらに屋根をかける。すでにあるものに同じようなものを加えるような、むだなことをするたとえ。

(類義) 屋下に屋を架す

奥歯《おくば》に物《もの》が挟《はさ》まる

事実や本心をはっきり言わないで、思わせぶりな言い方をするさまをいう。「奥歯に物絡まる」ともいう。

(知識) 通常は「奥歯に物が挟まった言い方」などと使う。

(類義) 奥歯に衣《きぬ》着せる

驕《おご》る平家《へいけ》は久《ひさ》しからず

思い上がって傲慢《ごうまん》に振る舞う者は早く滅びるという戒めのことば。盛者《じょうしゃ》必衰。

(知識) 栄華を極め「平家にあらずんば人にあらず」と驕り高ぶっていた平家が、瞬く間に滅んだことをいう。『平家物語』の「驕れる人も久しからず」から出たことば。

(類義) 奢《おご》るものは末世の厄介／月満つれば則《すなわ》ち虧《か》く

(英語) Pride will have a fall.（高慢には必ず墜落がある）

奢《おご》る者《もの》は心嘗《こころつね》に貧《まず》し

「嘗」は「常」の意。ぜいたくを好む者は、これでいいと満足することを知らず、絶えず足りないものを求めているから、心がいつも貧しいということ。出典は『譚子化書《たんしかしょ》』。

(知識) 次に「倹なるものは心嘗に富む(倹約を好む者は心がいつも豊かである)」ということばが続く。

お先棒《さきぼう》を担《かつ》ぐ

軽々しく人の手先となって働くこと。「先棒を担ぐ」また、「後《あと》棒を担ぐ」ともいう。

(知識) 「先棒」は、前後二人で籠を担ぐときに前方の棒を担ぐこと、またその人。後ろを担ぐこと(人)は「後棒」という。

(注意) 先頭に立って物事を行う、の意味で使うのは誤用。

お里《さと》が知《し》れる

言葉遣いや、ちょっとした所作で、その人の素性や育ちがわかるということ。「お里が現れる」ともいう。

(知識) 育ちの悪さを指摘するほか、気取ったり虚勢を張ったりしている者をからかう場合にもいう。「お里丸出し」のような言い方もある。

(英語) The shepherd even when he becomes a gentleman smells of the lamb.(羊飼いは紳士になっても羊のにおいがする)

教《おし》うるは学《まな》ぶの半《なか》ば

人に教えることは、教える側にとっても半分は勉強になっている。教えることによって自分の学問も進歩するということ。出典は『書経』。

(類義) 教学は相長ず

(英語) Teaching others teaches yourself.
(他人を教うるは己を教うるもの)

遅《おそ》かりし由良之助《ゆらのすけ》

待ちかねていた人がやっと到着した場合に、また、時機に遅れて間に合わなかったことに残念がっていうことば。

(知識) 歌舞伎の『仮名手本忠臣蔵』から出たことば。

恐《おそ》れ入谷《いりや》の鬼子母神《きしもじん》

「入谷」は、東京都台東区に実在する地名。「恐れ入りました」のしゃれで、「恐れ入り」の「入り」を地名の「入谷」にかけ、その地に祭られている「鬼子母神」を続けた句。「鬼子母神」は「きしぼじん」ともいう。

(用例) 中学生で将棋五段、そりゃ恐れ入谷の鬼子母神だ。

小田原評定《おだわらひょうじょう》

いくら話し合っても長引くばかりで、一向にまとまらない相談のこと。「小田原評議」「狢《むじな》評定」ともいう。

(知識) 豊臣秀吉《とよとみひでよし》が小田原城を攻めたとき、立て籠もる北条《ほうじょう》氏が戦うか降伏するかで城内の論議を長引かせているうちに滅ぼされてしまった、という故事による。

(用例) 人選だけで三日も費やすなんて小田原評定だよ。

お茶《ちゃ》を濁《にご》す

いいかげんなことを言い、その場しのぎでごまかすこと。

(知識) 茶の湯の作法をよく知らない人が、適当にごまかして茶をたてたことによるともいわれる。

落《お》つれば同《おな》じ谷川《たにがわ》の水《みず》

雨や霰《あられ》、雪など形こそ違え最後は同じ谷川に降って水になってしまうことから、起点は異なっても終点は同じところに行き着くというたとえ。また、人間もそれぞれの人生があっても最期は死んで同じ土になるとの意もある。

(知識) 「雨霰雪や氷と変われども」に続く和歌の下の句から。

頤《おとがい》を解《と》く

「頤」は下顎。顎が外れるほど大口を開け、大笑いすること。「解く」は「脱す」「放つ」「外す」ともいう。

(用例) あの芸人の漫才は頤を解くこと請け合いだよ。

男《おとこ》は閾《しきい》を跨《また》げば七人《しちにん》の敵《てき》あり

男が外へ出て仕事をするときには、必ず多くの敵や競争相手があるものだということ。

(類義) 雨垂れは三途《さんず》の川／男子家を出《い》ずれば七人の敵あり

(英語) No man is without enemies.（敵のない男はいない）

男《おとこ》は度胸《どきょう》 女《おんな》は愛嬌《あいきょう》

男性には決断と勇気が、女性には愛嬌が大切であるということの語呂合わせ。「愛嬌」は「愛敬」とも書く。

(知識) 続けて「坊主はお経」という言い方もある。

男《おとこ》やもめに蛆《うじ》がわき女《おんな》やもめに花《はな》が咲《さ》く

「やもめ」は連れ合いを失った者、また独身者。独り暮らしの男は、家の中や身なりが不潔になるが、独り暮らしの女は、むしろ身ぎれいにして男たちにもてはやされ、華やぐものであるということ。「男やもめ」「女やもめ」は「男世帯《じょたい》」「女世帯」ともいう。また「男やもめに蛆がわく」「女やもめに花が咲く」と分断して別個に使ったりもする。

(類義) 男やもめに雑魚《ざこ》たかる／後家花咲かす

同《おな》じ穴《あな》の狢《むじな》

「狢」は穴熊の異名、また狸《たぬき》のこと。「貉」とも書く。一見、無関係なように見えてじつは同類、仲間であることのたとえ。「同じ穴の狸」ともいう。

(知識) 悪い仲間をさしていう場合がほとんど。

(類義) 一つ穴の狐《きつね》

同《おな》じ釜《かま》の飯《めし》を食《く》う

共に生活したことのある、とても親しい友人関係を表す。

(用例) 同じ釜の飯を食った仲じゃないか、気兼ねしないで何でも言ってくれよ。

鬼《おに》が出《で》るか蛇《じゃ》が出《で》るか

どんな化け物が出るかわからない。先の展開が予想できないことのたとえ。「鬼が出るか仏が出るか」ともいう。

(知識) 前途にどんな困難があるか予測しにくいときや、人の好奇心をそそるときに使う。

(類義) 暗がりに鬼をつなぐ

鬼《おに》に金棒《かなぼう》

もともと強い鬼に強力な武器となる金棒を持たせること。ただでさえ強いのに、さらに強みが加わるたとえ。好条件に好条件が追加されること。「鬼に鉄杖《てつじょう》」ともいう。

(用例) 彼が変化球をマスターしたら、鬼に金棒だね。

(類義) 虎に翼／弁慶に薙刀《なぎなた》／仏に蓮華《れんげ》

(対義) 餓鬼に苧殻《おがら》

鬼《おに》の居《い》ぬ間《ま》に洗濯《せんたく》

「洗濯」は命の洗濯の意で、息抜きすること。つねづね怖いと思っている人や監督者の留守中に、羽をのばしてくつろぐことのたとえ。「鬼の留守に洗濯」ともいう。

(英語) While the cat is away, the mice will play.
(猫の居ぬ間に鼠《ねずみ》は遊ぶ)

鬼《おに》の霍乱《かくらん》

「霍乱」は、日射病や暑気あたり。頑強な鬼が意外にも暑気あたりをしたという意から、ふだん極めて丈夫な人が、珍しく病気にかかること。

鬼《おに》の首《くび》を取《と》ったよう

大手柄を立てたかのように喜び、得意がるさま。

(知識) 周りから見ると手柄といえるほどでもないのに自分が立てた、と得意がっている人をさしていう。

鬼《おに》の目《め》にも涙《なみだ》

鬼でも感動して涙を流すことがある。冷酷・無情な人でも、時には慈悲心を起こすことがあるというたとえ。

(類義) 鬼も頼めば人食わず

鬼《おに》も十八《じゅうはち》 番茶《ばんちゃ》も出花《でばな》

「出花」は、湯をついで出したばかりのお茶。醜い鬼のような容姿の娘でも、年頃になれば女らしい魅力が出てくる、また、粗末な番茶でも出花はおいしいことから、何でも盛りは美しいものであるということ。「番茶」は「柴茶《しばちゃ》」とも、また「鬼も十七 茨も花」「鬼も十七 番茶も煮ばな」ともいう。

(注意) 褒めことばではないので、他人には使わない。

(類義) 薊《あざみ》の花も一盛り

(英語) Everything has its time.
（どんなものにもその盛りがある）

己《おのれ》の欲《ほっ》せざる所《ところ》は人《ひと》に施《ほどこ》すなかれ

自分がしてほしくないことを、他人に対して、してはならないということ。『論語』のことば。

(類義) 我が身を抓《つね》って人の痛さを知れ

(英語) Do as you would be done to.
（自分にしてもらいたいように人にもせよ）

尾羽《おは》打《う》ち枯《か》らす

鷹《たか》の尾羽が傷んでみすぼらしくなる。以前は羽振り ↗

のよかった者が、落ちぶれてしまったさまをたとえていう。

(用例) あそこの社長、事業に失敗して、すっかり尾羽打ち枯らしてしまったみたいだよ。

帯《おび》に短《みじか》し襷《たすき》に長《なが》し

着物の帯にするには短く、といって襷にするには長すぎる布のように中途半端で、ものの役に立たないこと。ちょうどいいものはなかなかないというたとえ。

(知識) ものの用途や人の能力について使うことが多い。

(類義) 次郎にも太郎にも足らぬ／褌《ふんどし》には短し手拭《てぬぐい》には長し

溺《おぼ》れる者《もの》は藁《わら》をも掴《つか》む

溺れているときは、頼りにならない藁でも掴んで助かろうとする。危急の際には、どんなに頼りにならないものにでもすがりつくということ。

(注意)「藁をも掴む思いでお願いに伺いました」などと使うと相手を(つまらない)藁にたとえることになり失礼。

(類義) せつない時は茨も掴む／藁にもすがる

(英語) A drowning man will catch at a straw. の訳。

お前百《まえひゃく》までわしゃ九十九《くじゅうく》まで

夫婦がいつまでも仲よく暮らし、共に長生きするように願うことば。「共に白髪の生えるまで」と続く俗謡。

(類義) 偕老同穴《かいろうどうけつ》

お眼鏡《めがね》に適《かな》う

目上の人に気に入られる、一定の評価を得ること。

(知識)「お眼鏡」は拡大鏡のことで、鑑識眼・目利きを敬っていう。たんに「眼鏡に適う」ともいう。

(用例) 結婚を認められたのは、きみが両親のお眼鏡に適ったからだろう。

(注意)「お目に適う」は間違った使い方。

思《おも》い内《うち》にあれば色外《いろそと》に出《で》る

心の中に何か思っていることがあると、しぜんに顔色や態度に現れるということ。「心内にあれば色外に現る」ともいう。出典は『大学』。

(英語) The face is the index of the heart.（表情は心の指標）

思《おも》い立《た》ったが吉日《きちじつ》

「吉日」は「きちにち」ともいい、暦で縁起のいい日のこと。事を始めるのに吉日を待っていたら機会を逃しかねない。何かをすると決めたら、その日を吉日として、すぐに始めるのがよいということ。「思い立つ日が吉日」ともいう。

(類義) 思い立つ日に人神《にんじん》なし／好機逸すべからず／善は急げ

思《おも》い半《なか》ばに過《す》ぐ

よく考えてみれば半分以上思い当たり、見当もつく。また、想像以上で感慨に堪えないという意でも使う。

(用例) 卒業を迎え、恩師のおことばが思い半ばに過ぎます。

思《おも》えば思《おも》わるる

こちらが相手のことを思えば、相手からも思われるようになる。親切にすれば報われるものであるということ。

(類義) 情けは人の為《ため》ならず

(英語) Love is love's reward.（愛は愛の報い）

親《おや》が親《おや》なら子《こ》も子《こ》

親子はよく似た特徴を持っているということから、親がだめだと子も同じようにだめであるという意。

(知識) 良い点が似ていれば「親も親なり子も子なり」「この親にしてこの子あり」を使う。ただし、この二つのことばは悪い点が似ている場合でも使われる。

(類義) 親に似ぬ子なし ↗

(対義) 親は親 子は子

(英語) Like father, like son.（この父にしてこの子あり）

親子《おやこ》の仲《なか》でも金銭《きんせん》は他人《たにん》

たとえ親子の関係でも、お金に関しては他人と同じように扱わなければならないという戒め。「金銭は親子も他人」ともいう。

(用例) また無心!? 親子の仲でも金銭は他人、だめだ。

(類義) 金に親子はない

親《おや》の意見《いけん》と茄子《なすび》の花《はな》は千《せん》に一《ひと》つも仇《あだ》はない

花が咲けば必ず実がなる茄子《なす》のように、子を思う親の意見には、けっしてむだなものはない。親の意見はよく聞くべきであるということ。「仇」は「むだ」ともいう。

(類義) 冷や酒と親の意見は後《あと》の薬

親《おや》の因果《いんが》が子《こ》に報《むく》う

「因果」は、前世の悪業が原因となって現世で災いを受けるという仏教の教えで、本来は当人が被るべきもの。親の悪行の報いが子に及び、罪もない子が苦しむこと。「親の善悪は子に報う」「親の罪子に報う」ともいう。

(類義) 親の涙雨 子にかかる／親の罰は子に当たる

(対義) 親の光は七光

親《おや》の心《こころ》 子《こ》知《し》らず

子を思う親の深い愛情に気づかず、子が勝手気ままに振る舞うこと。

(知識) 親だけでなく、親身になってくれている目上の人や上司などを親にたとえて用いることもある。

(対義) 子の心親知らず／子を持って知る親の恩

(英語) The love of the parent is unrecognized by the child.
(親の愛は子どもにはわからない)

親《おや》の脛《すね》を齧《かじ》る

子どもが、自立できないで親に養われていることのたとえ。

(知識)「脛」は「臑」とも書き、膝から踝《くるぶし》までの部分をいう。なぜ「親の脛を齧る」というのかについては、脛は歩き回る足にあり労働の源泉であるから、とする説がある。「親の脛をかぶる」とも、たんに「脛を齧る」ともいう。

(用例) 結婚式の費用まで親に出させるとは、いったいいつまで親の脛を齧る気でいるのだろう。

(注意)「親の足を齧る」は誤り。

親《おや》の光《ひかり》は七光《ななひかり》

才能や実力がなくても、親の威光や名声によって、子が世間からさまざまな恩恵を受けること。「親の七光」とも。

(用例) 父が監督の映画に娘が主演。親の光は七光だね。

(対義) 親の因果が子に報う

お山《やま》の大将俺一人《たいしょうおれひとり》

仲間うちの小さな世界で一番になり、偉ぶっている人。小さな成功で得意がるさま。

(知識) 小山の頂上に一番乗りした者が「お山の大将俺一人」と叫び、後続の者を突き落としてトップを守る子どもの遊びから生まれたことば。

(類義) お山の大将空威張《からいば》り

(英語) A cock is bold on his own dunghill.
(雄鶏《おんどり》は自分の糞《ふん》の山で大胆である)

終《お》わり良《よ》ければすべて良《よ》し

途中経過がどんなふうであろうと、結果さえ良ければすべてが良かったことになる。何事も一番大切なのは、最後の締めくくりであるということ。

(用例) 変更や失敗の繰り返しだったが、すごくいい作 ↗

品に仕上がったぞ。終わり良ければすべて良しだ。

(類義) 仕上げが肝心

(英語) All's well that ends well. の訳。

恩知《おんし》らずは乞食《こじき》の相《そう》

恩返しを怠る者はやがて落ちぶれるということ。

(対義) 恩報じは出世の相

女心《おんなごころ》と秋《あき》の空《そら》

女性の、男性に対する情愛の心は秋の天候のように変わりやすいものであるということ。

(知識) 語釈の男女があべこべの「男心と秋の空」ということばもある。

(類義) 秋の日和《ひより》と女の心日に七度変わる／女の心は猫の眼《め》

(英語) A woman's mind and winter wind change oft.
(女心と冬の風はよく変わる)

女賢《おんなさか》しうして牛《うし》売《う》り損《そこ》なう

女が利口ぶって出しゃばりすぎると、売れるはずの牛も売り損なう。利口ぶる女性はとかく目先の小さなことにとらわれて大局を見失い、失敗しやすいということ。

(類義) 女が口を叩《たた》けば牛の値が下がる／女の賢いのと東の空明《そらあ》かりとは当てにならぬ／女の知恵は鼻の先

女三人《おんなさんにん》寄《よ》れば姦《かしま》しい

女性はおしゃべりだから、三人も寄り集まればやかましいということ。

(知識) 「女」を三つ書く漢字の「姦」を「かしましい」と読むところからできたことば。

(類義) 女三人寄れば着物の噂《うわさ》する

(英語) Three women make a market.
(女三人寄れば市をなす)

女《おんな》は三界《さんがい》に家《いえ》なし

「三界」は欲界・色界・無色界の、人にとっての全世界を意味する仏教用語。女には広い世界のどこにも安住できる所がないということ。「女に三つの家なし」「女の身は三界に家なし」とも、たんに「女に家なし」ともいう。

(知識) 女性は、幼少の頃は親に、結婚しては夫に、老いては子に従うものとされ、一生自分が主《あるじ》となれる場所がないという意味で、封建時代によく使われたことば。

恩《おん》を仇《あだ》で返《かえ》す

「仇」は恨み、害を与えること。恩人に、感謝するどころか、ひどい仕打ちをすること。「情けを仇で返す」とも、たんに「恩を仇」ともいう。

(類義) 陰に居て枝を折る

(対義) **恩を以《もっ》て怨《うら》みに報ず／怨みに報ゆるに徳を以てす**

(英語) The beggar pays a benefit with a louse.
(乞食《こじき》は虱《しらみ》で返礼する)

飼《か》い犬《いぬ》に手《て》を噛《か》まれる

ふだんかわいがっている自分の犬に噛みつかれる。日頃、大事に面倒をみていた人や部下から思いがけずに、裏切られたり損害を受けたりすることのたとえ。

(類義) 後足《あとあし》で砂をかける／飼い養《か》う虫に手を食わる

(対義) **犬は三日飼えば三年恩を忘れぬ**

貝殻《かいがら》で海《うみ》を量《はか》る

小さな貝殻で海水を汲《く》んで、計量する。自分の狭い見聞をもとにして、大きな問題を議論することのたとえ。また、まったく不可能なことのたとえ。「量る」は「干す」とも。

(類義) 管を以《もっ》て天を窺《うかが》う／大海《たいかい》を耳《みみ》掻《か》きで測る／針の穴から天を覗《のぞ》く

会稽《かいけい》の恥《はじ》

敗戦による恥辱。人から受けた屈辱的な恥のこと。

(知識) 中国の春秋時代、越《えつ》王の勾践《こうせん》が呉《ご》王の夫差《ふさ》と会稽山で戦って敗れ、自らは臣下になり、妻は召使いに差しだすという屈辱的な条件で和睦を結んだという『史記』の故事による。また、その後、勾践は会稽の恥を忘れず、多年辛苦を重ねた末、呉を討って恥を雪《すす》いだという。そこから「会稽の恥を雪ぐ」は、受けた恥辱や長年の恨みをみごとに晴らすことをいう。

快哉《かいさい》を叫《さけ》ぶ

「快哉」は、「快なるかな」の意で、胸がすくこと、痛快なこと。たまらなく愉快なことに歓声を上げること。

(用例) 母校の甲子園での優勝に快哉を叫んだ。

絵事《かいじ》は素《そ》を後《のち》にす

「絵事」は絵を描くこと。絵の道。絵を描くのに、最後に素(白の絵の具)を塗って彩りを引き立たせて仕上げるように、人間も修養を積み、礼(儒教で大切にする社会生活上の規範)を学ぶことによって人格が完成されるということ。「絵事は素より後にす」「絵の事は素《しろ》きを後にす」ともいう。出典は『論語』。

快刀乱麻《かいとうらんま》を断《た》つ

「快刀」は、切れ味のよい刀。「乱麻」は絡み合った麻糸。よく切れる刀で、絡み合った麻糸を断ち切る。もつれて込み入った物事を手際よく明快に処理すること。

(用例) リーダーの快刀乱麻を断つ行動で暗礁にのりあげていた案件が、たちどころに解決した。

(注意) 「乱麻」を「乱魔」、「断つ」を「絶つ」と書くのは誤り。

(類義) 一刀両断

か

隗《かい》より始《はじ》めよ

遠大な事業を起こすときでも、まず手近なことからやってみるのがよいということ。また、何事も言いだした本人から始めよ、の意にも用いる。

(知識) 中国の戦国時代、燕《えん》の昭《しょう》王が国に賢者を招く方法を郭隗《かくかい》に相談したところ、「まず私、隗を優遇してください。私のような優秀でない者を厚遇していると聞けば、もっと優れた賢者たちが次々と集まってくることでしょう」と答えたという『戦国策』の故事による。

カエサルの物《もの》はカエサルに

すべてのものは、そのものの本来あるべきところに戻すべきであるということ。

(知識) パリサイ人が、敵対するイエスを罠《わな》にはめようと「皇帝(カエサル)に税金を納めるのは律法にかなっているでしょうか」と尋ねた。イエスは、貨幣に皇帝の肖像がついていることから「皇帝のものは皇帝に、神のものは神に返しなさい」と答えたという『新約聖書』の話から出たことば。

(英語) Render unto Caesar the things which are Caesar's. の訳。

蛙《かえる》の行列《ぎょうれつ》

蛙が後ろ足で立つと、目が後ろを向いて前が見えないことから、向こう見ず、無鉄砲な人々のたとえ。

蛙《かえる》の子《こ》は蛙《かえる》

おたまじゃくしは蛙の子なのにすこしも似ていないが、やがて親と同じ姿になる。子は親に似る、親と同じ道を歩むもので、凡人の子はやはり凡人であるという意。

(知識) 多く、多少の謙遜を込めて身内について使われる。現在では、親の才能を子が受け継いでいるという ↗

良い意味でも用いられる。

(類義) 瓜《うり》の蔓《つる》に茄子《なすび》はならぬ／親に似た亀の子

(対義) 筍《たけのこ》の親勝り／鳶《とび》が鷹《たか》を生む

蛙《かえる》の面《つら》に水《みず》

蛙は顔に水をかけられても平気でいる。どんな仕打ちにあっても、何も感じず平気でいるさま。人からのひどい扱いに鈍感なこと。「水」は「小便」とも。

(用例) 連日の遅刻をゆうべあんなにこっぴどく叱ったのに、やっこさんには蛙の面に水、さっそく朝寝坊だとさ。

(類義) 石地蔵に蜂／石に灸《きゅう》／牛に経文《きょうもん》／牛の角を蜂が刺す／馬の耳に念仏／鹿の角に蜂

(英語) Pouring water on a duck's back.
（あひるの背中に水を注ぐ）

河《か》海《かい》は細流《さいりゅう》を択《えら》ばず

黄河や大海はどんな小川の流れも差別なく受け入れる。大人物は度量が広く、誰でも選《え》り好みせずに受け入れることのたとえ。出典は『史記』。「河海」は「大海」ともいう。

(知識) 「泰山《たいざん》は土壌を譲らず」もこの対句として同じ意味で使われる。

(類義) 大海は芥《あくた》を択ばず

(英語) The sea refuses no river.（海はどんな川も拒まない）

餓《が》鬼《き》に苧《お》殻《がら》

痩せ衰えた餓鬼が、折れやすい麻の茎を振り回しても、さっぱり役に立たない。頼りにならないことのたとえ。

(知識) 「餓鬼」は、仏教でいう六道の一つ「餓鬼道」に落ちた亡者のこと。「苧殻」は、麻の皮を剥いだ茎のこと。

(用例) ノートを持ってきても、筆記具を忘れたのでは、まったく餓鬼に苧殻だよ。

(対義) 鬼に金棒《かなぼう》／弁慶に薙刀《なぎなた》

か

餓鬼《がき》の断食《だんじき》

ふだんからものを食べない餓鬼が、断食しても意味はない。転じて、当たり前のことを、善行であるかのように言い立てるたとえ。あとに「悪女の賢者ぶり」と続けてもいう。

(類義) 河童《かっぱ》の寒稽古

蝸牛角上《かぎゅうかくじょう》の争《あらそ》い

蝸牛(かたつむり)の左の角《つの》にある国の触氏と、右の角にある国の蛮氏《ばんし》が領地問題で争った、という寓言《ぐうげん》から、取るに足らない争い、狭い世界でのつまらない争いのたとえ。「蝸角《かかく》の争い」「蛮触の争い」ともいう。出典は『荘子』。

(類義) コップの中の嵐

隠《かく》すより現《あらわ》る

何事も、隠せば隠すほど人々の注意をひき、かえって早々と人に知れ渡ってしまうものであるということ。

(知識) この「より」は、比較ではなく動作の起点を示す意で、「隠すから(より)知れ渡る(現る)」と解釈する。

(類義) 隠す事千里/隠す事は知れ易《やす》し/隠せばなお顕《あらわ》る

(英語) What is done by night appears by day.
(夜したことが昼現れる)

学問《がくもん》に王道《おうどう》なし

「王道」は、王のための特別の道。学問は順を追って地道に積み重ねてこそ身につくもので、一足飛びに修得する方法などないということ。「学問に近道なし」とも。

(知識) 幾何学をユークリッドから学んでいたエジプト王が、もっと簡単な学習法はないかと質問したところ、「幾何学に王道なし」と答えた故事によるとされる。

(類義) 千金を買う市あれど一文字《いちもんじ》を買う店なし

(英語) There is no royal road to learning. の訳。

駆《か》け馬《うま》に鞭《むち》

走っている馬に鞭を入れ、さらに速く走らせるという意。勢いのあるものに力を添えて、さらに勢いづかせること。

(類義) 鬼に金棒《かなぼう》／火事場へ煙硝《えんしょう》／虎に翼／火に油を注ぐ

(英語) A good horse often needs a good spur.
(駿馬《しゅんめ》にもしばしば拍車をかける必要がある)

駆《か》けつけ三杯《さんばい》

酒の席に遅れて来た者に、罰として酒を続けざまに三杯飲ませるしきたりのこと。「遅れ三杯」ともいう。

駕籠《かご》に乗《の》る人《ひと》 担《かつ》ぐ人《ひと》 そのまた草鞋《わらじ》を作《つく》る人《ひと》

世の中にはさまざまな職業、境遇の人がいるということ。また、世間にはいろいろな立場の人がいて、持ちつ持たれつで成り立っているということ。「そのまた」以下を略すことも、「担ぐ人」を「駕籠舁《か》く人」ということもある。

(類義) 車に乗る人乗せる人

(英語) Some are born with a silver spoon in the mouth, and some without.
(銀の匙《さじ》を持って生まれる人も、そうでない人もいる)

化《か》して春泥《しゅんでい》と作《な》り更《さら》に花《はな》を護《まも》らん

「春泥」は春のぬかるみの意。(散り落ちた花びらは)春の泥土となって土壌を肥やし、もとの花の木を守り育てていくということ。

(知識) 作者龔自珍《きょうじちん》は清代後期の憂国の人。この詩句の前には「落紅是《こ》れ無情の物にあらずして」という句があり、「散り落ちた赤い花びら(作者・自珍)は感情のあるものだ」の意で、自分が零落(落紅)しても、祖国清(花)を護り続けるという覚悟を示している。官僚を辞して故郷に帰るときに作った「己亥《きがい》雑詩」の一節。

火事場《かじば》の馬鹿力《ばかぢから》

人は窮地に陥ると、ふつうでは想像できないほどの力を発揮するということのたとえ。

(知識)「火事場」は、火事などの緊急事態。そのようなときには、ふだん持てない金庫のような重いもの、大きいものでも運びだしてしまう力が出ることから。

華燭《かしょく》の典《てん》

「華燭」は華美な灯火、「典」は儀式や式典の意から、結婚式のこと。他人の結婚式や婚礼の美称。「華燭の式」ともいう。

(知識) 多く「華燭の典を挙げる」と使われる、婚礼の典型句。

(用例) このたびは、ご息女の華燭の典にお招きいただき、まことにありがとうございます。

(注意) 自分の結婚式には使わない。

河清《かせい》を俟《ま》つ

「河」とは黄河《こうが》のこと。黄河の水はつねに黄土で濁っていて、清く澄むことはないことから、いつまで待っても甲斐《かい》のないことのたとえ。「百年河清を俟つ」ともいう。

風《かぜ》が吹《ふ》けば桶屋《おけや》が儲《もう》かる

一つの事態が予想もできないような結末を招くこと。見込みのないことを当てにするたとえ。「風」は「大風」とも。「大風が吹けば桶屋が喜ぶ」ともいう。

(知識) 大風が吹くと砂ぼこりが舞って目に入り、失明する人が増える。失明した人は三味線を弾いて門づけをするので三味線の需要が増える。その材料となる猫の皮が必要となり猫が殺される。すると、大敵のいなくなった鼠《ねずみ》が増え、食物の入った桶をかじる。こうして桶の注文が増えて桶屋が儲かるという落語による。

稼《かせ》ぐに追《お》いつく貧乏《びんぼう》なし

一所懸命働いて稼いでいれば、貧乏で苦しむことはないということ。「辛抱に追いつく貧乏なし」とも「稼ぐに貧乏追いつかず」ともいう。

(類義) 稼げば身立つ／鍬《くわ》をかたげた乞食《こじき》は来ない／精出せば凍る間もなし水車

(対義) **稼ぐに追い抜く貧乏神**

(英語) Diligence is the mother of good fortune.（勤勉は成功の母）

固唾《かたず》を呑《の》む

「固唾」は、緊張したときに口にたまる唾。事の成り行きがどうなるかと、緊張して息をのんで見守ること。

(用例) 全勝どうしの取組となった千秋楽の大一番、土俵上の両横綱の迫力に観客の誰もが固唾を呑んだ。

(注意) 興奮するの意に用いるのは誤り。

片棒《かたぼう》を担《かつ》ぐ

（たくらみのある）仕事や計画に加わり、協力すること。

(知識) 二人で担ぐ駕籠《かご》などの、先棒《さき》・後棒《あと》の一方の棒を担ぐことから。ちなみに棒を担ぐ相手を「相棒」という。

(用例) そんな危ない仕事の片棒を担ぐわけにはいかない。

(注意) おもに悪事に加担する場合にいう。たんに力を貸す意では用いない。◇似た表現の「お先棒を担ぐ（p.66）」との意味の違いに要注意。

語《かた》るに落《お》ちる

聞かれたときには用心して言わなかったのに、話しているうちに、うっかり本当のことを言ってしまうこと。「問うに落ちず語るに落ちる」の略。

(英語) The tongue is ever turning to the aching tooth.
（舌はいつも痛む歯へ向かう）

か

火中《かちゅう》の栗《くり》を拾《ひろ》う

自分の利益にもならないのに、人のために無理に危険なことをすること。また、困難な事柄にあえて身を投じることをたとえていう。

知識 猿におだてられた猫が、囲炉裏の中で熱く焼けた栗を拾い大火傷《やけど》したという、『イソップ物語』をもとにしたラ・フォンテーヌの『寓話《ぐうわ》』からのことわざ。

用例 中立の立場だが、火中の栗を拾う覚悟で反論した。

類義 手を出して火傷する

英語 Pull (someone else's) chestnuts out of the fire. の訳。

渇《かっ》しても盗泉《とうせん》の水《みず》を飲《の》まず

どんなに苦しくても不正行為にはかかわらないで、身を慎むこと。出典は『文選《もんぜん》』。

知識 「盗泉」は、中国山東省泗水《しすい》県にある泉の名。孔子が、旅先で喉が渇いたとき「盗泉」を通りかかったが、たとえ名前だけでも身が汚れるとしてその水を飲まなかったという故事による。「悪木盗泉」は、このことばの四字熟語。

類義 鷹《たか》は飢えても穂を摘《つ》まず／武士は食わねど高楊枝《ようじ》

対義 背に腹はかえられぬ

勝《か》って兜《かぶと》の緒《お》を締《し》めよ

戦いに勝ったからといって油断せず、兜の緒はしっかり締め直しておけという意。成功しても気を抜かず、さらに用心深く事にあたれという教訓。

英語 Don't halloo till you are out of the woods.
（森から出てしまうまで歓声を上げるな）

河童《かっぱ》の川流《かわなが》れ

泳ぎが得意な河童でも川に流されることがあるように、↗

どんな達人や名人でも失敗することはあるというたとえ。

(類義) 孔子《くじ》の倒れ／弘法《こうぼう》にも筆の誤り／猿も木から落ちる／釈迦《しゃか》にも経の読み違い／上手《じょうず》の手から水が漏る

(英語) Good swimmers are oftenest drowned.
（よく泳ぐ者はよく溺れる）

勝《か》つも負《ま》けるも時《とき》の運《うん》

勝負は、そのときの運で決まることが多いということ。「勝つも負けるも運次第」「勝負は時の運」ともいう。

(知識) 多く、敗者に向けた慰めのことばとして使われる。

(類義) 勝負は平家の常

(英語) The chance of war is uncertain.（勝負は不確かなもの）

活《かつ》を入《い》れる

刺激して元気を取り戻させる、活気づけること。

(注意) 「喝を入れる」は誤り。

勝《か》てば官軍《かんぐん》 負《ま》ければ賊軍《ぞくぐん》

道理はともかく、勝ったほうが正義となる。事の善悪によらず、強者が正義となることのたとえ。明治維新で生まれたことば。「勝てば官軍」と略してもいう。

(類義) 小股《こまた》取っても勝つが本《ほん》／無理が通れば道理引っ込む

(英語) Losers are always in the wrong.
（敗者はいつも悪いとされる）

瓜田《かでん》に履《くつ》を納《い》れず

「履を納れず」は、靴に足を入れないということ。「瓜田」は瓜《うり》の畑のことで、たまたま脱げた靴を履き直そうとかがむと瓜泥棒と間違えられてしまうから、瓜畑では靴を履き直してはいけない。人から疑われるような行為は慎むべきであるという戒め。出典は『古楽府《こがふ》』。

(類義) 疑いは言葉でとけぬ／瓜田李下《りか》／李下に冠を正さず

か

鼎《かなえ》の軽重《けいちょう》を問《と》う

権力者の実力や権威を軽視し、その地位から追い落とし、代わってその地位を取ろうとすること。また、権力者の実力を疑ったり、推し量ったりするたとえ。

(知識)「鼎の軽重が問われる」の形で多用される。◇「鼎」は権力の象徴。中国の春秋時代、楚《そ》の荘《そう》王が晋《しん》を破って周《しゅう》の都に迫ったとき、周の定《てい》王の使者に周の宝器である鼎の軽重を尋ねた。これは、いずれその鼎を譲り受けよう(天下を取ろう)とする荘王の野心を表していたという故事による。出典は『春秋左氏伝《しゅんじゅうさしでん》』。

金槌《かなづち》の川流《かわなが》れ

金槌を川に落とすと、頭の部分が重くて水中では頭を下にして沈んでしまうことから、頭が上がらないというしゃれ。また、出世の見込みがないことのたとえ。「金槌」は「鉄槌」とも書く。「金槌の身投げ」ともいう。

蟹《かに》の念仏《ねんぶつ》

蟹が泡を吹くように、いつまでもぶつぶつ言っているさま。

(類義) 亀の看経《かんきん》

蟹《かに》は甲羅《こうら》に似《に》せて穴《あな》を掘《ほ》る

蟹は甲羅の大きさに合わせて、自分の入る穴を掘る。人もそれぞれ自分の才能や力量に見合っただけの望みを持ち、そのように行動するというたとえ。分相応。

(類義) 一升枡《ます》に二升は入らぬ／根性に似せて家を作る

(英語) Cut your coat according to your cloth.
(布地に応じて服を裁断せよ)

科《か》に盈《み》ちて後進《のちすす》む

「科」は窪《くぼ》みの意。流れる水は、穴があればまずそこを ↗

満たしてその先へ流れ海に達する。仕事も勉学も途中を省かず実行すべきであるという教え。出典は『孟子《もうし》』。

金《かね》が敵《かたき》

金銭は、それがもとで苦労したり、身を滅ぼしたりすることもあり、金が敵のようであるということ。また、敵になかなかめぐりあえないことから、金銭は手に入りにくいものであるということ。「金が敵の世の中」ともいう。

(類義) 銀《かね》は命の親 命の敵

(英語) A man's wealth is his enemy.（富はその人の敵である）

金《かね》さえあれば飛《と》ぶ鳥《とり》も落《お》ちる

「飛ぶ鳥を落とす」は、権勢がさかんであるという意。この世の中、金の力こそ、どんな権力、威力よりも強いものであるということ。「金さえあれば天下に敵なし」ともいう。

(類義) 成るも成らぬも金次第／人間万事金の世の中

(英語) Money will do anything.（金に不可能なし）

金《かね》で面《つら》を張《は》る

「面」は顔。「張る」は、殴りつけて言うことを聞かせるという意。反対する者を金銭の力で抑え込むこと。

(英語) A dog will not whine if you strike him with a bone.
（骨で叩《たた》けば犬も吠《ほ》えない）

金《かね》の切《き》れ目《め》が縁《えん》の切《き》れ目《め》

金があるときには親しかったのに、金がなくなったとたん、つき合いが絶たれ、相手にされなくなること。

(知識) 遊女と客の関係から生まれたことばといわれる。

(類義) 愛想《あいそ》づかしも金から起きる／出雲《いずも》の神より恵比寿《えびす》の紙

(英語) When poverty comes in at the door, love flies out at the window.
（貧乏が戸口にやってくると愛は窓から逃げていく）

か

金《かね》の草鞋《わらじ》で尋《たず》ねる

どんなに歩いても擦り切れない金属製の草鞋で探すということから、根気強く歩き回って探すことのたとえ。

(知識) 多く「金の草鞋で尋ねても見つからない」のように否定形で使われ、とうてい得難いことを表す。

(注意)「金」を「きん」と読むのは誤り。

(類義) 鉄の下駄で尋ねる

金《かね》は天下《てんか》の回《まわ》り物《もの》

お金は、つねに世の中をめぐっているのだから、今は貧しくても勤勉に働いていれば、いつかは自分のところにも回ってくるということ。「金は天下の回り持ち」とも。

(知識) お金のない人を励ます意味でよく使われる。

(類義) 金は湧き物／宝は国の渡り物

(対義) **金は片行き**

(英語) Money is a great traveler in the world.
（金は世界の大旅行者である）

鐘《かね》も撞木《しゅもく》の当《あ》たり柄《がら》

鐘の音がよく響くかどうかは撞木の当たり具合によるということから、こちらの対応しだいで相手もこれに応じるというたとえ。また、人間関係はつき合う相手によって良くも悪くもなるということのたとえ。「撞木」は「とうぼく」とも読む。

(知識)「撞木」は釣り鐘や半鐘を打ち鳴らす道具で、丁字形が多い。

金持《かねも》ち喧嘩《けんか》せず

金持ちは損得に敏感で、けんかのように損はしても得のないことはしないということ。また、優位に立つ者は、小事にこだわらず、ゆったりとしているというたとえ。↗

(類義) 金持ち舟に乗らず／金持ち身が大事

(英語) Agree, for the law is costly.
(訴訟は金がかかるから和解しろ)

禍《か》福《ふく》は糾《あざな》える縄《なわ》の如《ごと》し

禍《わざわい》と福は、より合わせた縄のようである。禍福は表裏一体で、災いが転じて福となったり、福が災いの種になったりするものであるということ。出典は『史記』。

(知識) 「糾う」は、縄などをより合わせること。

(類義) 一の裏は六／沈む瀬あれば浮かぶ瀬あり／塞翁《さいおう》が馬／苦は楽の種

(英語) Every cloud has a silver lining.
(どんな雲にも銀色の裏がある)

株《かぶ》を守《まも》りて兎《うさぎ》を待《ま》つ

古い習慣や一度成功した経験にとらわれて、融通がきかないことのたとえ。また、偶然の幸運をもう一度待ち望む甘い考えをさしていう。「株」は「くいぜ」とも読む。

(知識) 中国の宋《そう》の国で、兎が切り株にぶつかって死んだのを見た農民が、それからは働くのをやめ、毎日株を見張って兎を捕ろうとしたが兎は現れず、農民は人々の笑いものになったという『韓非子《かんぴし》』の故事から。

(類義) 琴柱《ことじ》に膠《にかわ》す／能なしの能一つ／舟に刻みて剣を求む／柳の下の泥鰌《どじょう》

壁《かべ》に耳《みみ》

他人に聞かれていないはずの室内での密談も、まるで壁が聞いていたかのように、いつの間にか外に漏れてしまうということ。秘密の話が外に漏れやすいことのたとえ。あとに「障子に目あり」「垣に目口」などと、同じような意味の対句を続けていう場合が多い。

(英語) Walls have ears. の訳。

果報《かほう》は寝《ね》て待《ま》て

幸運はじたばたせず、焦らず気長に待っていればやってくるということ。「福は寝て待て」ともいう。

(知識)「果報」は、前世の行いの現世での報いのことで、善悪いずれをも意味する。現在は「果報者」のように、もっぱら幸せや幸運の意で用いられる。

(類義) 待てば海路の日和《ひより》あり

(対義) **運を待つは死を待つに等しい／寝ていて牡丹餅《ぼたもち》は食えぬ／蒔《ま》かぬ種は生えぬ**

(英語) Everything comes to those who wait.
（待つ人にはすべてのものが手に入る）

神様《かみさま》にも祝詞《のりと》

神様はすべてを見通せるとはいっても、やはり祈りのことばを口に出して言わなければ願いは通じない。わかりきっていることでも、改めてことばにして言うことによって、はじめて相手に通じるということ。

(類義) 神へも物は申しがら

神《かみ》は見通《みとお》し

神はどんなことでも見ているから、ごまかせないという意。「神」は「仏」「神仏」とも、また「神様」「天道様」ともいう。

(類義) 神の目は眠ることがない／天知る地知る我知る人知る／天に眼《まなこ》／天網恢恢《てんもうかいかい》疎にして漏らさず

髪結《かみゆ》いの亭主《ていしゅ》

女房の稼ぎで養われている夫のこと。

(知識)「髪結い」は今でいう美容師。江戸時代では、女性の高給取りは限られており、髪を結う技術者はその典型だった。陰に、妻に働かせ自分は遊んで暮らすぐうたら亭主の意を含んでいる。

亀《かめ》の甲《こう》より年《とし》の劫《こう》

「劫」は長い年月。年長者の経験や意見は尊重すべきであるということ。「功」とも書く。「甲」と「劫」をかけて、年長者の経験や知恵を讃《たた》えたことば。「蟹《かに》の甲より年の劫」ともいう。

(類義) 医者と坊主は年寄りがよい／松笠《かさ》より年嵩《かさ》

(英語) Personal experience is better than book learning.
(自己の経験は書物上の学問よりもまさる)

鴨《かも》が葱《ねぎ》を背負《しょ》ってくる

鴨が葱を背負ってやってくれば、すぐにも鴨鍋にして食べられる。転じて、利用しやすいものが、さらにこちらの利益になるものを持ってやってくることのたとえ。おあつらえむきなこと。たんに「鴨葱」ともいう。

(類義) 開いた口へ牡丹餅《ぼたもち》／兎《うさぎ》の罠《わな》に狐《きつね》がかかる

(対義) 蒔《ま》かぬ種は生えぬ

鴨《かも》の水掻《みずか》き

気楽そうに見えても、人知れない苦労があることのたとえ。

(知識) のんびり水に浮いているように見える鴨も、水面下ではさかんに足の水掻きを動かしていることから。

痒《かゆ》い所《ところ》に手《て》が届《とど》く

人の気づかない細かい点まで気づく。細部にまで配慮が行き届いていること。

(類義) 至れり尽くせり

烏《からす》の行水《ぎょうずい》

烏の短い水浴びのさまから、よく洗いもせずに、入浴をすませてしまうこと。また、入浴時間が極めて短いこと。たんに「烏浴び」ともいう。

画竜点睛《がりょうてんせい》を欠《か》く

全体としてはよくできていても、一か所肝心な点が欠けているために、物事に精彩がないことのたとえ。「画竜点睛」は、物事の眼目となるところ。最後に大切な部分を加えて物事を立派に完成させること。「睛」は、瞳、黒目の意。

(知識) 中国の有名な絵師が、壁に竜を描き、最後に睛を描き入れたところ、たちまち本物の竜となって昇天したという『歴代名画記』の故事による。

(注意) 「睛」を「晴」と書くのは誤り。

(類義) 入眼《じゅがん》

借《か》りる時《とき》の地蔵顔《じぞうがお》 返《かえ》す時《とき》の閻魔顔《えんまがお》

金や物を借りるときはにこやかな顔をするが、返すとなると、とたんに不機嫌な顔になってしまうということ。「地蔵顔」は「恵比寿顔《えびす》」ともいう。

(英語) An angel in borrowing, a devil in repaying.
(借りるときの天使、返すときの悪魔)

枯《か》れ木《き》に花《はな》

衰えたものが再び栄えることのたとえ。また、ありえないことが極めてまれに起こるたとえ。「炒り豆に花」「老い木に花」ともいう。

枯《か》れ木《き》も山《やま》の賑《にぎ》わい

枯れた木でも山に風情を添えるものであることから、つまらないものでもないよりはましであるということ。

(注意) 自分が仲間に入るときなどに、謙遜して使うことばであり、人に対して使うのは失礼になる。

(類義) 蟻《あり》も軍勢／餓鬼も人数／枯れ木も森の賑わかし

(英語) A bad bush is better than the open field.
(よくない茂みでも何もない野原よりはよい)

彼《かれ》を知《し》り己《おのれ》を知《し》れば百戦殆《ひゃくせんあやう》からず

敵と味方の双方の実力を正しく把握していれば、何度戦っても敗れることはない。戦いに勝利するには、敵味方の実情をよく知ることが大切な秘訣《ひけつ》であるということ。

(知識) 中国の兵法家・孫子のことばで、次に「彼を知らずして己を知れば、一勝一敗す。彼を知らず己を知らざれば、戦うごとに必ず殆し」と続く。

可愛《かわい》い子《こ》には旅《たび》をさせよ

愛する子の将来を考えるならば、甘やかして育てるよりも苦しい旅をさせ、人生の辛苦をなめさせたほうが立派に育つ。子どもは厳しく育てよという教え。

(知識) 「旅は憂いもの辛《つら》いもの(p.192)」のとおり、旅は昔、苦労の多いつらいものだったことからいう。

(注意) 実際に子どもを旅に出せ、の意味ではない。子どもに苦労をさせて立派に育てるために「世に出す」ことを「旅」になぞらえている。

(類義) いとしき子には杖《つえ》で教えよ／獅子《しし》の子落とし

(英語) Spare the rod and spoil the child.
(鞭《むち》を惜しめば子どもはだめになる)

川立《かわだ》ちは川《かわ》で果《は》てる

「川立ち」は、川辺で生まれた泳ぎの達人。「果てる」とは死ぬこと。転じて、得意技のある者は、かえって油断して、その技で身を滅ぼすということ。

(類義) 河童《かっぱ》の川流れ／木登りは木で果てる／山師 山で果てる

(英語) The dog that kills wolves is killed by wolves.
(狼《おおかみ》を殺す犬は狼に殺される)

川《かわ》に水《みず》を運《はこ》ぶ

無意味な行動やむだな苦労のたとえ。

考《かんが》える葦《あし》

「人間」のこと。

(知識) フランスの思想家パスカルの『パンセ』の一節「人間は一本の葦であり、自然のうち最も弱いものにすぎぬ。しかし、それは考える葦である」から。

眼光《がんこう》紙背《しはい》に徹《てっ》す

眼《め》の光が紙の裏まで突き抜ける。書物の字句を解釈するばかりか、その奥底の深い意味まで読み取ること。読解力が鋭いさま。「眼光紙背に徹《とお》る」ともいう。

(知識) 「眼光」は、物事を見通す力、観察力の意。

(用例) 眼光紙背に徹し、報告書の矛盾を指摘した。

閑古鳥《かんこどり》が鳴《な》く

もの寂しいさま。とくに商売が繁盛しないことをいう。

(知識) 閑古鳥はカッコウ科の鳥で、「郭公」が正式名。鳴き声が「カッコウ」と聞こえることから、カッコウドリと呼ばれた。静かな山里で郭公が鳴く寂しい情景から、寂しいものの代名詞のように使う。

(用例) 味はまずいし値段も高いあのレストラン、やっぱり閑古鳥が鳴いていたよ。

(類義) 門外《もんがい》 雀羅《じゃくら》を設くべし／門前 雀羅を張る

(対義) **門前 市の如《ごと》し／門前 市を成す**

(英語) So quiet you could hear a pin drop.
（ピンの落ちる音が聞こえるほど静かだ）

勘定《かんじょう》合《あ》って銭《ぜに》足《た》らず

計算上の収支は合っているのに、手元の現金が不足している。理論と現実が合わないことのたとえ。

(英語) The account is correct, but not a six pence appears.
（計算は正しいが、6ペンス銀貨が見あたらない）

韓信《かんしん》の股《また》くぐり

大望を抱く者は、目の前の小さな侮辱をこらえ、よく耐えるということ。

(知識) 漢の武将・韓信が若い頃、ならず者の股下をくぐらされるという辱めを受けたが、その屈辱に耐え、後に大成したという『史記』の故事による。

甘井《かんせい》先《ま》ず竭《つ》く

才能のある者は人々から重宝がられ、けっきょく使い潰される。早く衰えるということ。

(知識)「甘井」は、良質な水が湧く井戸。水の良い井戸には多くの人が汲《く》みにくるので早々に涸《か》れることから。

間然《かんぜん》するところなし

「間」は隙間の意で、「間然」はあれこれと非難される隙(欠点)のあるさま。「〜ところなし」で、非難する欠点がない、非のうちどころがないということ。完璧。出典は『論語』。

(類義) 完全無欠

肝胆相照《かんたんあいて》らす

「肝胆」は肝臓と胆嚢《たんのう》で、心の底の意。互いに心底、照らし合わせる(打ち明けられる)ほど親しいということ。

(知識)「肝胆相照らす仲」の形でよく使われる。

邯鄲《かんたん》の歩《あゆ》み

人の真似《まね》ばかりしていると、中途半端で自分本来のものも忘れて、何も身につかなくなってしまうことのたとえ。

(知識) 中国の戦国時代、燕《えん》の国の田舎の若者が、趙《ちょう》の都・邯鄲の人の歩き方をまねようとした。しかし、十分に会得できなかったばかりか、自分の歩き方すら忘れて這《は》って帰ったという『荘子』の故事から。

か

邯鄲《かんたん》の夢《ゆめ》

人の世の、栄華のはかないことのたとえ。「邯鄲の枕」ともいう。また「一炊の夢」「盧生《ろせい》の夢」とも。

(知識) 中国の戦国時代、盧生という書生が趙《ちょう》の都、邯鄲の宿で仙人から不思議な枕を借りて寝たところ、富み栄える一生の夢を見た。目が覚めるともとの書生のままであり、その夢は宿の主人が飯を炊くあいだの短いものであったという『枕中記《ちんちゅうき》』の故事による。

艱難《かんなん》 汝《なんじ》を玉《たま》にす

「艱難」は、困難に直面して苦しみ悩むこと。人間は苦労を乗り越えていくことで、玉が磨かれるように人格が錬磨され、立派な人間になるということ。

(知識) Adversity makes a man wise. (逆境は人を賢くする) という西洋のことわざの意訳といわれる。

(類義) 若い時の苦労は買《こ》うてでもせよ／若い時の力瘤《ちからこぶ》

堪忍袋《かんにんぶくろ》の緒《お》が切《き》れる

忍耐や我慢をしまい込んだ袋が膨らみ、袋の口を縛っていた紐《ひも》が切れる。それまでこらえてきたが、我慢の限度を越えて怒りが爆発することをいう。

(類義) 堪忍蔵の戸が開く／こらえ袋の緒を切る

間髪《かんはつ》を容《い》れず

あいだに一本の髪の毛を入れる隙間もないということ。何かに反応して、間をおかずに行動に出るさま。とっさに。即座に。出典は『説苑《ぜいえん》』。

(用例) 商談相手との条件が折り合ったら、間髪を容れず契約に踏み切ることがビジネスを成功させるコツだ。

(注意) 正しくは「かん、はつをいれず」と離して読む。また、「間髪」を「かんぱつ」と読むのは誤り。

看板《かんばん》に偽《いつわ》りあり

実際の商品と、看板の文句が違うこと。悪い品物でも、売り込むために過大に広告して客寄せすること。また、外見と実質が一致していないこと。

(類義) 牛首を懸けて馬肉を売る／羊頭狗肉《くにく》

(対義) **看板に偽りなし**

(英語) To cry up wine and sell vinegar.（酒と言って酢を売る）

管鮑《かんぽう》の交《まじ》わり

利害や打算を超えた真実の交友。親密なつき合いのこと。

(知識) 中国の春秋時代、後に斉《せい》の名宰相となる管仲《かんちゅう》と親友の鮑叔《ほうしゅく》との固い友情から生まれたことば。二人は、若い貧乏な書生時代から非常に仲がよく、理解し合っていた。とくに、管仲は「我を生みし者は父母、我を知る者は鮑子なり」とまで言ったという。出典は『史記』。

(類義) 金石の交わり／水魚の交わり／刎頸《ふんけい》の交わり

歓楽《かんらく》 極《きわ》まりて哀情多《あいじょうおお》し

喜びや楽しみが極限に達すると、その後かえって悲しい思いが生じるということ。

(知識) 中国・漢武帝の「秋風辞《しゅうふうのじ》」の一節「歓楽極まって哀情多し。少壮幾時《いくとき》ぞ、老いを奈何《いかん》せん」から。

(注意) 語釈から「歓楽」を「陥落」と書くのは誤り。

(類義) 楽しみ尽きて悲しみ来《きた》る

(英語) No joy without alloy.
（喜びには悲しみが必ずつきまとう）

冠履《かんり》を貴《たっと》んで頭足《とうそく》を忘《わす》る

物事の根幹を軽んじて、枝葉の部分を重んじること。

(知識) 冠も靴（履）も、かぶる頭と履く足があってこその用具なのに冠と靴のほうを大切にすることから。

棺《かん》を蓋《おお》いて事定《ことさだ》まる

「棺を蓋いて」は棺おけに蓋をすること。人間の本当の値打ちは、その人が死んではじめて定まるもの。生きているうちはまだ決定的な判断をすべきではないという意。出典は『晋書《しんじょ》』。「人事は棺を蓋いて定まる」ともいう。

(知識) 杜甫《とほ》の詩では、次に「君今幸いに未《いま》だ老翁と成らず…（君はまだ若いのだから、これからだ）」と続く。

(英語) The evening crowns [praises] the day.
（夕暮れが一日の有終の美を飾る）

聞《き》いて極楽《ごくらく》見《み》て地獄《じごく》

聞いた話では、極楽のようにすばらしいと思えても、実際に見てみると地獄のようなひどさであるということ。人から聞いた話と自分で見た実際との違いのたとえ。

(用例)「商店街から徒歩５分」の文句につられて来てみたが、聞いて極楽見て地獄、半分が閉店していたよ。

(類義) 聞いて千金見て一毛《いちもう》／見ると聞くとは大違い

(英語) Fame is a liar.（世評は嘘《うそ》つき）

奇貨居《きかお》くべし

「奇」は珍しい品物。「居く」はしまう、蓄えるの意。珍品は今買って、置いておけば将来利益が得られる。転じて、好機を逃してはならないということ。出典は『史記』。

(類義) 好機逸すべからず

危急存亡《ききゅうそんぼう》の秋《とき》

「秋」は大切な時期の意。危険がそこまで迫り、生き残れるか否かの瀬戸際をいう。出典は諸葛亮《しょかつりょう》「前出師表《ぜんすいしのひょう》」。

(知識)「当社にとって今がまさに危急存亡の秋だ」のように、個人の危機というより国や組織、集団などの危機的な状態をさしていう。

聞《き》くは一時《いっとき》の恥《はじ》 聞《き》かぬは一生《いっしょう》の恥《はじ》

知らないことを人に聞くのは恥ずかしいが、そのときだけですむ。聞かずに知らないまま過ごせば、一生の恥になってしまう。知らないことはすぐ人に聞けという教え。たんに「聞くは一時の恥」だけでもいう。

(用例) こんな初歩的なことを教わるのは情けないが、聞くは一時の恥聞かぬは一生の恥と思って質問するよ。

(類義) 問うは当座の恥 問わぬは末代の恥

(英語) Asking makes one appear foolish, but not asking makes one foolish indeed.

(聞くと愚か者に見えるが、聞かなかったら実際に愚か者になる)

雉《きじ》も鳴《な》かずば撃《う》たれまい

雉も鳴き声を上げなければ、所在に気づかれず撃たれない。よけいなことを言ったばかりに、災いを招くたとえ。

(類義) 口は禍《わざわい》の門／鳴く虫は捕らえられる

(英語) Never rode, never fell.

(馬に乗らなければ、落ちることもない)

机上《きじょう》の空論《くうろん》

机に向かって頭の中で考えただけの、実際には役に立たない議論や計画のこと。「座上の空論」ともいう。

(類義) 紙上兵を談ず／畳の上の水練

疑心暗鬼《ぎしんあんき》を生《しょう》ず

疑いの心を持って不安に駆られると、暗闇に、居るはずのない鬼の姿を見たりするようになる。疑いの心を持つと、何でもないことまで疑わしく、恐ろしく思えるようになるということ。たんに「疑心暗鬼」とも。

(類義) 芋頭《いもがしら》が敵に見える／疑えば鬼を見る／杯中の蛇影《だえい》

吉事《きちじ》門《もん》を出《い》でず

善行は人に知れ渡りにくいということ。「好事門を出でず」ともいう。

(対義) 悪事千里を走る

狐《きつね》その尾《お》を濡《ぬ》らす

まだ力のない子狐が川を渡るとき、はじめは勇んで尾を巻いて渡ろうとするが、そのうち疲れて尾が垂れ濡らしてしまう。はじめは易しいが、終わりが困難なことのたとえ。また、努力して取り組んだものの、最後に手抜かりをして失敗することのたとえ。出典は『易経』。

狐《きつね》の嫁《よめ》入《い》り

夜中、山野に光る炎(狐火)が点滅するさまを、狐の嫁入り行列の提灯《ちょうちん》に見立てたもの。また、晴れているのに小雨が降ること。日照り雨。天気雨。

(用例) せっかく干したのに狐の嫁入りで洗い直しです。

狐《きつね》を馬《うま》に乗《の》せたよう

揺れ動いて落ち着かないこと。言うことが当てにならず、信頼できないたとえ。「狐に馬を乗せたよう」ともいう。

木《き》で鼻《はな》をくくる

「くくる」は「こくる」が誤って慣用化したもので、「こする」の意。鼻を木でこするような、何かぴったりこない態度。相談や頼み事を受けたときに、無愛想に振る舞い、非常に冷ややかに応対すること。たんに「木で鼻」ともいう。

(用例) 同郷の者どうしだというのに、こちらの依頼にまるで木で鼻をくくるような態度だった。

(注意) 「木で花をくくる」は誤り。

(類義) 杵《きね》で鼻こする/取りつく島もない/拍子木で鼻かむ

木《き》に竹《たけ》をつぐ

木に竹を接ぎ木する。異質なものをつなぎ合わせようとしてもうまくいかないことから、不調和なこと。釣り合いがとれないこと。つじつまが合わないこと。

(類義) 竹に接ぎ木

木《き》に縁《よ》りて魚《うお》を求《もと》む

木に登って魚を捕るような見当違いをいう。方法を間違えていては、目的を達せないということ。また、不可能なことの実現を願うたとえ。

(類義) 氷を叩《たた》き火を求む／水中に火を求む／天に橋を架ける／天を指して魚を射る／畑に蛤《はまぐり》／山に蛤を求む

(英語) To ask pears of an elm tree. (楡《にれ》の木に梨を求める)

昨日《きのう》の敵《てき》は今日《きょう》の味方《みかた》

人の態度や考え方が変わりやすいことのたとえ。

昨日《きのう》の友《とも》は今日《きょう》の仇《あだ》

今まで親しかった友が敵になるの意から、人の世の離合・去就が当てにならず、定まらないことをいう。「昨日の友は今日の敵」「昨日の情けは今日の仇」ともいう。

(類義) 手を翻《ひるがえ》せば雲となり手を覆《くつがえ》せば雨となる

昨日《きのう》の淵《ふち》は今日《きょう》の瀬《せ》

昨日まで深い淵だった所が、流れの変化によって今日は浅瀬に変わってしまう。世の中の浮き沈みや人生の移り変わりが激しいことのたとえ。栄枯盛衰のこと。

(知識) 強くてさかんだったものが、弱く衰えてしまった場合などによく使われる。

(類義) 朝《あした》は紅顔 夕《ゆうべ》には白骨／飛鳥《あすか》川の淵瀬／昨日の娘 今日の老婆／滄海《そうかい》変じて桑田《そうでん》となる

き

昨日《きのう》は昨日《きのう》 今日《きょう》は今日《きょう》

昨日の事情が今日も同じ状態で続くと思うのは間違いで、情勢は日々異なってくる、前のことが今でも同じというわけではない、という意。

(知識) 情勢の変化を警告するほか、自分の意見や態度が変わったことを弁明する場合に多く使われる。

(類義) 明日は明日 今日は今日／昔は昔 今は今

着《き》の身《み》着《き》のまま

今着ているもののほかは、何一つ持っていないこと。

(知識) 意味合いには災害などに遭ってやむをえない事情で、しかたなく、というニュアンスが含まれている。

(用例) 深夜にとつぜん水が流れ込んできて、着の身着のまま逃げだすしかなかった。

(注意)「着の身着のままの格好で来てしまった」など、間に合わせ着や気軽な服装の意味で用いるのは誤り。

驥尾《きび》に附《ふ》す

「驥」は、一日に千里も走るという名馬のこと。名馬の尾にとまっていれば、蠅《はえ》でも千里も行ける。平凡な人が優れた人に従って行動したり、後輩が先輩に従って事を成し遂げたりすることのたとえ。

(知識)「部長の驥尾に附し、この企画を成功させます」のように、人と行動を共にするときに謙遜していう。

(英語) It's good to follow the old fox.
(年老いた狐《きつね》のあとについていけば間違いない)

客《きゃく》と白鷺《しらさぎ》は立《た》ったが見事《みごと》

客は、あまり長居をせずに帰るほうがよいということ。立ち姿の美しい白鷺と客が立つことをかけたことば。

(知識) 来客の長居は迷惑なもの。そのためかそれを表 ↗

す「泣くほど留めても帰れば喜ぶ」という成句もある。

(類義) 風呂と客とは立ったがよい

(英語) Fish and guests smell at three days.
(客と魚は三日たつとにおう)

久闊《きゅうかつ》を叙《じょ》する

「久闊」は、久しく便りをしないこと。「叙する」は述べる。久しぶりの挨拶を述べるという意味。

(知識) 無沙汰をわびる挨拶で「久闊を叙するべく手紙をしたためます」のように、手紙や文章で用いる。

九牛《きゅうぎゅう》の一毛《いちもう》

「九牛」は九頭の牛、多くの牛のこと。たくさんの牛の中の１本の毛の意味で、極めて多くの中のほんの一部をさす。ものの数にも入らないこと。

(用例) 私の貢献度など九牛の一毛にすぎません。

(類義) 滄海《そうかい》の一粟《いちぞく》／大海《たいかい》の一滴

(英語) A drop in a bucket.（バケツの中の一滴）

九死《きゅうし》に一生《いっしょう》を得《え》る

九分どおり死を免れない危ない状態から、辛うじて助かること。「九死の中《うち》に一生を得る」「万死《ばんし》に一生を得る」、たんに「九死に一生」ともいう。

(用例) 救助隊に発見され、九死に一生を得て下山した。

牛耳《ぎゅうじ》を執《と》る

団体や集団の首領になる、また組織を自分の意のままに動かすこと。「牛耳を握る」ともいう。

(知識) 古代中国の戦国時代、諸国が盟約するさいに盟主が牛の耳を割いて、その血を諸侯が順にすすったという『春秋左氏伝《しゅんじゅうさしでん》』の故事から。◇「牛耳る」は、この「牛耳」の動詞形。

き

九仞《きゅうじん》の功《こう》を一簣《いっき》に虧《か》く

「仞」は、中国の周の時代の長さの単位で、一仞は両手を広げた長さ。「九仞」は、非常に高いこと。「簣」は畚《もっこ》(土を運ぶ籠)のこと。九仞の山を築くのに、畚１杯の最後の土を盛らないため、山が完成できない。長年苦労や努力を積み、あと一歩という最後の詰めで手を抜いたために、不成功に終わることのたとえ。

(類義) 磯際《いそぎわ》で船を破る／草履履《は》き際で仕損じる／杯と唇のあいだで取り落とす／百日の説法屁《へ》一つ

窮《きゅう》すれば通《つう》ず

追い込まれてどうにもならなくなると、かえって活路を見いだせるものであるということ。人は絶体絶命の窮地に陥ると、かえって意外な名案が浮かび、進むべき道を見いだせるものであるということ。

(類義) 案ずるより産むが易《やす》い

(対義) 窮すれば濫《らん》す

(英語) Necessity is the mother of invention.(必要は発明の母)

窮《きゅう》すれば濫《らん》す

追い込まれた状態になると、人はむやみに乱れてしまう。思慮の浅い者は窮乏を我慢できず、悪いことをもしでかしてしまうものであるということ。

(用例) ギャンブルで大損し、借金の取り立てに困って強盗を働くなんて、窮すれば濫すとはこのことだ。

(類義) 逃ぐる者道を択《えら》ばず／貧すれば鈍する

(対義) 窮すれば通ず

窮鼠《きゅうそ》猫《ねこ》を噛《か》む

追いつめられて逃げ場のない鼠《ねずみ》が天敵の猫に噛みつくことから、弱者は絶体絶命になると強者を苦しめる ↗

ことがあるというたとえ。「窮鼠反って猫を噛む」ともいう。

(英語) A baited cat may grow as fierce as a lion.
(犬を嗾《けしか》けられた猫はライオンのように獰猛《どうもう》になる)

窮余《きゅうよ》の一策《いっさく》

困りはてた末の解決策。苦しまぎれの手段をいう。

胸襟《きょうきん》を開《ひら》く

「胸襟」は、胸と襟のこと。それを開くことから、心の中を打ち明けることをいう。「胸臆を開く」ともいう。

(用例) お互い胸襟を開いてゆっくり話し合おう。

兄弟《きょうだい》は他人《たにん》の始《はじ》まり

仲のよいきょうだいでも、それぞれが独立して家庭を持つとだんだん疎遠になり情愛も薄れていくということ。「弟兄《おととい》は他人の始まり」「兄弟は他人の別れ」ともいう。

(対義) **兄弟は両の手／兄弟《けいてい》は手足《しゅそく》たり／血は水よりも濃い**

(英語) Though they are brothers, their pockets are not sisters.
(兄弟でも財布は姉妹でない)

今日《きょう》の一針《ひとはり》 明日《あす》の十針《とはり》

今日は一針縫えばすむ綻びも、明日になれば大きくなって十針も縫わなければならなくなる。手を打つべきときに処置しないとあとで苦労することのたとえ。

(英語) A stitch in time saves nine. の訳。

狂瀾《きょうらん》を既倒《きとう》に廻《めぐ》らす

荒れ狂い、押し寄せる大波を押し返す。傾きかけた形勢をもとの状態に回復させることのたとえ。「狂瀾を既倒に反《かえ》す」「回瀾を既倒に反す」ともいう。

(用例) わが社はここ数年、大幅な赤字が続いている。狂瀾を既倒に廻らすには思いきった改革が必要だ。

き

曲肱《きょっこう》の楽《たの》しみ

「曲肱」は、貧しくて枕がなく、曲げた肘を枕とすること。清貧に甘んじ清く正しく生きる楽しみ。出典は『論語』。

漁夫《ぎょふ》の利《り》

二者が争っている隙に第三者が入り、苦労もせずに利益を横取りすること。「漁夫」は「漁父」とも書く。

(知識) 鷸《しぎ》が蚌《どぶがい》と争っているところへ漁師が来て両方を一度に捕まえたという寓話《ぐうわ》によることば。「蚌」は蛤《はまぐり》の一種。出典は『戦国策』。

(用例) 兄と姉が菓子を取り合っているあいだに、漁夫の利を得たのは、その菓子をたいらげた末っ子だ。

(類義) 鷸蚌《いつぼう》の争い／犬兎《けんと》の争い／田父《でんぷ》の功／濡《ぬ》れ手《て》で粟《あわ》

(対義) **二兎《にと》を追う者は一兎《いっと》をも得ず**

(英語) Two dogs strive for a bone, and a third runs away with it.（二匹の犬が骨を争い、第三の犬がそれを持って逃げる）

清水《きよみず》の舞台《ぶたい》から飛《と》び下《お》りる

京都の清水寺の舞台は高い崖の上に造られていることから、思いきった大きな決断を下すたとえ。

(用例) この毛皮のコート、とても高かったけど、清水の舞台から飛び下りるつもりで買ったのよ。

騏驎《きりん》も老《お》いては駑馬《どば》に劣《おと》る

「騏驎」は、一日に千里走るという駿馬《しゅんめ》。「駑馬」は、足ののろい馬。どんな名馬でも、年をとれば駑馬にも勝てなくなる。転じて、優れた人物も年老いて衰えると凡人にも劣るというたとえ。「老いては騏驎も駑馬に劣る」ともいう。出典は『戦国策』。

(類義) 昔千里も今一里／昔の剣 今の菜刀《ながたな》

(対義) **腐っても鯛**

義《ぎ》を見《み》てせざるは勇《ゆう》無《な》きなり

人として行うべき道と知りながら実行しないのは、本当の勇気がないからであるという戒め。出典は『論語』。

対義 触らぬ神に祟《たた》りなし

木《き》を見《み》て森《もり》を見《み》ず

一本一本の木に注意を奪われて、森全体を見ない。細部にこだわって全体を見失うことのたとえ。

英語 You cannot see the wood for the trees. の訳。

機《き》を見《み》るに敏《びん》

好機をすばやくとらえて、的確に行動するさま。

知識 「機」は物事の起こる兆し。「敏」はすばやい。いい意味でも、皮肉として悪い意味でも用いる。

用例 さっそくインターチェンジ脇に用地を買収するとは、さすがに機を見るに敏な会社だ。

注意 「機を見るに敏感」とはいわない。

槿花一日《きんかいちじつ》の栄《えい》

槿花(むくげの花)が朝開いて夜しぼむように、栄耀栄華《えいようえいが》ははかなく、長く続かないことのたとえ。

類義 朝顔の花一時《ひととき》

英語 Today a man, tomorrow a mouse.
(今日は人間、明日は鼠《ねずみ》)

琴瑟《きんしつ》相《あい》和《わ》す

「琴」は 7 弦の琴、「瑟」は 25 弦の大琴。琴と瑟の音が調和する意から、夫婦の仲がよいこと。また、きょうだいの仲がよいこと。友人のあいだでもいう。出典は『詩経』。

類義 和すること琴瑟の如《ごと》し／比翼連理

対義 琴瑟調わず

禁断《きんだん》の木《こ》の実《み》

禁じられているが、それを破ってまで手に入れたくなるほどの魅力的な快楽のたとえ。「禁断の果実」ともいう。

(知識) 蛇に誘惑されたアダムとイブが神に禁じられていた知恵の木の実を食べたため、エデンの園を追放されたという『旧約聖書』の話から。

勤勉《きんべん》は成功《せいこう》の母《はは》

人生で成功を収めるには、勤勉が第一であるという教え。

(英語) Diligence is the mother of good fortune. の訳。

食《く》いつく犬《いぬ》は吠《ほ》えつかぬ

実力のある者は、むやみに騒ぎたてないというたとえ。

(類義) 能ある鷹《たか》は爪を隠す

(対義) 能なしの口叩《たた》き

空谷《くうこく》の跫音《きょうおん》

「空谷」は、人のいない寂しい谷。「跫音」は足音。とても珍しいもの、懐かしいものが訪れること。

(知識)「田舎に越してもう十年たつのに、教え子が訪ねてくるなんて空谷の跫音だ」のように、思いがけない旧友の訪問や、懐かしい人物からの便りなどをさしていう。

愚公《ぐこう》 山《やま》を移《うつ》す

たゆまず努力すれば、必ず成功するというたとえ。

(知識) 昔、中国の愚公という老人が、家の前の山をほかへ動かそうと土を運びはじめた。人々が止めようとすると、愚公は孫や曽孫《ひまご》の代までかかれば山を移せるだろうと答えた。そこで、愚公の意気に感じた天帝が山をほかへ移し平らにしたという『列子』の故事による。

(類義) 雨垂れ 石を穿《うが》つ／金輪際《こんりんざい》の玉も拾えば尽きる

臭《くさ》い物《もの》に蓋《ふた》をする

悪臭が外に漏れないよう、臭い物が入った容器に蓋をする。転じて、内部の不正や人に知られたくない事実を一時しのぎの手段で隠し、表面を取りつくろうこと。短く「臭い物に蓋」ともいう。

(対義) 膿《う》んだ物は潰せ

腐《くさ》っても鯛《たい》

たとえ腐っても、鯛は魚の王である。もとが良いもの、優秀なものは、傷んでも落ちぶれてもその品格は失わず、それだけの価値はあるということ。続けて「ちぎれても錦」「襤褸《ぼろ》でも八丈」「破れても小袖」といったりもする。

(知識) かつて優れた技術や実力を持っていた人物が、年老いてからもその能力を見せたときに使う場合が多い。

(類義) 沈丁花《じんちょうげ》は枯れても香《かんば》し／古川に水絶えず

(対義) 騏驎《きりん》も老いては駑馬《どば》に劣る／昔千里も今一里

(英語) A good horse becomes never a jade.
(名馬はけっして駄馬にはならない)

草《くさ》を打《う》って蛇《へび》を驚《おどろ》かす

何気なくしたことが、思いがけない結果を招くたとえ。また、ある者を戒めるため、別の関係者を戒めること。

孔子《くじ》の倒《たお》れ

孔子《こうし》のような偉い人でも、つまずいて倒れることはあるものである。どんなに偉い人でも失敗することはあるというたとえ。「孔子《こうし》倒れ」ともいう。

(注意) 「孔子の倒れ」「孔子倒れ」の読み方に要注意。

(類義) 河童《かっぱ》の川流れ／弘法《こうぼう》にも筆の誤り／権者《ごんじゃ》にも失念／猿も木から落ちる／釈迦《しゃか》にも経の読み違い／上手《じょうず》の手から水が漏る／千慮の一失／文殊も知恵のこぼれ

愚者《ぐしゃ》も一得《いっとく》

愚かな者も、時には名案を出すことがあるということ。「愚者の一得」ともいう。「愚者も千慮に一得あり」「千慮の一得」ともいう。出典は『史記』。

(類義) 阿呆《あほう》にも一芸

(英語) A fool may give a wise man counsel.
(愚者も賢者に助言を与えることがある)

薬人《くすりひと》を殺《ころ》さず 薬師人《くすしひと》を殺《ころ》す

人を死なすのは薬ではなく、それを用いる薬師(医者)が間違った使い方をするから。悪い結果や失敗は物ではなく、それを使う人のしくじりで招くということ。物は用い方によって毒にも薬にもなるというたとえ。「薬師は人を殺せど薬人を殺さず」ともいう。

(用例) 免許取り立てで新車を買ったって⁉ 薬人を殺さず薬師人を殺す。運転には気をつけろよ。

管《くだ》を以《もっ》て天《てん》を窺《うかが》う

細い管の穴を通して天をのぞいても、天の一部分しか見られない。狭い了見で、大きな問題にあたったり判断したりすること。「管」は「かん」とも読む。出典は『荘子』。

(類義) 貝殻で海を量る／鍵の孔《あな》から天を覗《のぞ》く／錐《きり》を以《もっ》て地を指す／小知を以て大道を窺う／針の穴から天を覗く

嘴《くちばし》が黄色《きいろ》い

年齢が若くて経験が足りず、未熟であることをいう。

(知識) 雛鳥《ひなどり》の嘴が黄色であることから生まれたことば。若年者の意見や行動を嘲る場合に使う。

(用例) 嘴が黄色いのに部長だなんて、門閥人事だ。

(注意) 「口が黄色い」は誤り。

(類義) 尻が青い

口《くち》は禍《わざわい》の門《もん》

口は災難を招くもの、うっかり言ったことばが思わぬ失敗を招くことがあるので、口は慎んだほうがよいという戒め。「門」は「かど」とも読む。

類義 口は虎 舌は剣／舌の剣は命を絶つ／舌は禍の根

英語 Out of the mouth comes the evil.
（禍は口から生じる）

唇《くちびる》亡《ほろ》びて歯《は》寒《さむ》し

唇がなくなれば歯も寒い、の意。互いに助け合うものの一方が滅びると、他方も危なくなるというたとえ。

用例 唇亡びて歯寒しなのか、親友がリストラされてから、どうもやる気が起きない。

類義 唇竭《つ》きて歯寒し／唇無ければ歯寒し／唇歯輔車《しんしほしゃ》

口《くち》も八丁《はっちょう》 手《て》も八丁《はっちょう》

「八丁」は巧みなことで、「八挺」とも書く。しゃべることも、仕事をすることも達者なこと。「口も口 手も手」とも。

知識 発言や行動が巧みすぎて、やや信頼に欠ける点を、いくらか軽んじていう場合が多い。

対義 **口自慢の仕事下手／口叩《たた》きの手足らず**

英語 That person is great talker, and great doer at that.
（あの人は口も達者だが手も達者だ）

苦肉《くにく》の策《さく》

自分の身を苦しめてでも行うはかりごと。苦境打開のため、悩み抜いた末に出した策。また、苦しまぎれのやむをえない手段をいう。「苦肉の計」「苦肉の謀《はかりごと》」とも。

用例 文字どおり苦肉の策で、売れ残った肉をコロッケにして店頭販売したら、これが大ヒットしたんだ。

類義 窮余の一策

国《くに》破《やぶ》れて山河《さんが》在《あ》り

戦乱によって国家は滅びたが、自然の山河はもとのまま変わらずにある、と感嘆するときのことば。

(知識) 中国の唐《とう》の詩人・杜甫《とほ》が安禄山《あんろくざん》の乱に遭い、賊軍によって破壊された長安の都を偲《しの》んで作った「春望」の一節。松尾芭蕉は『奥の細道』の中で、平泉を訪れたとき、藤原《ふじわら》三代の栄枯を偲んでこの詩を引用した。

(英語) The mountains and rivers are good neighbors.
（山や川はすばらしい隣人だ）

苦杯《くはい》を嘗《な》める

「苦杯」は、苦い飲み物の入った杯。つらい経験のたとえ。苦い思いを味わうこと。

(用例) 選手交代のタイミングを誤って逆転負けを喫し、苦杯を嘗めた。

(注意) 同じ「嘗める」を使って「苦汁を嘗める」ともいう。また、苦杯を「喫する」ともいうが「まみれる」「飲む」は誤り。「苦杯」を「苦敗」と書くのも誤り。

苦《く》は楽《らく》の種《たね》

現在の苦労が、将来の幸福のもとになるという意。「楽は苦の種」と並べて使われることもある。

(類義) 苦をせねば楽はならず

(英語) There is no pleasure without pain.
（苦しみなくして楽しみなし）

蜘蛛《くも》の子《こ》を散《ち》らすよう

蜘蛛の子が、入っていた袋を破られると四方八方に散ることから、多くの者が散り散りに逃げていくさまをいう。

(用例) いたずらが見つかって怒鳴られた子どもらが、蜘蛛の子を散らすように駆けていった。

暗闇《くらやみ》から牛《うし》を引《ひ》きだす

暗がりに黒い牛がいると、見分けがつかないことから、ものの区別がはっきりつかないこと。また、牛を暗がりから引きだそうとしても鈍重で、ぐずぐずして出てこないことから、動作が鈍く、はきはきしないことのたとえ。たんに「暗闇の牛」「暗がりから牛」ともいう。

(英語) It is ill to drive black hogs in the dark.
(暗がりで黒豚を追うのは良い考えではない)

暗闇《くらやみ》の頬被《ほおかむ》り

暗がりで顔を隠しても無意味なことから、無用な用心のたとえ。「暗がりの頬被り」ともいう。

苦《くる》しい時《とき》の神頼《かみだの》み

いつもは神仏を信仰しない人が、苦しいとき、困ったときに神仏に祈って助けを求めること。また、ふだんあまりつき合いのない相手に、苦しいときや困ったときだけ頼ろうとすることのたとえ。

(知識) 人の、自分勝手なところのたとえで使われる。

(類義) 悲しい時の神祈り／人窮すれば天を呼ぶ

(英語) Danger past, God forgotten.
(危険が去ると、神は忘れ去られる)

君子《くんし》危《あや》うきに近寄《ちかよ》らず

「君子」は、徳があり教養のある人格者。君子は自分の身を慎み、はじめから危険を避けるということ。「聖人は危うきに寄らず」ともいう。

(類義) 賢人は危うきを見ず／命《めい》を知る者は巌牆《がんしょう》の下《もと》に立たず

(対義) 虎穴《こけつ》に入《い》らずんば虎子《こじ》を得ず

(英語) A wise person never courts danger.
(賢い人はけっして危険を求めない)

く

け

君子《くんし》の交《まじ》わりは淡《あわ》きこと水《みず》の若《ごと》し

君子の交際は水のようにあっさりしているが、そのぶん深みがあり、いつまでも変わることがない。理想的な交際のあり方を述べたことば。出典は『荘子』。「君子の接《まじ》わりは水の如《ごと》し」ともいう。

君子《くんし》は豹変《ひょうへん》す

「豹変」は、鮮やかな豹の斑紋のように、変化がよくわかること。君子は悪いとわかれば、すぐに過ちを改めるという意。転じて、態度などがすぐに変わる意味にも使われる。出典は『易経』。

(知識) 悪をすぐに改めるという本来の意味ではなく、現在では逆に、善悪にかかわらず情勢の変化に伴って態度や主張が一変するという、悪い意味でよく使われる。

(類義) 大人《たいじん》は虎変《こへん》す

(対義) 小人は面《おもて》を革《あらた》む

(英語) A wise man changes his mind, a fool never will.
(知者は時に心を変えるが、愚者はけっして変えない)

形影相弔《けいえいあいとむら》う

自分の形と影が互いに慰め合うという意から、訪ねてくれる人もつき合う相手もない、孤独で寂しいさまをいう。「形影相弔《ちょう》す」「形影自ら相憐《あわ》れむ」ともいう。

(用例) 隠退してからは山里で形影相弔う暮らしです。

謦咳《けいがい》に接《せっ》する

「謦咳」は咳払《せきばら》いの意。尊敬する人や身分の高い人に直接、会ったり話を聞いたりすること。面接することのへりくだった言い方。お目にかかること。

(用例) こうして謦咳に接する機会を得ましたことは、何よりの喜びであります。

鶏群《けいぐん》の一鶴《いっかく》

鶏の群れの中の一羽の鶴。凡人の中に、傑出した人物が交じって際立っていること。「鶴立鶏群《かくりつけいぐん》」は、このことばの四字熟語。出典は『晋書《しんじょ》』。

(類義) 紅一点／掃き溜《だ》めに鶴

(英語) Triton among the minnows. (雑魚《ざこ》の中の海神)

鶏口《けいこう》となるも牛後《ぎゅうご》となるなかれ

「牛後」は牛の尻の意。強大な者のあとにつくより、小さな集団でもその長(鶏のくちばし)となれという意。独立心の貴重なことを説いたことば。

(知識) 中国の戦国時代の遊説家・蘇秦《そしん》が韓《かん》王に対し、大国・秦《しん》に屈してその家臣となるより、小国でも一国の王として戦うよう説いたときのことば。四字熟語で「鶏口牛後」という。出典は『史記』。

(注意) 「鶏口」を「鶏頭」とするのは誤り。

(類義) 大鳥《おおとり》の尾より小鳥《ことり》の頭／鯛《たい》の尾より鰯《いわし》の頭

(対義) **寄らば大樹の蔭**

(英語) Better be first in a village than second at Rome.
(ローマで二番よりも村で一番のほうがよい)
Better be the head of a dog than the tail of a lion.
(ライオンの尻尾より犬の頭のほうがよい)

芸術《げいじゅつ》は長《なが》く人生《じんせい》は短《みじか》し

人の命には限りがあって短いものだが、優れた芸術作品は作者の死後も長く残り、人々に影響を与え続ける。よって、芸道に精進すべきであるということ。

(知識) 古代ギリシャの医者ヒポクラテスのことば。本来は医術の修得には長い時間がかかるが、人生は短いものだから勉強に励みなさいとの教えだった。

(英語) Art is long, life is short. の訳。

蛍雪《けいせつ》の功《こう》

貧しい中で苦学すること。苦学に励んだ末の成果のこと。

(知識)「蛍雪の功を積む」「蛍雪の功が報われる」などと使われる。なお、「蛍雪の候」とはしない。◇中国・晋《しん》の車《しゃ》胤《いん》は家が貧しくて灯火の油が買えず、夜は袋に集めた蛍の光で勉強した。また同じく孫康《そんこう》も、窓辺の雪の光で書を読んだ。こうした努力で後に二人とも出世したという『晋書《しんじょ》』の故事による。

芸《げい》は道《みち》によって賢《かしこ》し

一芸に通じた人は、その芸に関してほかの人よりぬきんでて優れている。転じて、専門家はそれぞれその道に精通しているということ。

(類義) 馬は馬方《うまかた》／蛇《じゃ》の道は蛇《へび》／商売は道によって賢し

(英語) No man fouls his hands in his own business.
（自分の商売で面目を失う者はいない）

芸《げい》は身《み》を助《たす》く

一つでも秀でた技芸があれば、それで身を立てられるし、生計を立ててもいけるということ。そこから、技芸は身につけておけという教えにも使う。

(対義) 泳ぎ上手《じょうず》は川で死ぬ／芸は身の仇《あだ》

(英語) Learn a trade, for the time will come when you shall need it.（技を覚えよ、それを必要とするときがくるから）

怪《け》我《が》の功名《こうみょう》

「怪我」は失敗、間違いなどの意。「功名」は手柄を立てること。また、その手柄。過ちや何の気なしに行ったことが、意外にも好結果を生むこと。「過ちの功名」ともいう。

(用例) 航空券を買い損ね鉄道に切り替えたのが怪我の功名、空路は荒天で、すべて欠航だそうだ。

逆鱗《げきりん》に触《ふ》れる

「逆鱗」は、竜の顎の下に逆さに生えている鱗《うろこ》。竜は天子を象徴するもので、逆鱗に触れられると怒り狂って触った者を殺すとの伝説があることから、天子の怒りを受けるという意。そこから、目上の人の怒りを買うこと。

(用例) 不用意な一言が社長の逆鱗に触れ、左遷させられた。

下衆《げす》の勘繰《かんぐ》り

品性下劣な心の卑しい者は、とかく邪推をしがちだということ。また、その邪推をいう。

(知識) 「下衆」は心の卑しい人。「下種」「下司」とも書く。「勘繰り」は、気を回してあれこれよけいな邪推をすること。

(用例) 党員が金で寝返っただなんて、それは下衆の勘繰りというものだよ。

(注意) その人をおとしめることばなので、「部長、それは下衆の勘繰りですよ」などとは使わない。

下駄《げた》を預《あず》ける

自分の下駄を人に預けると身動きできなくなることから、相手に事柄の処置を一任すること。また、自分の身の処し方を一任する場合にも使う。

(用例) 案件はきみに下駄を預けるので、よろしく頼むよ。

(注意) 物事を実際より高く・良く見せる意の「下駄を履かせる」と混同しない。

螻蛄才《けらざい》

「螻蛄」はケラ科の昆虫で、飛ぶ、よじ登る、泳ぐ、走る、穴を掘るの五つの能力を持つがどれも巧みではないことから、芸はいろいろできても優れているものは一つもないこと。また、役に立たない才能のこと。「螻蛄芸」とも。

(類義) 石臼芸《いしうすげい》／器用貧乏／多芸は無芸

毛《け》を吹《ふ》いて疵《きず》を求《もと》む

毛に息を吹きかけて小さな傷を探しだす。そこから、他人の欠点を無理に見つけだそうとすること。また、そうすることでかえって自分の欠点をさらけだすこと。やぶへび。「吹毛求疵《すいもうきゅうし》」は、この四字熟語。出典は『韓非子《かんぴし》』。

(類義) 藪《やぶ》をつついて蛇を出す

犬猿《けんえん》の仲《なか》

犬と猿は仲が悪いとされていることから、顔を合わせればいがみ合うような、非常に仲が悪い間柄のたとえ。

(類義) 犬と猫／犬猿もただならず／水と油

(対義) **心腹の友／刎頸《ふんけい》の交わり**

懸河《けんが》の弁《べん》

「懸河」は急流、早瀬のこと。勢いよく流れる川のように、よどみなく話すこと。

(用例) 交渉人の懸河の弁が奏功し無事、契約を結べた。

(注意) 「懸河の弁を弄する」など、悪い意味では使わない。

(類義) 立て板に水

喧嘩両成敗《けんかりょうせいばい》

「成敗」は、処罰の意。けんかや争いにけりをつけるとき、どちらに理があろうとも、共によくないこととして、双方を罰すること。中世・近世にこのしきたりがあった。

(英語) It takes two to quarrel.（喧嘩するには二人要る）

健康《けんこう》は富《とみ》にまさる

どんなに裕福でも、健康が一番大切であるということ。

(用例) 医者とは無縁と思っていたが、病気になってはじめて、健康は富にまさるということを知った。

(英語) Health is better than wealth. の訳。

言近《げんちか》くして指遠《むねとお》し

ことばは、身近でわかりやすいものでも、意味は深遠であるということ。「指」は「旨」と同義。出典は『孟子《もうし》』。「言近くして意遠し」ともいう。

犬馬《けんば》の齢《よわい》

「齢」は年齢のこと。これといった働きもせず、犬や馬のようにただむだに年をとったという意。「犬馬の年《とし》」とも。

(用例) 私、こう見えましても三十路《みそじ》で、犬馬の齢です。

(注意) 自分の年齢をへりくだって「犬馬の齢を重ねる」などとして使い、人に対して用いるのは失礼にあたる。

(類義) 馬齢を重ねる

犬馬《けんば》の労《ろう》

犬や馬程度の働き。主人や目上の人のために力を尽くして働くこと。「汗馬の労」ともいう。

(用例) 盛会のために、犬馬の労をとらせていただきます。

(注意) 自分の仕事や労苦をへりくだっていうことばで、「先生の犬馬の労に恐縮です」などと人に対して用いるのは失礼にあたる。

恋《こい》に師匠《ししょう》なし

誰でも恋愛に関しては、教えを受けなくてもひとりでに覚えるものであるということ。

(類義) 遊びに師なし

鯉《こい》の滝登《たきのぼ》り

鯉が滝をさかのぼること。立身出世のたとえ。

(知識) 黄河上流の竜門という急流の滝を登った鯉だけが、竜になって天に昇ったという中国伝説による。立身出世の関門を「登竜門」といい、「竜門の滝登り」とも。

恋《こい》は盲目《もうもく》

恋は理性や分別を失わせ、ほかの物事をまったく見えなくさせるものであるということ。「恋は闇」とも。

(類義) 恋は思案の外

(英語) Love is blind. の訳。

紅一点《こういってん》

緑の草木の中に一輪の紅花が咲いていること。転じて、多くの男性の中の、一人の女性。また、多くの平凡なものの中に優れたものが一つあることのたとえ。「万緑叢中《ばんりょくそうちゅう》紅一点」ともいう。

(類義) 鶏群の一鶴／掃き溜《だ》めに鶴

光陰《こういん》矢《や》の如《ごと》し

「光」は日、「陰」は月の意。月日の過ぎるのは飛ぶ矢のように早いということのたとえ。また、過ぎ去った月日は、飛んでいった矢が戻ってこないように、再び訪れないということ。

(類義) 光陰に関守《せきもり》なし／歳月人を待たず／時節流るるが如《ごと》し

(英語) Time flies like an arrow.（時は矢のように飛ぶ）

後悔先《こうかいさき》に立《た》たず

事が終わってから「ああしておけば」「こうしておけば」と悔やんでも、そうした考えは、事前には気がつかない。終わったあとでいくら悔やんでも、取り返しはつかないものであるということ。また、後悔しないよう実行前に熟考しておけという教え。「提灯《ちょうちん》持ち後に立たず」と続けてもいう。「後悔と槍《やり》持ちは先に立たず」ともいう。

(類義) はまった後で井戸の蓋をする

(英語) Repentance comes too late.
（後悔はあまりにも遅く来る）

口角《こうかく》 泡《あわ》を飛《と》ばす

「口角」は唇の両端の部分。口の端から唾を飛ばすほどに、激しくしゃべったり議論したりするさま。

(用例) 先方の強弁に腹を立て、口角泡を飛ばし反論した。

好機逸《こうきいっ》すべからず

チャンスは、逃してはならないということ。

(類義) 思い立ったが吉日／機失うべからず／奇貨居《お》くべし

(英語) Strike while the iron is hot.（鉄は熱いうちに打て）

肯綮《こうけい》に中《あた》る

「肯綮」は骨と肉のつなぎ目。物事の要点を押さえること。

巧言令色鮮《こうげんれいしょくすくな》し仁《じん》

「巧言」は、口先だけのうまいことば。「令色」は、媚《こ》びへつらって、相手によく思われようとする顔つき。口がうまくて愛想のよい人間には、思いやりの心を持つ者が少ないということ。出典は『論語』。

(類義) 巧言は徳を乱る／花多ければ実少なし

(対義) 剛毅木訥《ごうきぼくとつ》仁に近し

(英語) Fair words butter no parsnips.
（口先ばかりの優しいことばでは何の足しにもならない）

孝行《こうこう》のしたい時分《じぶん》に親《おや》はなし

親の苦労がわかる年頃になって、いざ親孝行をしようとしても、すでに親は亡くなっていて孝行できない。親孝行は、親が元気なうちにしておくべきであるという教え。

(注意)「時分」を「自分」とするのは誤り。

(類義) 石に布団は着せられぬ／風樹の嘆

(英語) You never miss the water till the well runs dry.
（井戸が涸《か》れるまでは水のありがたさがわからない）

こ

功罪相半《こうざいあいなか》ばする

「功罪」は功績と罪過。良い点と悪い点が半々で、とくにどちらとも決めかねるさま。「功罪半ばする」ともいう。

(用例) 全国一斉学力テストは功罪相半ばするといわれ、評価が定まらない。

巧詐《こうさ》は拙誠《せっせい》に如《し》かず

「巧詐」はことば巧みに人を欺く、「拙誠」は話下手でも誠意があること。巧みに欺くことは、話すのが拙くても真心のあることにははるかに及ばないということ。出典は『韓非子《かんびし》』。「巧偽は拙誠に如かず」ともいう。

恒産《こうさん》無《な》き者《もの》は恒心《こうしん》無《な》し

一定の財や生業のない者は、安定した精神や正しい心がない。生活が安定しないと、精神まで不安定になるということ。出典は『孟子《もうし》』。

(類義) 衣食足りて礼節を知る

(英語) From hand to mouth will never make a worthy man.
（その日暮らしは価値のある人を作らない）

好事《こうじ》 魔多《まおお》し

好ましいこと、うまくいきそうなことには、とかく邪魔が入りやすいということ。出典は『琵琶記《びわき》』。

(注意)「こうじま・おおし」と区切って音読しない。

(類義) 月に叢雲《むらくも》 花に風

(英語) Good luck comes by cuffing.
（幸運は来たりて平手打ちをくれる）

孔子《こうし》も時《とき》に遭《あ》わず

孔子が、豊かな才能を持ちながら時勢に合わず不遇であったことから、どんなに有能な人であっても、好機 ↗

に恵まれず、不遇に終わることがあるということ。

(類義) 孔子も世に用いられず／聖人も時に遇《あ》わず

(英語) A good dog seldom meets with a good bone.
(良犬もおいしい骨にぶつかることは少ない)

後塵《こうじん》を拝《はい》す

「後塵」は、人や馬車の通ったあとに立つ土ぼこり。権力者の乗った馬車の後塵を拝むという意。転じて、人に先んじられる・つき従う、権力者に媚《こ》びへつらう、人を仰ぎ見る、ということ。「後塵を拝する」ともいう。

(用例) シーズン後半の連敗で失速し、けっきょく前年の最下位チームの後塵を拝す順位となった。

後生畏《こうせいおそ》るべし

「後生」は後輩、あとから生まれた者。年少者は若さにあふれ、努力しだいで将来どのような人物になるかわからないので、けっして侮れないということ。

(注意) 「後生」を「後世」と書くのは誤り。

巧遅《こうち》は拙速《せっそく》に如《し》かず

巧みにやろうと遅くなるよりも、たとえ下手でも速くできるほうがよいということ。出典は『孫子』。

狡兎死《こうとし》して走狗烹《そうくに》らる

獲物の兎《うさぎ》が狩り尽くされると、猟犬は煮て食われてしまう。敵国が滅びると、戦功のあった忠臣も不要となって殺されてしまうということ。役に立つあいだは大切にされるが、不要になると捨てられることのたとえ。出典は『韓非子《かんぴし》』。「走狗」は「良狗」ともいう。

(類義) 敵国破れて謀臣亡《ほろ》ぶ／飛鳥《ひちょう》尽きて良弓蔵《りょうきゅうかく》る

(英語) The nurse is valued till the child has done sucking.
(子どもが乳を飲んでいるうちは乳母《うば》も大事にされる)

こ

功《こう》成《な》り名《な》遂《と》げて身《み》退《しりぞ》くは天《てん》の道《みち》なり

仕事を立派に成し遂げ、名誉・名声を得たあとは、その高い地位から身を退くことが、天の道にかなうものである。高い地位に長くとどまろうとすると、かえって災いが身にふりかかるものであるということ。出典は『老子』。

(類義) 成功の下《もと》に久しく処《お》るべからず

郷《ごう》に入《い》っては郷《ごう》に従《したが》う

住んでいる所の習慣やしきたりに従って生活するのがよい、また、ある集団に属したら、その集団のやり方に従うのがよいという教え。「里に入りて里に従う」ともいう。

(類義) 国に入ってはまず禁を問え／所の法に矢は立たぬ

(英語) When in Rome, do as the Romans do.

(ローマではローマ人がするようにせよ)

甲《こう》張《ば》り強《つよ》くして家《いえ》押《お》し倒《たお》す

「甲張り」は、家の突っかえ棒。家が傾かないようにあてがった木を強くしすぎて、家を倒す。よかれと思ってしたことが、かえって事態を悪くしてしまうたとえ。

(類義) 贔屓《ひいき》の引き倒し

弘法《こうぼう》にも筆《ふで》の誤《あやま》り

書の名人・弘法大師でも書き損じることがある。名人や達人でも、時には失敗するというたとえ。

(知識) 嵯峨《さが》天皇、弘法大師(空海)、橘 逸勢《たちばなのはやなり》を三筆という。

(類義) 河童《かっぱ》の川流れ／猿も木から落ちる／権者《ごんじゃ》にも失念

(英語) Even Homer sometimes nods.

(ホーマーでさえ時には居眠りをする)

弘法筆《こうぼうふで》を択《えら》ばず

書の名人・弘法大師は、どんなに悪い筆を用いてもみ ↗

ごとな字を書いたということから、名人は、道具など問題にしない。仕事の成否や出来不出来は、道具のよしあしとは無関係で、腕前によるものであるということ。

類義 善書は紙筆を択ばず

対義 下手の道具選び

英語 The cunning mason works with any stone.
(熟練の石工はどんな石でもこなす)

紺屋《こうや》の白袴《しろばかま》

染め物が本業である紺屋が、自分は染めていない白いままの袴をつけている。他人のことで忙しく、自分のことは後回しになるということ。また、いつでもできると思っているうちに、しないで終わることのたとえ。「紺屋」は「こんや」とも読む。

知識 紺屋の袴が白いのは染色の液をそこに一滴も垂らさない手際を誇示するため、との説もある。

類義 医者の不養生／髪結いの乱れ髪／大工の掘っ建て

英語 The tailor's wife is worst clad.(仕立屋の妻の服が最低)

声無《こえな》きに聴《き》き 形無《かたちな》きに視《み》る

本当の親孝行は、親が無言のうちに察し、たとえ親がいない所でも絶えず姿を思い浮かべ、その気持ちを察するようにすることであるということ。出典は『礼記《らいき》』。

呉下《ごか》の阿蒙《あもう》

昔のままで進歩が見られない人。また、教養がなくつまらない人のこと。

知識 呉の国の呂蒙《りょもう》が学問で非常に進歩したので、人が「呉にいたときの蒙さんではない」と驚いたという『三国志』の故事から。

用例 先生から見れば私など呉下の阿蒙で、まだまだ修業が足りません。

こ

故郷《こきょう》へ錦《にしき》を衣《き》て帰《かえ》る

「錦」は、金銀など数種の糸で織った美しい絹織物。成功した人が離れていた故郷に着飾って帰ることから、立身出世して帰郷するたとえ。「故郷に錦を飾る」ともいう。

虎穴《こけつ》に入《い》らずんば虎子《こじ》を得《え》ず

虎の穴に入らなければ、虎の子は得られない。転じて、思いきった冒険や危険を冒さなければ、目的は達成できないというたとえ。出典は『後漢書』。

(類義) 枝先に行かねば熟柿《じゅくし》は食えぬ

(対義) **危ないことは怪我《けが》のうち／君子危うきに近寄らず**

(英語) Nothing venture, nothing have.
（何も冒険しなければ何も勝ち取れない）

沽券《こけん》にかかわる

「沽券」は、土地や財産を売買するときの証文。転じて、品位、体面、信用などの意。今まで保ってきた品位や体面にさしつかえること。信用を落とすこと。

(用例) 相手の言いなりでは、私の沽券にかかわる。

糊口《ここう》をしのぐ

貧しい生活をする。辛うじて生計を立てること。

(知識) 「糊」は粥《かゆ》のこと。「糊口」は「口に糊《のり》す」で、粥をすするように、どうにか暮らしていくこと。「餬口」とも書く。

(用例) 収入がない。とまれ糊口をしのぐ手段を考えよう。

(類義) 口を糊する

虎口《ここう》を脱《だっ》す

「虎口」は虎の口。極めて危険な場所や状況から逃れること。出典は『荘子』。

(用例) 絶体絶命かと思われたが、無事に虎口を脱した。

志《こころざし》は木《こ》の葉《は》に包《つつ》め

相手に感謝の気持ちを込めた贈り物は、木の葉に包むほどのわずかなものであってもよい、という教え。

(用例) ラッピングなど豪華でなくてもいい。志は木の葉に包めで、べつだん恥じることはない。

心《こころ》は二《ふた》つ 身《み》は一《ひと》つ

心中ではあれもこれもしたいと思っても、体は一つしかないのでままならないということ。欲張ること。

(知識) 複数のことが並行してできずに嘆くときにいう。

乞食《こじき》の系図《けいず》話《ばなし》

乞食になる前の自分の系図を話すことから、今さら話しても詮ない自慢話を披露したり見栄《みえ》を張ったりするたとえ。また、系図を自慢する人を嘲っていうことば。

乞食《こじき》を三日《みっか》すれば忘《わす》れられぬ

物乞《ご》いの生活を三日も送ればその気楽さに味を占める。怠け癖は身につくと改められなくなるというたとえ。

五十歩百歩《ごじっぽひゃっぽ》

似たり寄ったりで大差のないこと。すこしの違いはあっても、本質的には同じこと。

(知識) 中国の戦国時代、孟子《もうし》が梁《りょう》の恵王《けいおう》に「戦場で五十歩退却した兵が百歩逃げた兵を臆病者と呼んで笑っても、共に逃げたことに変わりがないように、あなたの善政と隣国の政治は、たいして違いはない」と言ったという『孫子』の故事による。

(類義) 団栗《どんぐり》の背比べ／目糞《くそ》 鼻糞を笑う

(英語) A miss is as good as a mile.
（小さな失敗も大きな失敗も同じことである）

こ

後生《ごしょう》が大事《だいじ》

「後生」は仏教でいう後世、来世のこと。来世の安楽を大事にすること、極楽往生の意。来世を重んじ、信心を忘れずに善行を積むことで極楽往生を願うこと。

(知識) このことばの四字熟語「後生大事」には上記のほか、ものを大切に保持するという意味も含まれる。

(注意)「後生」を「こうせい」と読むのは誤り。

(類義) 後生を願う

(対義) **後生より今生が大事**

(英語) The best way to travel is towards Heaven.
(天国への旅立ちが最高)

古人《こじん》の糟粕《そうはく》

「糟粕」は、酒の搾りかす。古代の聖人や賢人の教えの真髄は、ことばや書物ではとても伝えられるものではない。伝えられる聖人のことばや書物は、残りかすにすぎないということ。聖人のことばや著書を形容していうことば。「糟粕」は「糟魄」とも書く。出典は『荘子』。

(類義) 糟粕をなめる

五臓六腑《ごぞうろっぷ》に沁《し》みわたる

「五臓」は、心臓・肝臓・腎臓・肺臓・脾《ひ》臓、「六腑」は胃・胆・大腸・小腸・三焦《さんしょう》・膀胱《ぼうこう》をいう。転じて、腹の底まで、体の隅々、心の中にまで沁み通ること。

骨肉相食《こつにくあいは》む

骨肉の争い。「骨肉」は、親子・兄弟・姉妹など、血縁関係にある者、肉親の意。親子、きょうだいなどが互いに激しく争うこと。「骨肉相争う」ともいう。

(用例) 遺産相続は往々にして、骨肉相食むものだ。

(類義) 兄弟牆《けいていかき》に鬩《せめ》ぐ

琴柱《ことじ》に膠《にかわ》す

一つの規則にこだわって応用のきかないこと、融通のきかないことのたとえ。出典は『史記』。

(知識)「琴柱」は、琴の胴の上に立てて弦を支えたり、移動させて音の高低を調節したりする道具のこと。「膠」は、動物の皮や骨などを煮詰めた液を固めたもので、接着剤などに用いられる。琴柱を動かないよう膠で固定すると音調を変えられなくなることから。

(類義)柱《ちゅう》に膠し瑟《しつ》を鼓《こ》す

子供《こども》の喧嘩《けんか》に親《おや》が出《で》る

子どもどうしのけんかに、親がよけいな口出しをする。当人どうしに任せておけばよいことに、おとなげなく干渉することのたとえ。

(用例)そんなささいなことで苦情を言うのは、子供の喧嘩に親が出るようで気が進まないよ。

(類義)子供喧嘩が親喧嘩

(対義)**子供の喧嘩 親かまわず／童諍《わらべいさか》い大人知らず**

この親《おや》にしてこの子《こ》あり

この親だからこそ子がこのように生まれ育った、親が立派なら子どもも立派、逆に親が悪ければ子どもも悪いということ。子は親の性質を受け継ぐもの、ということ。

(英語)Like father, like son.（この父にしてこの子あり）

子《こ》の心親知《こころおやし》らず

親はとかく、いつまでも子どもだと思っているわが子の本心を理解できない。また、子が案外と殊勝な考えを持っていることに親は気づかないものであるということ。

(知識)対義の「**親の心子知らず**」を対句にし、続けていうこともある。

こ

こ

子《こ》は親《おや》を映《うつ》す鏡《かがみ》

子どもの行動を見ればその親の素性や性格もわかるということ。親の価値観などは子どもに反映するということ。

子《こ》は鎹《かすがい》

「鎹」は、二つの材木をつなぎとめるコの字形の大釘《おおくぎ》。子どもは、夫婦仲を保つ役割をするというたとえ。

(類義) 縁の切れ目は子でつなぐ／子は縁つなぎ

子《こ》は三界《さんがい》の首枷《くびかせ》

「三界」は、過去・現在・未来の三世、あるいは欲界・色界・無色界。「首枷」は、罪人の首にはめて拘束する刑具。親は、子を思う心のために一生束縛されるというたとえ。「子は厄介の首枷」「親子は三界の首枷」ともいう。

(類義) 無い子では泣かれぬ

(対義) 子に過ぎたる宝なし／千の倉より子は宝

(英語) Children suck the mother when they are young, and the father when they are old.

(子どもは幼にして母を吸い、長じて父を齧《かじ》る)

ごまめの歯軋《はぎし》り

「ごまめ」は、素干しにした片口鰯《かたくちいわし》。小魚が悔しがって歯軋りしても、微力すぎて滑稽なだけである。転じて、実力のない者が憤慨すること。また、無力な者がいくら力んでもむだであるということのたとえ。

(類義) 蟷螂《とうろう》の斧《おの》

米《こめ》を数《かぞ》えて炊《かし》ぐ

米粒を一粒ずつ数えてから炊事をする。細かいことに気を遣っていては、大事を成すことはできないという戒め。また、小さなつまらないことを気にしたり、物惜しみ ↗

をしたりするたとえ。

(類義) 粟《ぞく》を量りてつく

転《ころ》がる石《いし》には苔《こけ》は生《は》えぬ

良否二つの解釈がある。体をよく動かして一所懸命働く人が、いつも健康で生き生きとしていることのたとえ。また、仕事や住まいを転々とする人は、そのつど能力や体力を使い果たし、生活が不安定になって地位も財産も得られないというたとえ。「転石苔《てんせきこけ》を生《しょう》ぜず」ともいう。

(知識) たびたび転職するのはよくないという意味のイギリスのことわざ、A rolling stone gathers no moss. の訳。

転《ころ》ばぬ先《さき》の杖《つえ》

つまずいて転ばないように、先に杖をつくという意。失敗しないように、ぬかりなく準備や用心をしておくこと。「倒れぬ先の杖」ともいう。

(用例) 転ばぬ先の杖で、保険に入っています。

(類義) 石橋を叩《たた》いて渡る／後悔 先に立たず／濡《ぬ》れぬ先の傘／用心に怪我《けが》なし／用心は前にあり

(英語) Prevention is better than cure.（予防は治療にまさる）

転《ころ》んでもただでは起《お》きぬ

転んでもその場で何かを拾ってから起きる。たとえ失敗しても、その失敗を逆に利用して必ず利益を得ようとすること。欲深な者、要領のよい者にもいう。「こけてもただは起きぬ」ともいう。

(知識) 欲深な人を嘲るときに使われがちだが、失敗してもへこたれない人、機転のきく賢い人に対して使うこともある。

(用例) 決勝で負けても敢闘賞で表彰されるとは、まったく転んでもただでは起きぬ男だ。

(類義) こけても馬の糞《くそ》／転んでも土をつかむ

コロンブスの卵《たまご》

簡単そうでも最初に成し遂げるのは難しいということ。また、やってみたら意外に簡単であったことのたとえ。

(知識) アメリカ大陸新発見は誰にでもできると批判する人々に、コロンブスが「それでは卵を立ててみろ」と言ってやらせたら誰もできなかった。そこで彼は、卵の尻を潰してみごと立ててみせたという逸話から。

子《こ》を視《み》ること親《おや》に如《し》かず

わが子の性質や長所短所については、誰よりも親がよく知っているということ。

(対義) 親の欲目／自分の子には目口が明かぬ

権兵衛《ごんべえ》が種蒔《たねま》きゃ烏《からす》がほじくる

農夫が種を蒔くそばから、烏がほじくりだす。人が一所懸命にやったことを、すぐあとから別の者がぶち壊すこと。また、むだな労力を払うことのたとえ。

(知識) 俗謡で「三度に一度は追わずばなるまい」と続く。

塞翁《さいおう》が馬《うま》

人生では何が幸せになるか、また何が不幸になるかわからない。幸不幸のたびに喜んだり悲しんだりすることはないということ。「人間万事塞翁が馬」ともいう。

(知識) 昔、中国の辺境の塞《とりで》に住む老翁の馬が胡《こ》の国へ逃げてしまった。数か月後、その馬は胡国の駿馬《しゅんめ》を連れて帰ってきた。塞翁の息子はその駿馬に好んで乗ったが、落馬して負傷してしまった。やがて胡の国とのあいだで戦争が起こり若者たちが大勢戦死した。しかし塞翁の息子はけがのおかげで徴兵を免れ、親子共に生き残ったという故事による。出典は『淮南子《えなんじ》』。

(類義) 禍福は糾《あざな》える縄の如《ごと》し

災害《さいがい》は忘《わす》れた頃《ころ》にやって来《く》る

災害の直後は、人々の心構えもしっかりしているが、時がたって人々が災害のあったことを忘れた頃、災害は再び見舞うものである。災害に対しては、ふだんから十分な心構えをしておくことが大事であるという戒め。

(知識) 寺田寅彦《てらだとらひこ》のことばに基づくという。

細工《さいく》は流流《りゅうりゅう》仕《し》上《あ》げを御覧《ごろう》じろ

「流流」は、さまざまな流儀や流派によるやり方のこと。細工の方法は、それぞれ流儀があるもの。途中の工作にあれこれ口を挟まずに、できあがりを見てから批判してくれということ。自信の程を示すことば。

(用例) 細工は流流仕上げを御覧じろ。材料や作り方を尋ねる前に、まず味をみてくれよ。

(注意) 「流流」を「隆隆」と書くのは誤り。

(英語) The end crowns the work.
(結果がその仕事の有終の美をなす)

歳月人《さいげつひと》を待《ま》たず

歳月は、人の都合などかまわずに過ぎていくもの。人はすぐに年老いてしまうから、今という時を大切にして、寸時も惜しんで勉強せよということ。

(類義) 光陰矢の如《ごと》し／盛年重ねて来《きた》らず

(英語) Time and tide wait for no man.
(時の流れは人を待たない)

最後《さいご》に笑《わら》う者《もの》の笑《わら》いが最上《さいじょう》

はじめはよくても最後に泣くこともある。最後に勝利を収めて笑える者が最高である。勝ち負けや結果が定まらないうちは喜んではいけないということ。

(英語) He laughs best who laughs last. の訳。

采薪《さいしん》の憂《うれ》い

「采」は「採る」、「薪」は「たきぎ」の意で、病気で薪を採りに行けない憂い。自分の病気をへりくだっていうことば。出典は『孟子《もうし》』。「負薪の憂い」ともいう。

材大《ざいだい》なれば用《よう》を為《な》し難《がた》し

材木も大きすぎると使いこなしにくい。転じて、あまりに大人物だと小さなことには起用しづらく、世の中にはなかなか受け入れられないというたとえ。

賽《さい》は投《な》げられた

「賽」は、「さいころ」のこと。事はすでに始まってしまったのだから、あれこれ悩まずに実行するしかない、という決意を表すことば。

(知識) 紀元前49年、ポンペイウスとの決戦を決意したユリウス・カエサルが「北からイタリアに入るときは軍隊を解散して渡ること」との法を破って、ルビコン川を武装して渡るさいに残したことば。

(用例) もう賽は投げられた。次の策を練るべきだ。

(類義) ルビコンを渡る

(英語) The die is cast. の訳。

財布《さいふ》の紐《ひも》が緩《ゆる》む

お金を思わず遣いすぎてしまうこと。浪費のたとえ。

(対義) 財布の口を締める

竿竹《さおだけ》で星《ほし》を打《う》つ

竿竹で夜空の星を打つような、不可能なことをする愚かさのたとえ。また、思うところに手が届かないもどかしさをいう。「竿の先で星を打つ」とも、たんに「竿で星」ともいう。

(類義) 擂《す》り粉木《こぎ》で腹を切る

魚《さかな》は殿様《とのさま》に焼《や》かせよ餅《もち》は乞食《こじき》に焼《や》かせよ

魚を焼くときは、何度もひっくり返すと身が崩れるから、殿様のようにおっとりした人が焼くほうがよい。餅は絶えずひっくり返して焦がさないようにするため、こせこせした人のほうがよい。仕事には向き不向きがあるということを、魚と餅の上手な焼き方でたとえたもの。

(類義) 瓜《うり》の皮は大名にむかせよ 柿の皮は乞食にむかせよ

先《さき》んずれば人《ひと》を制《せい》す

人より先に行えば、有利な立場になれるということ。

(類義) 機先を制する／先手は万手《まんて》／早いが勝ち

(対義) 急《せ》いては事を仕損ずる

(英語) First come, first served.

（最初に来た者が最初に振る舞われる）

策士《さくし》策《さく》に溺《おぼ》れる

駆け引きのうまい人は、策を弄しすぎて大局を見失い、かえって失敗するということ。「策士策に倒れる」とも。

(類義) 才子 才に倒れる

(英語) Craft brings nothing home.

（狡猾《こうかつ》は家に何ももたらさない）

酒買《さけか》って尻切《しりき》られる

酒をごちそうした相手に、酔って尻を切られたという意味。転じて、好意を仇《あだ》で返されるたとえ。

(類義) 恩を仇で返される／酒買《こ》うて臂《ひじ》切らる

酒《さけ》は飲《の》むとも飲《の》まるるな

酒を飲むのはいいが、飲みすぎて理性を失ってはいけない。酒を飲むならほどほどにせよ、という戒め。

(類義) 酒は飲むべし飲むべからず

酒《さけ》は百薬《ひゃくやく》の長《ちょう》

酒は適度の量ならば、どんな薬よりも体によいということ。酒を賛美していうことば。

(類義) 酒は憂いを掃う玉箒《たまははき》／酒は天の美禄《びろく》

(対義) **酒は諸悪の基／酒は百毒の長**

(英語) Wine is the panacea of all ills.（酒は万能薬）

雑魚《ざこ》の魚交《ととま》じり

「雑魚」は、雑多な小魚のこと。雑魚が大きな魚の群れに交じっているように、弱小のものが強大なものの中に交じっていること。転じて、身分や能力の劣る者が、優れた者たちの中に紛れ込んでいるたとえ。

(類義) 海老《えび》の鯛《たい》交じり

(英語) It does not become the sparrow to mix in the dance of the cranes.（鶴の舞の中に雀《すずめ》が交じるのはふさわしくない）

囁《ささや》き千里《せんり》

ささやき声での話が、すぐ遠くまで伝わること。内緒話や秘密が漏れやすいことのたとえ。「囁き八丁」とも。

(類義) 内緒話は江戸まで聞こえる

砂上《さじょう》の楼閣《ろうかく》

砂の上に建てられた高い建物の意で、基礎がしっかりしていないために崩れやすいことのたとえ。また、実現不可能な計画や物事のたとえ。

匙《さじ》を投《な》げる

薬を調合する匙を投げだすことから、医者が、治療の方法がないと病人を見放すこと。また、物事が成功する見込みがなく、あきらめることのたとえ。

(用例) 下級生のやる気のなさに部長が匙を投げたよ。

鯖《さば》を読《よ》む

「読む」は数えること。都合よく数や計算をごまかすこと。

(知識)「鯖読み」には、二つずつ数えるという意味がある。魚市場では、鯖や鰯《いわし》などを早口で数えては箱に放り込んでいた。しかし、きちんと数えると数が違っていることが多いことから出たという説、また、鯖は腐りやすいので早く数えて売りさばいたことからとする説、刺鯖《さしさば》(鯖の背開きの塩漬け)は二枚重ねを一連として数えたことからとする説など、語源には諸々《もろもろ》ある。

皿《さら》嘗《な》めた猫《ねこ》が科《とが》を負《お》う

魚を食べた猫は逃げてしまい、あとから来て空《から》の皿をなめた猫が捕まってひどい目に遭う。大悪人や主犯は捕まらずに、手先となったりかかわったりした小物ばかりが捕らえられて罰を受けることのたとえ。

(類義)網にかかるは雑魚《ざこ》ばかり／鈎《かぎ》を盗む者は誅《ちゅう》せられ国を盗む者は諸侯となる／笊《ざる》なめた犬が科かぶる

(英語)The dog offended, the sow suffered.
(犬が罪を犯し、豚が罰を受けた)

猿《さる》が髭《ひげ》揉《も》む

つまらない者が人真似《まね》をして威厳をつくろうさまを嘲っていうことば。

猿《さる》に烏帽子《えぼし》

猿に烏帽子をかぶせたように、取るに足らない者が柄に似合わず、偉そうに着飾ったり言動をとったりすること。また、外見だけで中身が伴わないこと。「猿に冠」とも「猿の烏帽子」ともいう。

(英語)An ass is but an ass, though laden with gold.
(黄金を背負《しょ》ってもロバはロバにすぎない)

猿《さる》に木登《きのぼ》り

木登りのうまい猿に、木登りを教えること。相手の専門分野や熟知していることをわざわざ教えるたとえ。

(類義) 河童《かっぱ》に水練／孔子に論語／釈迦《しゃか》に経／釈迦に説法

猿《さる》の空虱《そらじらみ》

猿はときどき虱を取るような格好をするが、実際には虱を取っていない。用事や仕事がある振りをしながら、実際は何もしないことのたとえ。

猿《さる》も木《き》から落《お》ちる

木登りのうまい猿でも、木から落ちることがある。その道に秀でた人でも失敗することがあるというたとえ。

(注意)「猿」にたとえたことばなので、仲間うちで使う。目上の人に対しては「弘法《こうぼう》にも筆の誤り」とする。

(類義) 河童《かっぱ》の川流れ／騏驎《きりん》の躓《つまず》き／弘法にも筆の誤り

(英語) A horse may stumble though it has four legs.
(四本脚の馬も時には転ぶ)

去《さ》る者《もの》は追《お》わず

去って行く者はあえて引き止めない、という意で、人とのつき合い方を示すことば。「往《ゆ》く者は追わず」ともいう。

(知識)「来る者は拒まず」と、続けて用いることが多い。

去《さ》る者《もの》は日日《ひび》に疎《うと》し

死んだ人は、月日がたつにつれてだんだん人から忘れられていくもの。親しかった相手でも顔を合わせないようになると、しだいに疎遠になっていくということ。

(知識) もともとは死者に対してのことばだったが、最近では生きている人についていうことが多い。

(類義) 遠くなれば薄くなる ↗

(英語) Out of sight, out of mind.
（視界から消えれば心からも消える）

触《さわ》らぬ神《かみ》に祟《たた》りなし

物事にかかわらなければ、災いを受けることもない。よけいな口出しや手出しはしないほうが得、ということ。

(用例) 触らぬ神に祟りなし。あの事件を調べるのはやめろ。

(類義) 触らぬ蜂は刺さぬ

(対義) **寝た子を起こす**

(英語) Let sleeping dog lie. （眠っている犬は寝かせておけ）

座《ざ》を見《み》て皿《さら》をねぶれ

「ねぶれ」は、「なめよ」の意。宴席の品のよしあしを確認してから皿をなめよ、ということ。転じて、自分の出方は場所柄や物事の大勢を見極めたうえで決めるのが賢明であるというたとえ。「座を見て法を説け」ともいう。

(類義) 機に因《よ》りて法を説け

山雨《さんう》来《きた》らんと欲《ほっ》して風楼《かぜろう》に満《み》つ

「楼」は、高殿（高い建物）の意。山から雨が降りだすときは、まず、高殿に風が吹き込んでくる。何か事が起ころうとしているときは、その前兆が見られるというたとえ。

(英語) Coming events cast their shadows before.
（事件が起こる前には影がさす）

慙愧《ざんき》に堪《た》えない

「慙愧」は「慚愧」とも書き、恥じること。自分の行為を恥じて反省すること。

(用例) 敗因は、すべて私のミスで、慙愧に堪えません。

(注意) 「彼を亡くしたことはわが国の損失であり、慙愧に堪えません」のように、自分の行動にその原因がなく、ただ残念であるという意味で用いるのは誤り。

さ

三《さん》顧《こ》の礼《れい》

「顧」は訪ねること。礼儀を尽くして優れた人材を招く。とくに目下の優秀な人物を手厚く迎えること。

(知識) 中国の三国時代に、蜀《しょく》の劉備《りゅうび》が諸葛亮《しょかつりょう》(孔明《こうめい》)を三度も訪ねて軍師に迎えたという故事から。出典は諸葛亮の文「前出師表《ぜんすいしのひょう》」。

(用例) 再建の神様と呼ばれる経営コンサルタントを、社長自らが三顧の礼で当社に招いた。

(類義) 三徴七辟《しちへき》／草廬《そうろ》三顧

三尺《さんじゃく》下《さ》がって師《し》の影《かげ》を踏《ふ》まず

師につき従うときは、三尺後ろから、その影さえ踏まないようについていくべきであるということ。弟子たる者は師を敬い、礼を失してはならないという戒め。

(知識) 「三尺」は、約 91 センチメートル。

(類義) 師弟となって七尺去る／七尺去って師の影を踏まず

三十六計《さんじゅうろっけい》逃《に》げるに如《し》かず

「三十六計」は、兵法の数。兵法にもいろいろあるが、かなわなそうなら逃げて身の安全を保つのが最善策である。面倒なときや困ったときは深入りせず、逃げるのが得策であるということ。「三十六計走るを上《じょう》とす」とも。

(類義) 三十六策走るを上計と為《な》す／逃げるが一の手

(英語) He that fights and runs away may live to fight another day.
(戦って逃げる者は生き延び、後日、戦うことができる)

山椒《さんしょう》は小粒《こつぶ》でもぴりりと辛《から》い

山椒の実は小さいが非常に辛いことから、なりは小さくても、気性や才能が優れているさまのたとえ。

(類義) 小さくとも針は呑《の》まれぬ

(対義) 独活《うど》の大木／大男総身《そうみ》に知恵が回りかね ↗

(英語) Within a little head, great wit.
(小さな頭の中の大きな知恵)

三《さん》度《ど》目《め》の正直《しょうじき》

何事も一度や二度では失敗することもあって当てにできないが、三度目ともなれば当てにしてよいということ。

(英語) All things thrive at thrice.
(どんなことも三度目には成功する)

三人《さんにん》寄《よ》れば文殊《もんじゅ》の知恵《ちえ》

「文殊」は、知恵をつかさどる文殊菩薩《ぼさつ》のこと。凡人でも三人集まって相談し合えば、妙案が出てくるものであるということ。「三人寄れば師匠の出来」ともいう。

(類義) 三人にして迷う事なし

(英語) Two heads are better than one.
(頭二つのほうが一つよりいい)

三拍子《さんびょうし》揃《そろ》う

必要な条件がすべてそろって完全なこと。また、「飲む(酒)・打つ(ばくち)・買う(女)」の三つの悪癖をすべて備えていること。

(知識)「三拍子」は本来、能楽の囃子《はやし》のことで、小鼓《こつづみ》・大鼓《おおかわ》・笛または太鼓《たいこ》の意。

(用例) ドラフトの1位指名で、走・攻・守の三拍子揃った外野手が5球団の競合となった。

酸鼻《さんび》を極《きわ》める

見るに耐えないほど、むごたらしい状態になる。極めて悲惨なさま。阿鼻叫喚。

(知識)「酸鼻」は、鼻にツーンとした痛みを感じて涙が出ること。それほど心が痛むむごたらしいさまをいう。

(用例) 火災現場は延焼が著しく、酸鼻を極めていた。

さ

塩辛《しおから》を食《く》おうとて水《みず》を飲《の》む

塩辛を食べると喉が渇くだろうから、食べる前に水を飲んでおく。転じて、手回しがよすぎてかえって間が抜けているたとえ。また、物事の順序が逆転すること。

(類義) 暮れぬ先の提灯《ちょうちん》／夕立のせぬ先に下駄履いて歩く

四角《しかく》な座敷《ざしき》を円《まる》く掃《は》く

隅々まで気を配らず、物事をいいかげんに行うたとえ。また、横着を決め込んで仕事の手を抜くこと。

(対義) 重箱の隅を楊枝《ようじ》でほじくる

(英語) Never do things by halves.（物事を中途半端にやるな）

歯牙《しが》にもかけない

「歯牙」は歯。転じて、口先、議論の対象の意。問題にしない、相手にしない、取り立てて論じないということ。

自家薬籠中《じかやくろうちゅう》の物《もの》

自分の薬籠（薬箱）の中にある薬のこと。転じて、いつでも自分の思いどおりに利用できるもの。すっかり身についた技術や特技のたとえ。たんに「薬籠中の物」とも。

(用例) このパソコンソフトは自家薬籠中の物だ。

鹿《しか》を逐《お》う者《もの》は山《やま》を見《み》ず

鹿を追っている者は、山に居ながら山全体のことが目に入らない。転じて、一つのことに熱中している者は、周りを顧みる余裕がないということ。また、目先の利益の追求に夢中になっている者が道理を見失うたとえ。「鹿を逐う者は兎《うさぎ》を顧みず」「鹿を逐う猟師は山を見ず」とも。

鹿《しか》を指《さ》して馬《うま》と為《な》す

間違ったことを、権力を利用して無理に押し通すこと。↗

たんに「鹿を馬」ともいう。

(知識) 中国・秦《しん》の始皇帝《しこうてい》の死後に幼い皇帝を擁立して丞《じょう》相《しょう》となった趙高《ちょうこう》が、自らの権勢を試そうと皇帝に献上した鹿を馬と言って押し通したが、反対を唱える者はほとんどいなかったという『史記』の故事による。

(類義) 鷺《さぎ》を烏《からす》と言いくろむ／這《は》っても黒豆／雪を墨

敷居《しきい》が高《たか》い

不義理をしている相手の家に行きづらいことのたとえ。

(知識)「敷居」は、門や部屋の出入り口を区切った横木。溝があり、戸や障子を開け閉《た》てする。

(用例) 伯父の自宅で一席設けるって⁉　年賀状さえ出していないから、敷居が高いなあ。

(注意)「分不相応で」「難易度が高くて」行きづらい場合に使うのは誤り。「仕切りが高い」も誤り。

地獄《じごく》で仏《ほとけ》

窮地のまっただ中で、予想もしない助けに遭遇したときの喜びを表すことば。「地獄で仏に会ったよう」の略。「地獄で舟」ともいう。

(用例) 夜道でタイヤがパンク、困っていたら地獄で仏、友人が車で通りかかって家まで送ってくれた。

(類義) 干天の慈雨／地獄の地蔵／闇夜の提灯《ちょうちん》

地獄《じごく》の沙汰《さた》も金次第《かねしだい》

「沙汰」は裁判の意。死後、地獄で受ける裁判でさえ金銭で左右されるもの。ましてこの世では、すべてに金の力がものをいうということ。「成るも成らぬも金次第」「冥《めい》途《ど》の道も金次第」ともいう。

(類義) 阿弥陀《あみだ》も銭で光る／金の光は阿弥陀ほど／仏の光より金の光

(英語) No penny, no pardon.（金がなければ、免罪なし）

しし食《く》った報《むく》い

「しし」は、獣の肉。禁じられた獣肉を食べ、いい思いをした以上、その埋め合わせに罰を受けるのは当然であるということ。また、悪事を働いた報いのこと。

（知識）こっそりいい思いをして、あとでその当人に災厄が起きたときなどに使うことが多い。◇かつて猪《いのしし》や鹿が伊勢神宮で忌まれていたこと、また、鹿が宇佐《うさ》・賀茂《かも》・春日《かすが》の神の使いとして神聖視されていて、食べると神罰が下るとされたことに基づくともいわれる。

獅子《しし》身中《しんちゅう》の虫《むし》

獅子の体内に寄生していた虫が、ついには獅子を死なせてしまうことから、仏教徒でありながら仏道に害をなす者のたとえ。また、組織や集団の内部にいて災いをもたらす者、恩を仇《あだ》で返す者のたとえ。このあとに「獅子を食らう」と続けてもいう。

（注意）「身中」を「心中」と書くのは誤り。

（類義）人は近親によって裏切られる

事実《じじつ》は小説《しょうせつ》よりも奇《き》なり

この世で現実に起こることは、架空の小説よりも不思議で波瀾《はらん》に富んだものである、ということ。イギリスの詩人バイロンの『ドン・ジュアン』にあることば。

（英語）Truth is stranger than fiction. の訳。

獅子《しし》の子《こ》落《お》とし

獅子は産んだ子を深い谷底に突き落とし、這《は》い上がってきた強い子だけを育てるという。自分の子に厳しい試練を与えて能力を試し、厳しく育てることのたとえ。「獅子の子育て」ともいう。

（類義）可愛《かわい》い子には旅をさせよ

地震《じしん》 雷《かみなり》 火事《かじ》 親爺《おやじ》

この世の中の恐ろしいものを順番に並べたことば。

沈《しず》む瀬《せ》あれば浮《う》かぶ瀬《せ》あり

人の一生には苦しく不遇のときもあれば、すべてがうまくいくときもある。けっして悪いことばかりが続くものではないということ。たんに「沈めば浮かぶ」とも。

(知識) 不遇なときの慰めのことばとして使われることが多い。

(類義) 禍福は糾《あざな》える縄の如《ごと》し／塞翁《さいおう》が馬

(英語) He that falls today may be up again tomorrow.
(今日《きょう》倒れる者が明日《あした》は起き上がっているかもしれない)

死《し》せる孔明《こうめい》 生《い》ける仲達《ちゅうたつ》を走《はし》らす

偉大な人物は、死んでもなおその生前の威信が残り、生きている者を恐れさせるということ。また優れた人物は、死んでもなお凡人をしのぐということ。

(知識) 中国の三国時代、蜀《しょく》軍を率いる諸葛亮《しょかつりょう》(孔明)は、五丈原《ごじょうげん》で魏《ぎ》軍の仲達との対陣中に病没した。孔明の死を聞いた仲達は退却する蜀軍を追撃したが、蜀軍が反撃の気配を見せたため、孔明の死の知らせは謀略ではないかと疑い、追撃をやめて退却したという『三国蜀志』の故事から出たことば。

地蔵《じぞう》は言《い》わぬがわれ言《い》うな

秘密を人に話して口止めをするのはいいが、そうする自分のほうがしゃべってしまうことがあるので、口には気をつけよという戒め。「俺は言わぬがわれ言うな」とも。

(知識) 道端の地蔵尊の前で悪事を働いた者が、どうか黙っていてくださいと地蔵にお願いしたところ、「俺は言わぬが、われ(おまえ)言うな」と、地蔵が口をきいたという昔話による。

士族《しぞく》の商法《しょうほう》

その人には不向きな、または慣れない商売をして失敗が目に見えていることのたとえ。「武士の商法」ともいう。

(知識) 明治維新後に、武士は士族と呼ばれるようになったが、慣れない商売をして失敗する者も多かったことから生まれたことば。

(用例) 飲食店経営など、内気なきみには士族の商法だよ。

児孫《じそん》の為《ため》に美田《びでん》を買《か》わず

「美田」は、立派な田。子や孫のために財産を残すと、それを頼って身を誤ることが多いので、財産は残さないほうがよいということ。

(知識) 西郷隆盛《さいごうたかもり》が大久保利通《おおくぼとしみち》に宛てた七言絶句の一節。

親《した》しき仲《なか》に礼儀《れいぎ》あり

どんなに親しくなっても礼儀は守らなければならない。親しいからといって礼儀に欠けると、関係がまずくなるという戒め。「近しき仲に礼儀あり」ともいう。

(類義) 心安いは不和の基／親しき仲に垣をせよ／親しき仲は遠くなる／近しき仲に垣を結え／良い仲も笠《かさ》を脱げ

(英語) A hedge between keeps friendship green.
（あいだに垣根があると友情はみずみずしく保たれる）

舌《した》の根《ね》の乾《かわ》かぬうち

まだ言い終わらないうち、言い終えたすぐあと、ということ。多く、前言を翻したり言ったこととは逆の言動をとったりすることを非難するときのことば。「舌の根も乾かぬうち」「舌も乾かぬ間《ま》」ともいう。

(用例) 整理整頓はしっかりやると言った舌の根の乾かぬうちに、もう部屋を散らかしているよ。

(類義) 口の下《した》から

七歩《しちほ》の才《さい》

詩や文章をつくる才能が優れていること。「七歩の詩」とも。

死中《しちゅう》に活《かつ》を求《もと》める

助かる見込みのない絶望的な状況下でもなお、助かる道を探すこと。また、難局を打開するために、危険な状況の中に飛び込んでいくこと。「死中に生《せい》を求む」ともいう。

失敗《しっぱい》は成功《せいこう》のもと

失敗しても、その原因を明らかにし改善していけば成功へとつながる。失敗を恐れることはない、成功の前には幾度もの失敗があるという教え。「失敗は成功の母」とも。

(類義) 七転び八起き

(英語) Failure teaches success.（失敗が成功を教える）

疾風《しっぷう》に勁草《けいそう》を知《し》る

強風が吹くと、弱い草は倒れるので、風にも耐える強い草が見分けられる。人の意志や節操の固さは困難に直面してはじめてわかるというたとえ。出典は『後漢書』。

(類義) 歳《とし》寒くして松柏《しょうはく》の凋《しぼ》むに後《おく》るるを知る

十遍《じっぺん》読《よ》むより一遍《いっぺん》写《うつ》せ

10回繰り返し読むより、たった1回でもそれを写したほうが覚えが早いという教え。たんに「読むより写せ」とも。

(類義) 十読《じゅうどく》は一写に如《し》かず

死《し》に馬《うま》に鍼《はり》刺《さ》す

死んでしまった馬に鍼を打つことから、何の効果もないことのたとえ。また、絶望的な状況の中で、万一の望みを託して最後の手段を講じること。「死馬に鍼を刺す」とも、たんに「死に馬に鍼」ともいう。

死人《しにん》に口《くち》なし

もう死んでしまった人はものを言えず、証言も弁明もできないということ。

(知識) 死人を証人に立てられず残念なとき、死人に罪を着せるなど都合よく利用するときなどに用いる。

(類義) 死人に妄語

(英語) Dead men tell no tales.（死人は秘密を漏らさない）

死馬《しば》の骨《ほね》を買《か》う

つまらない者を優遇して、優れた人材が集まるのを待つこと。また、人材を集めるのに熱心なたとえにもいう。

(知識) 昔、中国で、一日に千里を走るという名馬を千金で買いに行った家来が、すでに死んでいたその名馬の骨を五百金で買って帰った。命じた君主は怒ったが、家来は「死んだ馬の骨にすら五百金を投じるといううわさを聞けば、必ず生きた名馬を連れてくる者が現れるでしょう」と答えた。果たして、一年もたたないうちに3頭の名馬が集まったという『戦国策』の故事による。

自腹《じばら》を切《き》る

払う必要のない費用を負担すること。「身銭を切る」とも。

慈悲《じひ》は上《かみ》から情《なさ》けは下《しも》から

慈しみや哀れみは目上の人から、思いやりは目下の人からかけられるものであるということ。

四百四病《しひゃくしびょう》より貧《ひん》の苦《くる》しみ

「四百四病」は、人間のかかるあらゆる病気。どんな病気よりも貧乏のほうがつらいということ。「四百四病よりも貧の病がつらい」ともいう。

(類義) 貧は病より苦し

霜《しも》を履《ふ》みて堅氷至《けんぴょういた》る

霜を踏んで歩くようになると、次は氷のはる寒い季節が来る。物事には必ず小さな兆しがあり、やがて大事へと至るものであるということ。まずは前兆を見抜き、大事に至る前に用心せよ、という戒めのことば。「霜を見て氷を知る」ともいう。出典は『易経』。

(類義) 堅き氷は霜を踏むより至る

麝《じゃ》あれば香《かんば》し

「麝」は麝香《じゃこう》で、雄の麝香鹿《じか》の下腹部から採取する香料のこと。麝香があれば、しぜんといい香りが漂う。転じて、才能のある者は黙っていても世に認められるという意。

(類義) 紅《くれない》は園生《そのう》に植えても隠れなし

釈迦《しゃか》に説法《せっぽう》

釈迦に向かって説法を唱える。熟知している人やその道の専門家に対して、知識をひけらかす愚かさのたとえ。「釈迦に説法 孔子に悟道」と続けてもいう。また、「釈迦に経」ともいう。

(類義) 河童《かっぱ》に水練／孔子に論語／猿に木登り

(英語) Teach your grandmother to suck eggs.
(お祖母《ばあ》さんに卵の吸い方を教える)

蛇《じゃ》の道《みち》は蛇《へび》

「蛇《じゃ》」は大蛇、「蛇《へび》」はそれよりも小さい蛇をいう。同類の発想や行動は、同類の者にはよくわかるということ。その道の専門家は、やはり専門分野の事情などをよく知っているというたとえ。

(類義) 悪魔は悪魔を知る／餅は餅屋

(英語) Set a thief to catch a thief.
(泥棒を捕まえるには泥棒を使え)

蛇《じゃ》は寸《すん》にして人《ひと》を呑《の》む

大蛇は一寸(約3センチメートル)ほどの小さな頃から人を飲み込もうとする気概を持っている。そこから、偉大な人物は、幼い頃から並みはずれた資質の片鱗《へんりん》を見せるものであるということ。

(類義) 蛇《じゃ》は一寸にしてその気を得る／栴檀《せんだん》は双葉《ふたば》より芳《かんば》し

(英語) No viper is so little but has its venom.
(どんなに小さくても蛇は毒液を持つ)

沙弥《しゃみ》から長老《ちょうろう》

「沙弥」は、仏門に入りたての修行僧、「長老」は高僧。沙弥から一足飛びに長老になる。転じて、飛躍的に出世すること。新入りが一足飛びに昇格するたとえ。

(類義) 納所《なっしょ》から和尚

(対義) **沙弥から長老にはなれぬ**

十字架《じゅうじか》を背負《せお》う

一生涯消えない罪や苦難を身に受けることのたとえ。

重箱《じゅうばこ》で味噌《みそ》を擂《す》る

四角い重箱で味噌をすると隅にすり残しが出ることから、細かい点にこだわらないことのたとえ。また、外見は立派でも用途にふさわしい器でなければ役に立たないというたとえにもいう。

(類義) 重箱の隅を杓子《しゃくし》で払う／擂り粉木《こぎ》で重箱を洗う

重箱《じゅうばこ》の隅《すみ》を楊枝《ようじ》でほじくる

本質、本題とかけ離れた取るに足らないことを、問題にしたり詮索したりすること。「ほじくる」は「ほじる」とも、また「つつく」ともいう。

(対義) **重箱で味噌《みそ》を擂《す》る／擂り粉木《こぎ》で重箱を洗う**

秋《しゅう》波《は》を送《おく》る

「秋波」は、秋の澄みきった水波。転じて、美人の澄んだ目、女性の色目の意。女性が、媚《こび》を含んだ眼差《まなざ》しを男性に送ること。色目を使うこと。

十目《じゅうもく》の見《み》る所《ところ》 十手《じっし》の指《ゆび》さす所《ところ》

十人が見て十人が指さす所の意から、ほとんどの人の意見が一致するところ。多くの人がそうと認めることは間違いのないものであるということ。出典は『礼記《らいき》』。

(類義) 千人の指す所は違《たが》わず

(英語) What everyone says is true.
(皆の言うことは真実である)

柔《じゅう》能《よ》く剛《ごう》を制《せい》す

勝負事は力だけでは決まらない。柔らかくしなやかなものが、かえって剛強なものに勝つものであるという教え。

(類義) 堅い木は折れる／柳に雪折れなし

(英語) To a hard anvil, a feather hammer.
(堅い鉄床《かなとこ》には羽毛のハンマーを)

朱《しゅ》に交《まじ》われば赤《あか》くなる

人は、環境やつき合う人で善くも悪くもなるということ。

(類義) 麻に連《つ》るる蓬《よもぎ》／墨に染まれば黒くなる／血に交れば赤くなる／水は方円の器に随《したが》う

(英語) The person who touches pitch shall be defiled.
(コールタールに触れる者は汚れる)

春宵一刻直千金《しゅんしょういっこくあたいせんきん》

春の宵はそのひとときが千金にも値するほど、最高に楽しくすばらしいという意。中国の詩人・蘇軾《そしょく》の詩の一節。

(注意) この成語の「あたい」は「値」ではなく「直」と書く。

し

春眠暁《しゅんみんあかつき》を覚《おぼ》えず

春の夜は短くて気候も心地よいので、夜明けも知らずについつい寝過ごしてしまいがちなことをいう。中国の詩人・孟浩然《もうこうねん》の詩の一節。

小異《しょうい》を捨《す》てて大同《だいどう》につく

小さな意見の違いは問わずに、重要な点が一致する意見に従うということ。語末は「大同をとる」ともいう。

(用例) 期日も迫っているのだし、各論についての争論はやめ、ここはひとつ小異を捨てて大同につきましょう。

(注意)「小異」を「小違」と書くのは誤り。

正直《しょうじき》の頭《こうべ》に神宿《かみやど》る

正直な人には、必ず神の加護があるということ。「神は正直の頭に宿る」ともいう。

(類義) 正直は一生の宝

(対義) **正直貧乏横着栄耀《えよう》／正直者が馬鹿を見る**

(英語) Honesty is the best policy.（正直は最善の策）

正直貧乏横着栄耀《しょうじきびんぼうおうちゃくえよう》

「横着」は、押しが強くてずる賢い者の意。正直者は正直であるがために貧乏な生活に甘んじているのに対し、悪いことでも平気でやるような横着者は不当に利益を得るなどして、おおいに栄えているということ。

(英語) Plain dealing is a jewel,but they that use it die beggars.（正直は宝石であるが、それを用いる者は貧乏で終わる）

正直者《しょうじきもの》が馬鹿《ばか》を見《み》る

正直な人は悪賢く立ち回ることをせず、法律や規則などをよく守るため、かえって損をしたり不条理な思いをしたりすることがある。世の中の矛盾をいう。 ↗

用例 正直者が馬鹿を見るようなことがあってはならないから、カンニングは徹底的に取り締まろう。

対義 **正直の頭《こうべ》に神宿る**

英語 Honesty doesn't pay.（正直はひきあわない）

小人閑居《しょうじんかんきょ》して不善《ふぜん》をなす

「小人」は、徳のないつまらない人間。「閑居」は、何もすることがなく暇なこと。小人物は暇があると、つい、よくないことをするということ。出典は『大学』。

類義 暇あれば瘡掻《かさか》く／暇ほど毒なものはない

英語 Doing nothing is doing ill.（無為は不善をなすこと）

上手《じょうず》の手《て》から水《みず》が漏《も》る

どんなに上手な人でも、ささいな油断から時には失敗もするというたとえ。「巧者の手から水が漏る」ともいう。

類義 河童《かっぱ》の川流れ／弘法《こうぼう》にも筆の誤り／猿も木から落ちる

英語 Even a good marksman may miss.
（名射手も的をはずす）

少年《しょうねん》老《お》い易《やす》く学成《がくな》り難《がた》し

月日のたつのは早いもので若者もすぐに年をとってしまうが、学問は簡単には成就しない。時間をむだにせずに勉学に励むべきであるという教訓。朱熹《しゅき》の詩「偶成」の中のことばで、「一寸の光陰軽んずべからず」と続く。

英語 Art is long, life is short.（芸術は長く人生は短し）

少年《しょうねん》よ大志《たいし》を抱《いだ》け

若者たちよ、大きな志と夢を持ちなさい、それを成し遂げるだけの力と若さが若者にはある、という励まし。札幌《さっぽろ》農学校教頭のアメリカ人・クラークが明治初年に学校を去るさいに、学生たちに残したことば。

英語 Boys, be ambitious！の訳。

し

小《しょう》の虫《むし》を殺《ころ》して大《だい》の虫《むし》を助《たす》ける

小事を犠牲にして、大事を成し遂げることのたとえ。「大の虫を生かして小の虫を殺す」ともいう。

(類義) 一殺多生《いっせつたしょう》／尺《しゃく》を枉《ま》げて尋《ひろ》を直《の》ぶ／小を捨て大につく／大事の前の小事

(英語) Lose a leg rather than a life.
（命を失うよりは足を失う）

商売《しょうばい》は元値《もとね》にあり

商売の成否は仕入れ値いかんであるということ。

焦眉《しょうび》の急《きゅう》

火が眉を焦がすほどに迫っている危険な状態。非常に切迫した状態から、危険が迫っていて急いで処理しなければならないことをいう。同音で「焼眉の急」とも書く。

(用例) 新事業においては人員確保が焦眉の急だ。

(類義) 轍鮒《てっぷ》の急／眉毛に火がつく

将《しょう》を射《い》んとせば先《ま》ず馬《うま》を射《い》よ

敵将を射とめるには、まず乗っている馬を射るのが早道である。目的のものを得るには、その周囲から攻めるのが良策であるというたとえ。「人を射んとせば先ず馬を射よ」ともいう。

(英語) He that would the daughter win, must with the mother first begin.（娘を得ようと思う者は、まずその母親から始めなければならない）

小《しょう》を捨《す》て大《だい》につく

小さなことを切り捨てて、重要なことに力を入れること。

(用例) 審議は小を捨て大につくことで合意した。

(類義) 小の虫を殺して大の虫を助ける

初心忘《しょしんわす》るべからず

能楽において、習い始めた頃の芸や経験を忘れてはならないという意。転じて、どんなことでも最初の頃の、謙虚に学ぼうとする真剣な気持ちや態度を忘れてはならないという戒め。また、最初の決意を忘れてはならないという意味にも用いられる。

(英語) Don't lose sight of your original goal.
（初期の目標を見失うな）

蜀犬《しょっけん》日《ひ》に吠《ほ》ゆ

蜀《しょく》地方(中国四川省《しせんしょう》)は高山に囲まれ霧も深く、日照時間が短い。まれに太陽が出ると、見なれていないために犬が怪しんで吠えるという意味。無知なために、当たり前のことを恐れ、怪しむこと。転じて、見識の狭い人が、他人の言行を怪しんだり批判したりすること。

(類義) 小村の犬は人を噛《か》む

知《し》らざるを知《し》らずとせよ是知《これし》るなり

知っている振りをせずに、知らないことは知らないと認めることが、真に知ることである、という意。

(知識) 弟子子路《しろ》の、直情径行で慎重さに欠ける性格を戒めた孔子のことば。出典は『論語』。

知《し》らぬが仏《ほとけ》

知っていれば腹を立てたり心配したりするが、知らなければ仏様のように穏やかな気持ちでいられるという意味。また、周りからばかにされているのに、当人だけが知らないで平気でいるさま。続けて「見ぬが秘事」ともいう。また、「聞かぬが仏」ともいう。

(類義) 知らぬは仏 見ぬが神／見ぬもの清し

(英語) Ignorance is bliss. (知らぬは幸い)

し

知《し》らぬは亭主《ていしゅ》ばかりなり

女房の浮気に気づかないのは亭主だけで、近所の者はみんな知っている。当事者のうかつさを嘲った川柳から。

(英語) The good man is the last who knows what's amiss at home.（主人は家の恥を最後に知る）

白羽《しらは》の矢《や》が立《た》つ

大勢の中から、犠牲者としてあるいは特別に選びだされること。良否どちらの場合にも用いられる。

(知識) 神や魔物などが、人身御供《ひとみごくう》に選んだ処女のいる家の屋根に、その印として白羽の矢を射込むという俗説から出たことば。たんに「白羽が立つ」ともいう。

(用例) 社長の三男の結婚相手として、娘に白羽の矢が立った。

(注意)「白羽の矢が当たる」は誤用。

尻馬《しりうま》に乗《の》る

人の乗った馬に同乗することから、他人の言動に軽々しく同調し、共に軽々しい行動をとること。

(知識)「尻馬」は、馬に乗っている人の後ろ(の馬の背)。また、前を行く馬のあとをついていくこと。

(用例) 尻馬に乗って強弁を弄するとはあきれたやつだ。

(注意)「馬の尻に乗る」は誤り。

尻《しり》が青《あお》い

未熟なこと。一人前でないこと。

(知識) 幼児の尻が蒙古《もうこ》斑で青いことからいう。

(用例) まだ尻が青いので、この仕事は任せられない。

(類義) 青二才／嘴《くちばし》が黄色い

知《し》る者《もの》は言《い》わず 言《い》う者《もの》は知《し》らず

物事を深く知っている人は、むやみにその知識をひ ↗

けらかしたりしない。やたらに口に出して言う人はかえって物事を深く知らないものである。出典は『老子』。

詩《し》を作《つく》るより田《た》を作《つく》れ

ものの役に立たない風流なことをしているくらいなら、もっと実生活の役に立つことをせよ、ということ。

(類義) 将棋さすより襤褸《ぼろ》をさせ／品《ひん》作ろうより田を作れ

(英語) Literature is a good staff, but a bad crutch.

(文学は杖《つえ》としてはよいが松葉杖としてはよくない)

人口《じんこう》に膾炙《かいしゃ》する

「膾」は細く切った生の肉、「炙」はあぶり肉で、共に中国では美味な食べ物として人々に賞味されてきた。おもに詩文や名句などが、多くの人々の口にもてはやされるということ。世間に広く知れ渡り話題になること。

(用例) 小林一茶の俳句には人口に膾炙した作が多い。

沈香《じんこう》も焚《た》かず屁《へ》もひらず

焚いた沈香の芳香もないが、おならの悪臭もないことから、とくに役立つことも害になることもしない平々凡々な人、可もなく不可もない人のことをたとえていう。

(英語) One who never made a mistake, never made anything.

(過ちを犯さなかった者はけっきょく何もしなかった者)

人事《じんじ》を尽《つ》くして天命《てんめい》を待《ま》つ

「天命」は、天から与えられたその人の運命。人としてやらなければならないことをやり、その結果は心安らかに運命に任せるということ。

(用例) 書類審査をパスして面接試験を終えた今は、人事を尽くして天命を待つだけだ。

(英語) Do the likeliest, and God will do the best.

(最適のことをすれば神は最善のことを施すであろう)

人生意気《じんせいいき》に感《かん》ず

人間は相手の心意気に感じて行動するもので、名誉や金銭など欲のために動くわけではないということ。中国、唐の功臣・魏徴《ぎちょう》の詩「述懐」にあることば。

人生七十《じんせいしちじゅう》 古来稀《こらいまれ》なり

70歳まで長生きするのは昔からごくまれである。このことばから、70歳のことを「古希・古稀」という。唐の詩人・杜甫《とほ》の詩の一節。

（用例）人生七十古来稀なりとはいうものの、今や平均寿命が80歳を超えるという高齢化のご時世だ。

死《し》んだ子《こ》の年《とし》を数《かぞ》える

死んだ子どもが生きていたら今何歳になるか、と年齢を数えること。とりかえしのつかないことに愚痴をこぼしたり、後悔したりすること。「死んだ子の年勘定」ともいう。

（英語）Crying over spilt milk.（こぼれたミルクを嘆く）

心頭《しんとう》を滅却《めっきゃく》すれば火《ひ》もまた涼《すず》し

「心頭」は心、「滅却」は消してしまう、の意。心の雑念を払い、無念無想の境地に達したら、たとえ火の中であっても涼しく感じられる。転じて、どんな苦難も心の持ちようで苦難とは感じなくなるという教え。

（知識）織田信長《おだのぶなが》の軍勢が甲斐《かい》の恵林寺《えりんじ》に火を放ったとき、快川《かいせん》禅師が山門の上に端座して、この句を唱えながら焼死したと伝えられている。

親《しん》は泣《な》き寄《よ》り他人《たにん》は食《く》い寄《よ》り

不幸があると親族は悲しんで集まってくるが、他人は振る舞われるごちそうにつられて集まってくるということ。「親の泣き寄り他人の食い寄り」ともいう。

辛抱《しんぼう》する木《き》に金《かね》がなる

我慢強く辛抱して働いていれば、やがてお金が貯《た》まってくる。簡単にはあきらめず、最後までやり抜くことが大切だという教え。

(類義) 辛抱の棒が大事／辛抱は金《かね》挽《ひ》き臼は石

訊問《じんもん》は智《ち》の本《もと》なり

尋ねること、問うことは知恵につながるということ。あとに「思慮は智の道なり」と続けてもいう。

粋《すい》が身《み》を食《く》う

花柳界などでその事情に通じ、粋《いき》な客ともてはやされるようになると深入りして、けっきょく身の破滅を招くことにもなるということ。「粋は身を食う」ともいう。

(類義) 芸は身の仇《あだ》／鳴く虫は捕らえられる

水魚《すいぎょ》の交《まじ》わり

水と魚のような親密な交際のたとえ。

(知識)「水魚の契り」ともいい、本来は君臣の関係についていったが、現在は夫婦や友人などにも使う。◇中国の三国時代、蜀《しょく》の王である劉備《りゅうび》が新参の諸葛亮《しょかつりょう》(孔明《こうめい》)とあまりにも親密であったために、古参の武将である関羽《かんう》や張飛《ちょうひ》が不満をもらした。このとき劉備が「孤《こ》(君主の自称。「私」のこと)の孔明あるは、猶《なお》魚の水有るがごとし」と言ったという『三国蜀志』の故事による。

垂涎《すいぜん》の的《まと》

「垂涎」はごちそうを見て涎《よだれ》を垂らすこと。誰もが欲しいと熱望するもののたとえ。「垂涎」は、慣用読みで「すいえん」ともいう。

(用例) 競売で入手した珍品はマニアの垂涎の的だ。

す

好《す》いた同士《どうし》は泣《な》いても連《つ》れる

相思相愛の男女は、つらいことがあっても耐え、泣きながらでも添い遂げる。好き合った夫婦はどんな苦労があっても連れ添うものであるということ。

酸《す》いも甘《あま》いも噛《か》み分《わ》ける

味が酸っぱいか甘いかよく味わってその違いを区別する、が原義。人生経験が豊かで人情の機微や世間のできごとに精通していること、またその人をいう。「酸いも甘いも知り抜く」ともいう。

(用例) 隣家のご主人は酸いも甘いも噛み分けた人だ。

(注意)「噛み分ける」を「嗅ぎ分ける」というのは誤り。

据《す》え膳《ぜん》食《く》わぬは男《おとこ》の恥《はじ》

「据え膳」は、すっかり準備されて目の前に置かれた食事の膳。転じて、女性から男性に言い寄ること。女性から誘いをかけられて、これを受けて立たないのは(あえて誘ってきた女性に恥をかかせることになる建前から)男として恥であるということ。

(類義) 据え膳と河豚汁《ふぐじる》を食わぬは男の内ではない

(英語) It is time to set in when the oven comes to the dough.
(かまどが生パンのところへ来たら入れてやるときだ)

末大《すえだい》なれば必《かなら》ず折《お》る

枝が伸びたり葉が茂ったりして重くなると、どんなに頑丈な幹も折れてしまう。転じて、組織は下の者の勢力が強くなると、上の者が統率できなくなるというたとえ。「末重きものは必ず折る」ともいう。

(知識) 分家などの勢いがさかんになって、本家が衰えてしまう場合などにも用いる。

(類義) 尾大《びだい》掉《ふる》わず

姿《すがた》は俗性《ぞくしょう》を現《あらわ》す

人の品格は、その身なりや物腰を見ればおおよそわかるものだということ。

(対義) 姿はつくりもの／馬子《まご》にも衣装

好《す》きこそ物《もの》の上手《じょうず》なれ

好きなことは熱心に努力するから、ますます上達するものである、ということ。短く「好きこそ上手」ともいう。

(類義) 好きは上手のもと／道は好む所によって安し

(対義) 下手《へた》の横好き

(英語) Who likes not his business, his business likes not him.
(自分の仕事を嫌う者はその仕事に嫌われる)

過《す》ぎたるは猶及《なおおよ》ばざるが如《ごと》し

度を超えたものは、足りないのと同じようなもの。物事には程度があり、何事もほどほどにしておくことが大切であるという教え。

(知識) 孔子が二人の門人(子張《しちょう》と子夏《しか》)を比較して中庸(極端に偏らず、ほどよいこと)の大切さを述べた『論語』のことばに由来する。

(類義) 及ばざるは猶過ぎたるに勝れり／薬も過ぎれば毒となる／分別過ぐれば愚に返る

(英語) More than enough is too much.
(十分以上のものは多すぎる)
Overdone is worse than underdone.
(焼きすぎは生焼けより悪い)

空《す》き腹《ばら》にまずい物無《ものな》し

空腹のときは、何でもおいしく食べられるということ。

(類義) 飢えたるは食を択《えら》ばず

(英語) Hunger is the best sauce. (空腹は最上のソースである)

隙間風《すきまかぜ》は冷《つめ》たい

戸や障子などの隙間から室内に吹き込んでくる隙間風はことのほか冷たく感じられることから、人間関係に不和が生じることのたとえ。

木菟《ずく》引《ひ》きが木菟《ずく》に引《ひ》かれる

「木菟引き」は夜行性の鳥の木菟《みみずく》をつつくこと。木菟をつつきにきた鳥が、活動しない昼間の木菟をおとりにしていた猟師に捕まる。転じて、相手をばかにするつもりが、反対にやり込められることのたとえ。

雀《すずめ》の涙《なみだ》

小さな雀が流すほどのわずかな涙。あるかないかのごくわずかなさまのたとえ。

(用例) こんな雀の涙ほどの報酬では、とても働けません。

(類義) 蚤《のみ》の小便 蚊《か》の涙

雀百《すずめひゃく》まで踊《おど》り忘《わす》れず

雀は百歳まで跳びはねる癖が抜けない。若い頃身についた習慣や道楽は忘れず、老いても改まらないということ。

(類義) 噛《か》む馬はしまいまで噛む／三つ子の魂百まで

(英語) What is learned in the cradle is carried to the grave.
（揺り籠の中で覚えたことは墓場まで持っていかれる）

捨《す》てる神《かみ》あれば拾《ひろ》う神《かみ》あり

世の中はよくしたもので、見捨てて相手にしてくれない人もいる一方で、助けてくれる人もいる。世はさまざまだからくよくよすることはないということ。

(類義) 倒す神あれば起こす神あり／渡る世間に鬼はない

(英語) When one door shuts, another opens.
（一方の戸が閉じればもう一方の戸が開く）

脛《すね》に疵《きず》あれば笹原《ささはら》走《はし》る

身にやましいところがある者は世間に気がねしていかなければならないということ。「笹原」は「萱原《かやはら》」ともいう。

(知識) 後ろ暗い過去があることを「脛に疵(を持つ)」といい、脛を負傷していると葉が患部に触れて痛いので笹原を歩いては通れないということ。◇痛いから、そもそも怖くて通れないとの意味で「走る」は「走らぬ」ともいう。

すべての道《みち》はローマに通《つう》ず

ローマ帝国が隆盛の頃、世界各地からの道がすべてローマをめざしていたということから、目的を達するにはたくさんの手段があるが、行き着く先は同じであるということ。また、真理は一つであることのたとえ。詩人ラ・フォンテーヌの『寓話《ぐうわ》』の中のことば。

(英語) All roads lead to Rome. の訳。

すまじきものは宮仕《みやづか》え

「宮仕え」とは、貴人の家や宮中に奉公することで、現在では、会社や団体などの組織に勤めることをいう。他人に仕える、人に使われるのは、人の機嫌をとり、自由を拘束され、何かと気苦労が多いものだから、できればやらないほうがよいということ。

(英語) Far from court, far from care.
(宮廷から遠ざかれば心配事から遠ざかる)

住《す》まば都《みやこ》

同じ住むならば都のほうがよいということ。

(用例) たとえ独り暮らしでもやはり住まば都、都会は刺激に満ちて楽しい。

(対義) 住めば都

す

住《す》めば都《みやこ》

たとえ不便な土地でも、住み慣れれば愛着もわき、都のように住みよくなってくるものであるということ。「住めば都で花が咲く」ともいう。

(用例) 近くにコンビニもないのどかな田舎ですが、住めば都で親子とも楽しくのんびりと暮らしております。

(注意)「住まば都」との意味の違いに注意。

(類義) 地獄も住みか／住めば田舎も名所

(英語) There is no place like home.（わが家にまさる所はない）

相撲《すもう》に勝《か》って勝負《しょうぶ》に負《ま》ける

相撲内容は圧倒的に相手を上回っているのに、勝負では負けてしまう。経過や内容は良いのに、結果的に失敗する勝負弱さのたとえ。「碁に勝って勝負に負ける」とも。

(用例) 無安打、無四球のエースの好投で失点 1 に抑えたが、自軍は毎回残塁で無得点。相撲に勝って勝負に負ける試合をした。

擂《す》り粉木《こぎ》で重箱《じゅうばこ》を洗《あら》う

丸いすりこぎで四角い重箱を洗っても当然、隅のほうまでは洗えない。転じて、隅々まで行き届かないこと、おおまかで雑なことをするたとえ。

(類義) 重箱で味噌《みそ》を擂る

(対義) **重箱の隅を楊枝《ようじ》でほじくる**

寸鉄人《すんてつひと》を刺《さ》す

「寸鉄」は、小さい刃物。転じて、句や警語、諷刺《ふうし》のことをいう。短いが適切なことばで、人の急所や要点をつくことのたとえ。「寸鉄人を殺す」ともいう。

(英語) The tongue is not steel, yet it cuts.
（舌は鋼鉄ならざれど人を切る）

井蛙《せいあ》は以《もっ》て海《うみ》を語《かた》るべからず

井戸の中に棲《す》む蛙《かえる》に広い海の話をしても理解できない。見識の狭い者に広大な道理を説いても理解できないことのたとえ。出典は『荘子』。

(類義) 坎井《かんせい》の蛙《あ》／井魚《せいぎょ》は与《とも》に大を語るべからず

青雲《せいうん》の志《こころざし》

「青雲」は青空の意で、高位の象徴。立身出世を願う気持ちをいう。「青雲の志を抱いて～」といったりする。「陵雲《りょううん》の志」ともいう。

正鵠《せいこく》を射《い》る

「鵠」は弓の的の、中央の黒い点。要点や核心、急所をつくことのたとえ。的を射ること。

(知識)「射る」は「得る」ともいい、その対語から「正鵠を失する」「正鵠を失わず」といったりもする。

(用例) あの記者の正鵠を射る取材は業界でも有名だ。

精神一到何事《せいしんいっとうなにごと》か成《な》らざらん

精神を一点に集中して努力すれば、どんな難しいことでも成し遂げられるということ。

(類義) 石に立つ矢／一念岩をも徹《とお》す／一念天に通ず

(英語) Where there is a will, there is a way.
(意志あるところに道あり)

清濁併《せいだくあわ》せ呑《の》む

海が清流も濁流も区別なく受け入れるように、善人も悪人も区別せずにあるがままを受け入れるということ。度量が広く大きいことのたとえ。

(知識) 現代では物事の善悪・正邪に対してもいう。

(用例) 大企業の社長なら清濁併せ呑む気構えが必要だ。

急《せ》いては事《こと》を仕損《しそん》ずる

何事も、焦ると失敗しやすいもの。気がはやるときほど、落ち着いて行動すべきであるという戒め。

(類義) 急がば回れ／近道は遠道／待てば海路の日和《ひより》あり

(対義) **先んずれば人を制す／善は急げ**

(英語) Haste makes waste.（急ぐことはむだを作る）

青天《せいてん》の霹靂《へきれき》

「青天」は青空、「霹靂」は雷鳴。転じて、とつぜんに起こった変動、大事件をいう。

(知識) もとは筆勢の激しいことを表したことば。

(用例) 息子がとつぜん猛勉強を始めてね。青天の霹靂といったところだけど、いつまで続くかなあ。

(注意) 「青天」を「晴天」と書くのは誤り。

(類義) 寝耳に水／藪《やぶ》から棒

(英語) A bolt from the blue.（青天の稲妻）

盛年《せいねん》重《かさ》ねて来《きた》らず

若い盛りのときは一生に二度はこないのだから、若いうちに人生を楽しんでおくべきであるという意。

(知識) 一般的には、若いうちに時間をむだにせず勉学に励めという教訓として使われる。

(類義) 光陰矢の如《ごと》し／歳月人を待たず

(英語) Time lost cannot be recalled.（失った時は取り返せず）

生《せい》は難《かた》く死《し》は易《やす》し

苦しみに耐えて生き抜くことは難しいが、その苦しみから逃れて死を選ぶことは容易であるということ。「死は易うして生は難し」ともいう。

(知識) 自殺などで問題の解決を図ろうとする態度をたしなめたり戒めたりする場合に用いられる。

積薪《せきしん》の嘆《たん》

古い薪の上に新しい薪がどんどん積み重ねられていき、いつまでたっても古い薪は下に積まれたままであることから、あとから来た者がもてはやされ、永年勤めてきた者が出世できないでいる嘆きのたとえ。

(用例) 積薪の嘆を抱きながらも昇進の機会を待った。

積善《せきぜん》の家《いえ》には必《かなら》ず余慶《よけい》あり

「余慶」とは、功徳の報いで起こる吉事。善行を積み重ねていれば、必ずその報いとして子孫にまでよいことが起こるものである。「積悪（積不善とも）の家には必ず余殃《よおう》あり」と続けていうことも、たんに「積善の余慶」と略していうこともある。

(英語) Happiness will visit the family that has done good deeds.
（幸福は善行を積んだ家に訪れる）

赤貧《せきひん》洗《あら》うが如《ごと》し

まるで洗い流したように何一つ持ち物がない、たいへん貧しい暮らしのこと。

(知識) 「赤」には、「赤の他人」「真っ赤なうそ」などと使われるように、まったくの、明らかな、の意味がある。◇「赤貧」に似たことばに「清貧」があり、貧しくても清く正しいの意の、「清貧に甘んじる」のように使われる。

世間《せけん》は張《は》り物《もの》

「張り物」は、木骨に紙を張り、岩などに見せかけた芝居用の道具。世間は見かけだけを取りつくろった張り物のようなもの、見栄《みえ》を張るのは処世術の一つであるという意。また、世間は外見だけで判断できないということ。

(類義) 内裸《うちはだか》でも外錦《そとにしき》

(英語) Apparel makes the person.（人の評価は服装で決まる）

世間《せけん》は広《ひろ》いようで狭《せま》い

世間は広いようだが案外、狭いものであるということ。「世の中は広いようで狭い」ともいう。

(知識) 思いがけない所で知人に会ったり、知人の意外な行いを見聞きしたりしたときなどに用いる。

尺蠖《せっかく》の屈《くっ》するは伸《の》びんがため

「尺蠖」は尺取り虫。尺取り虫が体を縮めるのは、次に伸びて前進するためである。将来大きく成長しようとする者は、忍耐して好機を待つことも大切であるということ。「尺蠖」は「せきかく」「しゃっかく」とも読む。

せつない時《とき》は親《おや》

苦しいときに頼りになるのは親であるということ。また、親を口実にしてその場を逃れること。

(用例) 借金の返済に困窮していたが、せつない時は親、けっきょく田舎の親父《おやじ》に工面してもらったよ。

銭《ぜに》ある時《とき》は鬼《おに》をも使《つか》う

金があれば、鬼を使って仕事をさせることもできる。金の力が強大であることをいう。

(類義) 金があれば馬鹿《ばか》も旦那《だんな》／地獄の沙汰も金次第

背《せ》に腹《はら》はかえられぬ

内臓が詰まった腹を背とは交換できない、大切な腹を守るには背が犠牲になってもやむをえないという意。転じて、大切なことのためには、ほかのことを犠牲にするのもいたしかたないということ。たんに「背より腹」とも。

(用例) 背に腹はかえられぬ、人手は求人で補おう。

(対義) **渇しても盗泉の水を飲まず**

(英語) Necessity knows no law.（必要の前に法なし）

狭《せま》き門《もん》より入《い》れ

神の救いを得るには、狭い門や細い道を通るような努力が必要であるとの意味から、目的や理想を実現するには、苦しく困難な道を選ぶべきであるということ。『新約聖書』の「天国に至る門は狭く道は細い」に基づく。

(英語) Enter by the narrow gate. の訳。

千金《せんきん》の子《こ》は市《いち》に死《し》せず

「千金の子」は金持ちの子、「市」は街、また処刑場の意。金持ちの家の子どもは、法を犯して処刑場で死ぬようなつまらない死に方はしない。たとえ悪事を働いても、金の力で刑罰を免れるということ。金の力で身を守るたとえ。「千金の子は盗賊に死せず」ともいう。

先見《せんけん》の明《めい》

「明」は、ものを見分ける眼識のこと。将来のことを前もって見抜く、鋭い眼力。事が起こる前に見抜く見識。天眼通。出典は『後漢書』。「先見の識」ともいう。

(用例) 経営陣は先見の明に乏しく社の発展は望めない。

善言《ぜんげん》は布帛《ふはく》よりも暖《あたた》かし

「布帛」は木綿と絹、織物のこと。よいことばは身を包む着物よりあたたかく、人にもたらす恵みは計り知れないということ。出典は『荀子《じゅんし》』。

千石万石《せんごくまんごく》も米五合《こめごごう》

一千石、一万石の禄高《ろくだか》の者でも、一日に食べる米はせいぜい五合である。どんなに豊かでも人間一人に必要な量には限りがあり、人は必要なものさえあれば生きるのに十分であるということ。「千万石も飯一杯」ともいう。

(類義) 起きて半畳寝て一畳

前車《ぜんしゃ》の覆《くつがえ》るは後車《こうしゃ》の戒《いまし》め

前を行く車がひっくり返ったら、あとから来る車は注意する。転じて、先人の失敗はあとに続く人の教訓や戒めになるということ。縮めて「前車の覆轍《ふくてつ》」「覆車の戒め」とも、たんに「後車の戒め」ともいう。

(注意)「前車」「後車」を「前者」「後者」と書くのは誤り。

(英語) Happy is the person who can take warning from the mishap of others.（他人の災難を戒めととれる人は幸い）

前車《ぜんしゃ》の轍《てつ》を踏《ふ》む

「轍」は、車のわだちのこと。前の人の失敗や経験を、あとの人が繰り返すこと。たんに「前轍を踏む」ともいう。

(知識)「前車の轍を踏まないように」など、多く否定の形で戒めのことばとして用いられる。

善者《ぜんしゃ》は弁《べん》ならず 弁者《べんしゃ》は善《ぜん》ならず

善行を施す者は弁舌が巧みでなく、弁舌の優れた者は、じつは善行を積んでいないということ。出典は『老子』。

栴檀《せんだん》は双葉《ふたば》より芳《かんば》し

「栴檀」は「白檀《びゃくだん》」のことで、香木の一種。白檀は、芽生えたばかりの頃からすでにかぐわしい香りを放っている。人間も同様で、のちに大成する人は、子どもの頃から人並み優れたところがあるということ。「双葉」は「二葉」とも書く。

(類義) 実のなる木は花から知れる

(対義) 十で神童 十五で才子 二十《はたち》過ぎれば只《ただ》の人

(英語) It early pricks that will be a thorn.
（茨になるのは早くから刺す）

船頭《せんどう》多《おお》くして船山《ふねやま》へ上《のぼ》る

指揮する人が多くてまとまりがつかず、物事がまっ ↗

たく的はずれな方向に進んでしまうことのたとえ。

(用例) きのうの役員会議は船頭多くして船山へ上るで、勝手な意見の言い合いだったよ。

(類義) 下手《へた》の大連れ／役人多くして事《こと》絶《た》えず

(英語) Too many cooks spoil the broth.
(料理人が多すぎてスープがまずくなる)

千日《せんにち》の萱《かや》を一日《いちにち》

「萱」とは、屋根を葺《ふ》くために使う草。千日もかかって刈りためた萱を、たった一日で焼いてしまうこと。転じて、長年苦労して築いてきた仕事や信頼を、一時《いっとき》に失ってしまうことのたとえ。たんに「千日萱」ともいう。

(用例) セクハラで引責辞任だなんて、千日の萱を一日だ。

(類義) 千日の功名一時《いちじ》に亡《ほろ》ぶ

善《ぜん》に強《つよ》い者《もの》は悪《あく》にも強《つよ》い

善行に熱中する者は、ひとたび悪いほうに向かえば悪に夢中になる。極端から極端に走りやすい性格をいう。「悪に強ければ善にも強し」ともいう。

善《ぜん》は急《いそ》げ

善いと思ったことは即、実行すべきであるということ。

(類義) 旨《うま》い物は宵に食え／思い立ったが吉日

(対義) **悪は延べよ／急《せ》いては事を仕損ずる**

(英語) Make hay while the sun shines.
(陽《ひ》が出ているうちに干し草を作れ)

千万人《せんまんにん》と雖《いえど》も吾《われ》往《ゆ》かん

自分にやましいところがなければ、反対する者が千万人いようと、恐れず堂々と行おうという気概を表すことば。

(知識) 『孟子《もうし》』の中の「自ら反《かえ》りみて縮《なお》くんば(自省して正しいと思えるならば)千万人と雖も吾往かん」から。

せ

前門《ぜんもん》の虎《とら》 後門《こうもん》の狼《おおかみ》

表門からの虎を防いだと思ったら、裏門から狼が現れる。一つの災難から逃れたかと思いきや、またほかの災いが降りかかってくるたとえ。「前門に虎を拒《ふせ》ぎ後門に狼を進む」ともいう。

(類義) 一難去ってまた一難／虎口《ここう》を逃れて竜穴に入《い》る

(英語) A precipice in front, a wolf behind.
(前に絶壁、後ろに狼)

千里《せんり》の馬《うま》も伯楽《はくらく》に逢《あ》わず

「伯楽」は中国・春秋時代の、名馬を見分け、御する名人。一日に千里を走る馬は少なくないが、その馬の能力を発揮させられる者は、いつもいるとは限らないという意。転じて、自分の真価を認めて、手腕を振るわせてくれるような人にはなかなかめぐりあえないものであるということ。不遇の身を嘆くことば。

(用例) 千里の馬も伯楽に逢わずで、転職も三度目です。

(類義) 千里の馬は常にあれども伯楽は常にはあらず

千里《せんり》の道《みち》も一歩《いっぽ》より

千里もの遠くへ旅立つのも、足下の第一歩から始まるという意味。遠大な事業や目標も、手近なところから着実に行わなければならないということ。始めの一歩。

(類義) 千里の行《こう》も足下《そっか》より始まる

(英語) Even the longest journey begins with the first step.
(もっとも長い旅でも一歩から始まる)

千慮《せんりょ》の一失《いっしつ》

思慮深い賢者の考えにも、まれに間違いもあるということ。知者の思わぬ失敗のこと。また、十分に考え抜いたのに思いがけない失敗を犯すこと。 ↗

(注意)「千慮」を「浅慮」、「一失」を「逸失」と書くのは誤り。
(類義)弘法《こうぼう》にも筆の誤り／猿も木から落ちる
(対義)愚者も一得／千慮の一得
(英語)There is none so wise but he is foolish sometimes.
(賢者であっても愚行を犯すこともある)

喪《そう》家《か》の狗《いぬ》

喪中の家では忙しさにまぎれて犬に餌をやり忘れ、犬がやつれるということから、元気がなく、しょんぼりしている人のたとえ。また、「喪」を「うしなう」の意として、定まった家がない宿無しの人や犬のたとえ。出典は『史記』。「狗」は「く」とも読む。
(用例)かつては政界の狼ともてはやされたが、失脚してからは、ひっそりして喪家の狗といったていだ。

創業《そうぎょう》は易《やす》く守成《しゅせい》は難《かた》し

「創業」は事業を起こすこと。また、国の基礎を固めること。「守成」は、できたものを堅実に守っていくこと。事業を新たに起こすのは容易だが、それを受け継ぎ、衰退しないよう維持していくことは難しいということ。
(英語)One hath more ado to preserve than to get.
(獲得よりも保持に骨が折れる)

象牙《ぞうげ》の塔《とう》

俗世間を逃れ学問や芸術に打ち込む境地。現実逃避する学者の生活や、大学の研究室などの閉鎖的社会を皮肉っていうことば。
(知識)19 世紀のフランスの批評家サント・ブーブが芸術至上主義の詩人ビニーの態度を評したことばが語源。
(用例)どの大学も象牙の塔から出て、企業に門戸を開放しなければならない。
(英語)ivory tower の訳。

そ

糟糠《そうこう》の妻《つま》

「糟」は酒かす、「糠」は米ぬかで、粗末な食物、また貧しい生活のたとえ。貧しいときから苦労を共にした妻をいう。

(知識)「糟糠の妻は堂より下さず」は、貧乏で苦しませてきた妻は自分がたとえ出世しても家から追い出してはならない、という戒めのことば。出典は『後漢書』。

葬式《そうしき》済《す》んで医者話《いしゃばなし》

死者を葬ってから診察や医師の話をすることから、愚痴のたとえ。「葬礼帰りの医者話」ともいう。

(英語) After death the doctor.（死後に医者）

宋襄《そうじょう》の仁《じん》

無益の情けや哀れみをかけたため、ひどい目に遭うこと。

(知識) 宋の襄公が楚《そ》と戦ったさい、敵の布陣が敷かれる前に攻撃すべきとの進言を「君子は人の難儀につけ込んではいけない」と言って退け、敵の準備がととのってから戦って敗れたという『十八史略』の故事による。

曽参《そうしん》 人《ひと》を殺《ころ》す

うそでも度重なると、人も信じるようになるというたとえ。

(知識)「曽参」は、親孝行で名高い孔子の門人。曽参の一族の者が人を殺したさい、ある者が誤って「曽参が人を殺した」と曽参の母に伝えた。二度目までは聞き流していた母親も、三度目に告げられたときには垣を乗り越えて駆けつけたという『戦国策』の故事による。

(類義) 市《いち》に虎あり／三人市に虎を成す

滄桑《そうそう》の変《へん》

青海が桑畑になるほどの大変化。世の移ろいの激しいことのたとえ。「滄海変じて桑田《そうでん》となる」「桑田碧海《へきかい》」とも。

そうは問屋《とんや》が卸《おろ》さない

そんな値段では問屋が卸してくれないということから、物事はそう簡単には思いどおりにならないことのたとえ。

(知識) 相手の言いなりにはなれない、自分の思いどおりにならない、の両方の意味で用いる。

(用例) ビギナーズラックで勝とうだなんて、そうは問屋が卸さない。ギャンブルはそんなに甘くないよ。

(注意)「そうは問屋が許さない」は誤り。

草履《ぞうり》履《は》き際《ぎわ》で仕損《しそん》じる

帰ろうと草履を履くさいに失敗する。最後の失敗で、今までの成功を全部だめにしてしまうことのたとえ。

(類義) 磯際《いそぎわ》で船を破る／九仞《きゅうじん》の功を一簣《いっき》に虧《か》く／港口《みなとぐち》で難船

総領《そうりょう》の甚六《じんろく》

「総領」は長男、あるいは長女の意。長子は、とかく甘やかされて大事に育てられるため弟妹たちに比べ、おっとりとして世間知らずの者が多いということ。

(知識)「甚六」は「はなはだしいろくでなし」を縮めて人名に見たてたもの。おもに長男をさすことが多い。

齟齬《そご》をきたす

うまく噛《か》み合わない。物事が食い違うたとえ。

(知識)「齟齬」は上下の歯が噛み合わないことから、意見や事柄が食い違っていること。

(用例) きのうの発言が今日《きょう》のそれと齟齬をきたすようでは、先が思いやられる。

俎上《そじょう》に載《の》せる

「俎」は、まな板のこと。ある物事や人物を、批評などの対象として取り上げ論じること。

俎《そ》上《じょう》の魚《うお》

まな板の上の魚の意。死を待つよりほかにない状態。また、運命が相手の意のままである状態。「俎上の鯉《こい》」「俎上の肉」「俎板《まないた》の鯉」ともいう。

(用例) 明日の品評会で私の作品が取り上げられることになりました。もう、俎上の魚の心境です。

袖《そで》の下《した》に回《まわ》る子《こ》は打《う》たれぬ

叱ったときに逃げる子どもは追いかけてでも打とうと思うが、すがりついてくる子どもはかわいくて打てない、の意。「袖の下に回る子は可愛《かわい》い」ともいう。

(類義) 尾を振る犬は叩《たた》かれず／杖《つえ》の下に回る犬は打たれぬ

袖《そで》振《ふ》り合《あ》うも他生《たしょう》の縁《えん》

「他生」は、過去または未来の生。道行く見知らぬ人と袖が触れ合うのは宿縁によるものということ。転じて、すべて偶然に起こることはなく、強い因縁で結ばれているというたとえ。「袖振り合うも」は「袖擦り合うも」とも、また「袖の振り合わせ」ともいう。

(注意) 「他生」は「多生」とも書くが「多少」は誤り。

(類義) 躓《つまず》く石も縁の端／一村雨《ひとむらさめ》の雨宿り／行きずりの宿世《すくせ》

(英語) Even a chance acquaintance is decreed by destiny.
(たまたま知り合うのも運命による)

備《そな》えあれば患《うれ》いなし

ふだんから非常のさいの準備をしていれば、いざというときにも心配無用ということ。災害に対しての心構え。

(用例) 備えあれば患いなしで、地震に備えてベッドの上の棚に防災用品をしまってあるのよ。

(英語) Keep something for a rainy day.
(雨の日のために何かを備えておけ)

備《そな》わるを一人《いちにん》に求《もと》むなかれ

人格・才能・知識などすべて備えている人はいない。人に完全無欠を求めるのは無理である。上に立つ者は下の者の長所を生かして用いるべきである、ということ。出典は『論語』。「備わるを」は「備わらんことを」ともいう。

側杖《そばづえ》を食《く》う

自分とは無関係なことで、思わぬ被害を受ける。巻き添えを食うこと。とばっちりを受けるたとえ。

(知識) 関係のない争いなどの傍らにいて、殴り合いの杖がそれて自分が打たれることから。

(用例) 街で目撃したけんかの側杖を食って警官に呼びとめられてしまった。

楚人《そひと》弓《ゆみ》を遺《わす》れて楚人《そひと》之《これ》を得《う》

損失を受けてもそれが利益となる人もいる。損失に対しておおらかになること。

(知識) 中国・春秋時代、楚の共王《きょうおう》が、猟でなくした共王の弓を捜そうとした側近に、楚の人の遺失物は楚の人が拾うからかまうなと言ったという故事から。

損《そん》して得《とく》取《と》れ

一時は損をしても、けっきょくそれが大きな利益に結びつくのならば、目先の小さな利益を捨てて、あとの大きな利益を得るほうがよいということ。

(用例) 損して得取れですよ、大幅な会員割引をしても、とにかくお客さんを囲い込めれば勝ちですからね。

(類義) 損せぬ人に儲《もう》けなし

(対義) 一文吝《おし》みの百知らず

(英語) Sometimes the best gain is to lose.

(時には失うことが最高の利益となる場合もある)

損《そん》せぬ人《ひと》に儲《もう》けなし

商売では、損も覚悟しなければ儲けられない。損を恐れていたら大儲けはできないということ。

(類義) 損して得取れ／損は儲けの始め

(英語) The person that loses is a merchant as well as the person that gains.（損をするのも儲けるのも同じ商人）

大恩《たいおん》は報《ほう》ぜず

人は小さな恩義を受けると、感謝して何か恩返しをしようと思うものだが、あまりに大きな恩義には、かえって気づきもせず報いようともしないものであるということ。「大恩は酬《むく》いず」「大恩は忘る」ともいう。

(類義) 提灯《ちょうちん》を借りた恩は知れど天道の恩は忘れる

大海《たいかい》を手《て》で塞《ふさ》ぐ

できるはずがないことのたとえ。不可能なことをやってみようとすることのたとえ。「大海を手で塞《せ》く」ともいう。

(類義) 貝殻で海を量る／大海を耳掻《か》きで測る

対岸《たいがん》の火事《かじ》

川の対岸で起こっている火事は、こちら岸には延焼してこない。転じて、自分とは無関係で痛くもかゆくもないことのたとえ。「対岸の火災」ともいう。

(用例) 高齢化問題は、自分の将来にも関係してくる。対岸の火事として座視しているわけにはいかない。

(類義) 川向こうの喧嘩《けんか》／高みの見物

大吉《だいきち》は凶《きょう》に還《かえ》る

幸運な吉も大吉までいくと、かえって凶に近くなるという意。万事好調でも、油断、安心はできないという戒め。

(類義) 最上は幸福の敵／満は損を招く／陽極まって陰生ず ↗

(英語) The end of mirth is the beginning of sorrow.
(楽しみの終わりは悲しみの始まり)

大疑《たいぎ》は大悟《だいご》の基《もとい》

抱いた疑問を解いてこそ得心がいく。疑問を持つことが理解につながるということ。

(類義) 迷わぬ者に悟りなし

大魚《たいぎょ》は小池《しょうち》に棲《す》まず

大きな魚は小さな池にはすまない。大人物はつまらない仕事や環境、低い地位に甘んじてはいけないというたとえ。

(類義) 大象《たいぞう》は兎《と》径《けい》に遊ばず／鶴は枯れ木に巣をくわず／虎は千里の藪《やぶ》に栖《す》む／呑舟《どんしゅう》の魚《うお》 枝流に游《およ》がず

(対義) **天水桶《おけ》に竜／掃き溜《だ》めに鶴**

(英語) A great ship asks deep waters.
(大きな船は深い水域を求める)

大功《たいこう》を成《な》す者《もの》は衆《しゅう》に謀《はか》らず

大事を成し遂げる者は、多くの人の意見を聞いたり参考にしたりせず、自分の考えで事を進めるということ。

大黒柱《だいこくばしら》を蟻《あり》がせせる

蟻が大黒柱をかじるの意から、びくともしないこと。また、実力のない者が大きなことを言ったり考えたりすること。

(類義) 大仏を蟻が曳《ひ》く／藁《わら》しべを以《もっ》て泰山《たいざん》を上《あ》ぐる

太鼓《たいこ》も桴《ばち》の当《あ》たりよう

太鼓は、ばちを大きくたたけば大きく響き、小さくたたけば小さく響くように、そのたたき方によって音が大きくもなり小さくもなる。人間関係も、やり方しだいで相手の応じ方も違ってくるというたとえ。

(注意) 琵琶、三味線など弦を鳴らすばちは「撥」と書く。

太鼓《たいこ》を打《う》てば鉦《かね》が外《はず》れる

太鼓を打つことに気を取られていると、鉦を打つ手がそれてしまう。一つのことをしているときは別のことはできない。同時に多くのことはできないというたとえ。

(類義) 鉦叩《たた》きゃ念仏が外れる／田の事すれば畠《はたけ》が荒れる／櫓《ろ》を推《お》して櫂《かい》は持たれぬ

(対義) 一挙両得／一石二鳥

大根《だいこん》を正宗《まさむね》で切《き》る

簡単に切れる大根を正宗のような名刀で切る。才能のある人につまらない仕事をさせること。また、おおげさなことをするたとえ。

(用例) 調整登板とはいえ、彼ほどの投手が二軍相手では大根を正宗で切るようなものだ。

(類義) 大器小用／鶏《にわとり》を割くに焉《いずく》んぞ牛刀を用いん

大山鳴動《たいざんめいどう》して鼠一匹《ねずみいっぴき》

大噴火が起こるくらい山が鳴り動いたのに、慌てて出てきたのは小さな鼠一匹だったという意味。前ぶれが大きくて大騒ぎしたわりに、これというほどの事件が起こらないことのたとえ。「大山」は「泰山」とも書く。

(知識) ラテン語のことわざ「山々が産気づいて滑稽な二十日《はつか》鼠《ねずみ》が一匹生まれる」に由来する。

(英語) The mountains have brought forth a mouse.
(山々が鼠を一匹生んだ)

大事《だいじ》の前《まえ》の小事《しょうじ》

大事を行うときには、小さな事柄にも慎重に対処しておかないと思わぬ失敗をしでかすことがあるということ。また、小さな事柄などにはかかわらず、ひたすら大事の成功をめざすほうがよいという意味でも使われる。

大樹《たいじゅ》の下《もと》に美草《びそう》なし

茂った大木の下は日陰なので、よい草が生育しない。大人物の下では、人は意欲を失うので、有能な人は育たないというたとえ。また、人材の育つ条件に欠けるところには、有能な人間は集まらないものであるというたとえ。

(類義) 大木《たいぼく》の下に小木《しょうぼく》育たず／茂林の下に豊草なし

(対義) **大木の下に小木育つ**

大地《だいち》に槌《つち》

打つ対象が大地なら、振り下ろす槌もはずれようがないことから、絶対に失敗しないことのたとえ。

(用例) 土地を確保しゼネコンに頼めば大地に槌、工期の相談にも乗ってくれるだろう。

大敵《たいてき》と見《み》て恐《おそ》れず小敵《しょうてき》と見《み》て侮《あなど》らず

敵が強大だからといって恐れてはいけない、また敵が弱小だからといって侮ってはいけないという教え。「大敵と見て懼《おそ》るべからず小敵と見て侮らず」ともいう。

(類義) 大敵を見ては欺き小敵を見ては畏《おそ》れよ

大徳《たいとく》は小怨《しょうえん》を滅《ほろ》ぼす

大きな功績があれば、ささいな欠点や失敗など問題にされない。恩徳が広大なら、わずかの恨みもしぜんに消えてしまうということ。

(類義) 大行《たいこう》は小謹《しょうきん》を顧みず／大功を論ずる者は小過を録せず

鯛《たい》なくば狗母魚《えそ》

「狗母魚」は、かまぼこの原料となる魚。上質ではあるものの、最高級の鯛よりは劣ることから、目当てのもの、高級なものがなければ代用品で間に合わせ、我慢するしかないというたとえ。

た

大《だい》は小《しょう》を兼《か》ねる

大きいものは小さいものの働きを兼ねるが、小さいものは大きいものの働きは兼ねられない。容器などは、小さいものより大きいもののほうが用途が広いということ。「大は小を叶《かな》える」ともいう。

(対義) 杓子《しゃくし》は耳掻《みみか》きにならず／長持ちは枕にならぬ

(英語) The greater embraces the less.
（大なるものは小なるものを含む）

大木《たいぼく》の下《もと》に小木《しょうぼく》育《そだ》つ

勢力のさかんなものの庇護《ひご》のおかげで、弱いものが生き延びて力を伸ばせるというたとえ。「大木」は「おおき」、「小木」は「おぎ」とも読む。

(対義) 大樹の下に美草なし／大木の下に小木育たず

大木《たいぼく》は風《かぜ》に折《お》らる

木は大きいほど風を受けて折れやすい。大人物ほど嫉《ねた》まれやすく、攻撃されやすいというたとえ。

(類義) 高木風に嫉まる／出る杭《くい》は打たれる

(英語) Tall trees catch much wind.（高い木は多くの風を受ける）

鯛《たい》も独《ひと》りは旨《うま》からず

うまい鯛でも、一人で食べたのではおいしくない。食事は一人よりも大勢でしたほうがよいということ。

(用例) 鯛も独りは旨からず、拙宅で鍋を囲みましょうよ。

大勇《たいゆう》は勇《ゆう》ならず

本当に勇気のある人間は我《が》をはって、ささいなこと、つまらないことで争ったりしないから、ちょっと見ただけでは勇気がないように見えるということ。「大勇は闘わず」「大勇は怯《きょう》なるが如《ごと》し」とも。

大欲《たいよく》は無欲《むよく》に似《に》たり

大望を抱いている人は小さな目先の利を追わないので、無欲に見えるということ。また、欲ばりすぎると失敗しがちになり、けっきょく無欲と同じ結果を招くという意味にも使う。

(類義) 虻蜂《あぶはち》取らず／大利は利ならず

(英語) Grasp all, lose all.（すべてをつかむ者はすべてを失う）

斃《たお》れて後《のち》已《や》む

「斃れて」は倒れて死ぬ、「已む」は終わること。死んだあとでやっと終わるということ。命のある限り努力を続けるたとえ。「死して後已む」ともいう。

高《たか》きに登《のぼ》るには低《ひく》きよりす

高い所に登るには、まず低い所から始める。何事も身近な所、できることから堅実に進むべきであるという教え。「低」は「卑」とも書く。

(類義) 千里の行《こう》も足下《そっか》より始まる／千里の道も一歩より

高嶺《たかね》の花《はな》

高い峰にあるので、眺めるだけで手にすることのできない花のこと。転じて、望んでも思いを遂げられない人や、手に入らないもののたとえ。

(知識)「温泉つきの広大な別荘なんて、われわれ庶民には高嶺の花だね」のように、高価な物品や魅力的な女性に対して使われることが多い。

(注意)「高嶺」は「高根」とも書くが、「高値」は誤り。

(類義) 花は折りたし梢《こずえ》は高し

(英語) One may look at a star, but not pull at it.
（人は星を見ることはできても、引っぱって取ることはできない）

鷹《たか》は飢《う》えても穂《ほ》を摘《つ》まず

肉食の鷹は、どんなに飢えても稲の穂を食べたりはしない。正義の人、品性の高い人は、困窮しても不正なことをして利益を得ようとはしないというたとえ。「鷹は死すとも穂は摘《つ》まず」とも。

(類義) 渇しても盗泉の水を飲まず／武士は食わねど高楊枝《たかようじ》

(英語) The eagle does not catch flies. (鷲《わし》は蠅《はえ》を捕らない)

高《たか》みの見物《けんぶつ》

「高み」は高い所。高所にいて事件を見物するという意。自分には直接、利害関係がないことを傍観すること。他人の行動をおもしろがって見物すること。

(用例) とかく放火犯は、野次馬に紛れ高みの見物を決め込むものらしい。

(注意) 「高み」を「高見」と書くのは誤り。

(類義) 山門から喧嘩《けんか》見る／対岸の火事

(英語) To see it rain is better than to be in it.
(雨が降るのを見るのは雨の中にいるよりもよい)

宝《たから》の持《も》ち腐《ぐさ》れ

せっかくの宝を、持ったまま腐らせてしまう。役に立つものや優れた能力を持っていながら、それを利用しないことのたとえ。

(英語) Not possession, but use, is the only riches.
(所有でなく、使用が富というもの)

宝《たから》は身《み》の仇《あだ》

なまじ財宝を持っていると、そのために自分の身を滅ぼすことが多いという戒め。

(類義) 財宝は身の敵／宝多ければ身を害す

(対義) 金《かね》の光は阿弥陀《あみだ》ほど／宝は身の差し合わせ

高《たか》を括《くく》る

「高」は、程度の意。程度を低く見積もること。また、たいしたことはないと見くびること。

(知識)「高が知れている」「高が 〜 くらい」の「高」も、同じく程度の意味。

(用例) どうせ二流大学だと高を括っていたら、不合格で自信をなくしてしまった。

薪《たきぎ》を抱《いだ》きて火《ひ》を救《すく》う

火を消すのに、薪を抱えて行き、かえって火勢を強めてしまうこと。害を除こうとして、かえってその害を大きくしてしまう愚かな行い。逆効果のたとえ。出典は『戦国策』。「蓑《みの》を披《き》て火を救う」ともいう。

(類義) 穴を穿《うが》ちて水を止《とど》む

たくらだ猫《ねこ》の隣歩《となりある》き

麝香鹿《じゃこうじか》に似た獣の「たくらだ」は猟師に間違われて撃たれたりすることから、関係のないことで害を受けたり死んだりする者をいい、転じて、愚か者、ばかなどの意。愚かな猫が、飼い主の家の鼠《ねずみ》も捕らずに遊び歩き近所の鼠ばかり捕るように、愚か者が自家の用はせずに、他家の用ばかり手伝うことのたとえ。役に立たないこと。

(類義) 不精者の隣働き

多芸《たげい》は無芸《むげい》

多方面に通じている人は何事も中途半端で、自分の才能、芸といえるものがないということ。

(類義) 器用貧乏／何でも来いに名人なし／百芸は一芸の精《くわ》しきに如《し》かず／螻蛄才《けらざい》

(英語) Jack of all trades, and master of none.
(何でも屋はどれにも熟達しない)

竹屋《たけや》の火事《かじ》

竹が燃えると、竹の節がはじけて「ぽんぽん」とやかましい音を立てる。にぎやかな竹屋の火事のように、怒ってぽんぽん言うこと。また、言いたい放題に言うさまをしゃれてたとえたもの。「竹藪《たけやぶ》の火事」ともいう。

竹《たけ》を割《わ》ったよう

竹はまっすぐ縦に割れることから、さっぱりした性質で、曲がったところがなく、一本気の人を褒めていうことば。

他山《たざん》の石《いし》

ほかの山から出た粗末な石でも、自分の玉を磨くときの砥石《といし》として使うことができる。転じて、他人の言行や失敗が、自己を磨き鍛えるための参考や戒めとなるということ。反面教師。『詩経』の「他山の石以《もっ》て玉を攻《おさ》むべし」に由来することば。

(注意)「ほかの山の粗悪な石」が原義で、手本の意味はないので「私も先輩の活動を他山の石としてがんばります」などと、目上の人の言行に対しては使わない。

(類義) 人のふり見て我がふり直せ／人を以て鑑《かがみ》となす

(英語) The fault of another is a good teacher.
（他人の欠点はよい教師である）

多勢《たぜい》に無勢《ぶぜい》

大勢の敵に小人数で対抗しても、とても勝ち目はないということ。数の多寡が勝負を決定するということ。

(知識) 雉《きじ》が鷹《たか》にどんなに対抗してもかなわないことから「多勢に無勢 雉と鷹」ともいう

(類義) 衆寡《しゅうか》敵せず／敵は大勢 味方は一人

(英語) Many dogs may easily worry one.
（多くの犬が一匹を噛《か》んでいじめるのは簡単だ）

闘《たたか》う雀《すずめ》 人《ひと》を恐《おそ》れず

雀のようにか弱く臆病な鳥でも、雀どうしで闘っている最中は、人が近づいても逃げようとしない。何かに夢中になって我を忘れているときには、身の危険も顧みずに思いがけない強さを発揮するというたとえ。「闘う」は「争う」ともいい、「闘雀《とうじゃく》人を恐れず」ともいう。

(類義) 噛《か》み合う犬は呼び難し

叩《たた》かれた夜《よる》は寝《ね》やすい

人に害を与えて後悔するより、人から害を与えられるほうが、心安らかでいられるということ。

(類義) 叩かれて戻れば寝よい

(対義) **人を叩いた夜は寝られぬ**

(英語) Better suffer ill than do ill.
(害をなすより、害を与えられるほうがよい)

叩《たた》けば埃《ほこり》が出《で》る

どんな物事や人物でも、調べ上げれば欠点や秘密、悪行が出てくるものであるということ。「新しい畳でも叩けば埃が出る」とも「叩けば埃が立つ」ともいう。

(用例) 真面目そうに見えても、一つや二つは叩けば埃が出るはずさ。

(類義) 垢《あか》はこするほど出る

(英語) Every man has his weak side. (誰にでも弱点がある)

叩《たた》けよさらば開《ひら》かれん

神に救いを求めれば、必ず応えてくれるという『新約聖書』のことば。自分から積極的に行動、努力してこそ道が開かれるという教え。

(類義) 求めよさらば与えられん

(英語) Knock, and it shall be opened to you. の訳。

た

多《た》多《た》益《ます》益《ます》弁《べん》ず

「弁ず」は、処理することで、仕事が多ければ多いほど巧みにやってのける高い能力をいう。また、多ければ多いほど好都合な意味にも使う。「多《た》多《た》益《ます》益《ます》善《よ》し」ともいう。

（知識）中国・漢の高祖《こうそ》と韓信《かんしん》が将軍たちの統率力について話し合ったとき、韓信自らが統率できる兵士の数を答えていったことば。出典は『漢書』。

（注意）字面《じづら》から「多弁になる」とするのは誤解。「彼は多多益益弁ずだね」なら褒めことばになる。

畳《たたみ》の上《うえ》の怪我《けが》

安全な畳の上でもけがをすることがある。災難はいつどこで起こるかわからないというたとえ。また、起こるはずがないことのたとえ。

（用例）どこへ行くのも畳の上の怪我を肝に銘じなさい。

（英語）Danger is the next neighbor to security.
（危険と安全は隣どうしである）

畳《たたみ》の上《うえ》の水練《すいれん》

畳の上での水練（水泳の練習）は効果がないように、理論や方法を知っているだけで、実際の役には立たないことのたとえ。たんに「畳水練」ともいう。

（用例）話こそ理屈は通っているが畳の上の水練で、じっさいうまくいくかどうかは怪しいものだ。

（類義）机上の空論／鞍《くら》掛《か》け馬の稽古／素《す》引《び》きの精兵《せいひょう》

（英語）A mere scholar, a mere ass.
（ただの学者はただのロバ）

ただより高《たか》いものはない

物をただでもらうのは安上がりに思えるが、恩に着せられたり、義理を果たすための返礼が必要になったりで、↗

かえって高くつくということ。

(類義) 買うは貰《もら》うに勝る

(対義) ただより安いものはない

(英語) Nothing costs so much as what is given us.
(もらい物ほど高くつくものはない)

踏鞴《たたら》を踏《ふ》む

勢いよく向かっていったが、的がはずれて踏みとどまれず、空足を踏むさま。

(知識)「踏鞴」は製鉄などに用いられた足踏み式の大きなふいご。足で踏んで空気を送るようすが、空足を踏む動作に似ていることから。「踏鞴」は「蹈鞴」とも書く。

(用例) 論戦に臨んだのにすっぽかされ、踏鞴を踏んだ。

田作《たづく》りも魚《うお》の内《うち》

田作り(ごまめ)にするような小魚でも、魚の仲間には違いない。弱小の者でも仲間の内であるということ。

(類義) 蝙蝠《こうもり》も鳥の内／二十日鼠《はつかねずみ》も獣の内

立《た》っている者《もの》は親《おや》でも使《つか》え

急用があるとき、すぐそばに人がいたら、それがたとえ親だろうと遠慮なく用を頼めということ。

(知識) 座っている人が自分でできないとき、面倒なとき、身近にいる人に用を頼むときの言い訳として使われる。

(類義) 居仏《いぼとけ》が立ち仏を使う／入れ物と人はあるもの使え

(対義) 立ち仏が居仏を使う

脱兎《だっと》の勢《いきお》い

「脱兎」は、逃げだす兎《うさぎ》の意。そのようにすばやいさまから、動きが非常に迅速なたとえ。

(知識)「脱兎の如《ごと》し」ともいい、孫子の兵法(p.253)の一部でも使われている。

立《た》つ鳥《とり》跡《あと》を濁《にご》さず

水鳥が飛び立ったあとの水が濁らないように、人も去るときはきれいに後始末すべきであるという教え。また、引き際がきれいなことのたとえ。「飛ぶ鳥跡を濁さず」とも。

(注意)「立つ」は飛び立つの意で、「発つ」と書くのは誤り。

(対義) 後《あと》は野となれ山となれ／旅の恥は掻《か》き捨て

立《た》て板《いた》に水《みず》

立てた板に水を流すと速く流れ落ちることから、弁舌がよどみないこと。また、続けざまにしゃべること。

(類義) 竹に油／戸板に豆

(対義) 横板に雨垂れ

(英語) Your tongue runs nineteen to the dozen.

（12 語ですむところを 19 語でまくしたてる）

蓼《たで》食《く》う虫《むし》も好《す》き好《ず》き

「蓼」はタデ科の植物。この辛い葉を好んで食う虫がいるように、人の好みもいろいろであるということ。

(知識) 異性の好みや悪趣味を評すときにいう。◇湿地に生える蓼を食用とする虫は苺葉虫《いちごばむし》、蓼小夜蛾《こやが》など。

(英語) There is no accounting for tastes.

（好みを説明することはできない）

立《た》てば芍薬《しゃくやく》 座《すわ》れば牡丹《ぼたん》

美人の姿を花にたとえたことばで、「歩く姿は百合《ゆり》の花」と続けてもいう。

炭団《たどん》に目鼻《めはな》

色が黒くて目鼻だちがはっきりしない顔。不美人の形容。「南瓜《かぼちゃ》に目鼻」などともいう。

(対義) 卵に目鼻

棚《たな》から牡丹餅《ぼたもち》

棚から牡丹餅が落ちてくるように、労せずして思いがけない幸運にめぐりあうこと。略して「棚ぼた」とも、また「開《あ》いた口へ牡丹餅」ともいう。

(類義) 鰯網《いわしあみ》へ鯛《たい》がかかる

他人《たにん》の疝気《せんき》を頭痛《ずつう》に病《や》む

他人の腹痛を心配して悩み、自分も頭痛になる。自分に無関係なことを心配するたとえ。よけいな世話を焼くことを戒めることば。「隣の疝気を頭痛に病む」ともいう。

(類義) 要らぬお世話の焼き豆腐

(対義) 人の痛いのは三年でも我慢する

他人《たにん》の飯《めし》を食《く》う

親元を離れ、他家で生活すること。他人との生活の中で揉《も》まれ実体験を積むこと。「他人の飯を食わす」の形でも使われる。

(類義) 他人の中を踏む／隣の飯も食ってみよ

他人《たにん》の飯《めし》を食《く》わねば親《おや》の恩《おん》は知《し》れぬ

世間に出て苦労してみなければ、親のありがたみはわからないということ。

狸《たぬき》が人《ひと》に化《ば》かされる

だまそうとした者が、逆にだまされること。甘く見た相手から、してやられること。

(類義) 誑《たら》しが誑しに誑される／盗人《ぬすびと》が盗人に盗まれる

狸《たぬき》寝《ね》入《い》り

人が、都合の悪いときに眠ったふりをすること。空寝。

(類義) 鼠《ねずみ》の空死《そらじ》に

た

頼《たの》む木《き》の下《もと》に雨漏《あめも》る

雨宿りをしようとした木の下に雨が漏る。当てにしていたことがだめになって困り果てること。

類義 頼みの綱も切れる

頼《たの》むと頼《たの》まれては犬《いぬ》も木《き》へ登《のぼ》る

どうしてもと頼まれれば、できないことでもやってやろうという気になるというたとえ。

類義 頼めば越後《えちご》から米搗《つ》きに来る

旅《たび》の恥《はじ》は掻《か》き捨《す》て

旅先には知り合いもいないし、すぐに立ち去ってしまう所だからと、ふだんはしないような恥ずかしいことも平気でやってしまうということ。

知識 だからそこで恥をかいても気にしなくてよいという慰めの意味で使われる。また、知人がいないのをいいことに恥さらしな愚行をやらかすことを非難する意味を込めて用いる場合もある。

類義 後《あと》は野となれ山となれ／旅の恥は弁慶状

旅《たび》は憂《う》いもの辛《つら》いもの

旅先では知り合いもいないし、土地の事情もわからないから、旅は何かと不安でつらいものであるということ。

旅《たび》は道連《みちづ》れ世《よ》は情《なさ》け

つらい旅でも道連れがいれば心強く、安全である。世渡りも互いに思いやり、助け合えば心丈夫であるということ。短く「旅は道連れ」ともいう。

類義 旅は情け 人は心

英語 An agreeable companion on the road is as good as a coach.
（良い道連れは馬車も同然）

卵《たまご》に目鼻《めはな》

女性や子どもの、色白でかわいらしい顔だちの形容。

(対義) 南瓜《かぼちゃ》に目鼻／炭団《たどん》に目鼻

卵《たまご》を見《み》て時夜《じや》を求《もと》む

まだ卵のうちから、鶏が明け方に時を告げる「時夜」を期待するということ。気が早すぎること、せっかちなことのたとえ。また、はっきりしないものを早々と当てにすること。出典は『荘子』。

(類義) 生まれぬ前《さき》の襁褓《むつき》定め／捕らぬ狸《たぬき》の皮算用

玉《たま》に瑕《きず》

「瑕」は、玉の表面についた傷の意。申し分ないほど立派だが、惜しむらくは、ほんのわずかな欠点があること。

(用例) 誠実で仕事も早いが、酒癖の悪いのが玉に瑕だな。

(類義) 白璧《はくへき》の微瑕《びか》

玉《たま》の輿《こし》に乗《の》る

「輿」は、貴人が用いた乗り物。「玉」は美称。立派な輿に乗るの意で、身分の低い女性が、富貴な人の妻になること。

(知識) 男女逆の立場の場合を俗に「逆玉」という。

(注意) 「ご結婚おめでとうございます。玉の輿ですね」などと、当の女性やその身内に対して使うと失礼にあたる。

玉磨《たまみが》かざれば光《ひかり》なし

どんなに立派な玉でも、原石のままでは光らない。転じて、どんなに優れた資質や才能を持っていても、努力し、修養しなければ、立派な人間にはなれないということ。

(類義) 艱難《かんなん》汝《なんじ》を玉にす／瑠璃《るり》の光も磨きから

(英語) An uncut gem does not sparkle.
（カットしていない宝石は輝かない）

た

矯《た》めるなら若木《わかぎ》のうち

木の枝ぶりを矯正、手入れするなら若木のうちがよいという意味。人も同様で、欠点や悪い習慣を正すには若いうちにせよという教訓。

(類義) 老い木は曲がらぬ／鉄は熱いうちに打て／二十《はたち》過ぎての子の意見と彼岸過ぎての肥はきかぬ

(英語) Best to bend while it is a twig.
（小枝のうちに曲げるのが一番よい）

便《たよ》りのないのはよい便《たよ》り

何か事件があるなら連絡が来るはずで、音信がないのは無事な証拠であるから、なんら心配ないということ。

(類義) 無沙汰は無事の便り

(英語) No news is good news. の訳。

足《た》るを知《し》る者《もの》は富《と》む

「足る」は、満足すること。欲を出さず分相応に満足することを知っている者は、たとえ貧しくても精神的には豊かで安らかであるということ。出典は『老子』。

(類義) 足るを知るは第一の富なり／富は足るを知るにあり

(英語) Content is the philosopher's stone, that turns all it touches into gold.（満足は触れるものすべてを金に変える「賢者の石」である）

断機《だんき》の戒《いまし》め

学問や物事を途中でやめては何にもならないという戒め。

(知識) 孟子《もうし》が修学の途中で家に帰ったとき、孟子の母は織りかけた機《はた》の布を断ち切って厳しく怒り、師のもとに帰らせたという故事から。「孟母《もうぼ》機を断つ」とも、また「孟母断機」の四字熟語から「孟母断機の教え」ともいう。

(用例) 研究の成果は、教授の断機の戒めのおかげです。

短気《たんき》は損気《そんき》

短気を起こすと、器物を壊したり、まとまる相談がこじれたり、相手といざこざを起こしたりして自分がけっきょく損をする。慎重な態度で物事に当たれという戒め。

(類義) 急《せ》いては事を仕損ずる／短慮功を成さず

(英語) Haste makes waste.（急ぐことはむだを作る）

Out of temper, out of money.（短気で金欠）

断琴《だんきん》の交《まじ》わり

非常に親密で深い交際のたとえ。「断琴の契り」とも。

(知識) 中国の春秋時代、琴の名手である伯牙《はくが》が自分の演奏をよく聞き分けた親友の鍾子期《しょうしき》の死を嘆いて琴の弦を切断しその後、琴を一生手にしなかったという故事から。「琴の緒絶《おた》ゆ」ともいう。無二の親友を表す「知音《ちいん》」ということばもこの故事に由来する。

(注意) 似た意味で「断金の交わり」ということばもある。

(類義) 金襴《きんらん》の契り／水魚の交わり／竹馬《ちくば》の友

端倪《たんげい》すべからざる

物事の成り行きや人物・技量の大きさなどを、推測したりできないということ。

(知識) 「端」は山頂、「倪」は水の際《きわ》で、「端倪」は物事の始めと終わり。「端倪すべからざる」は、始めと終わりがどこかわからないことから、見通せないほどの、の意味。『荘子』に「反復終始して端倪を知らず」とある。

(用例) ルーキー・イヤーに MVP 並みの活躍だなんて、端倪すべからざる選手であることだけは間違いない。

短綆《たんこう》は以《もっ》て深井《しんせい》を汲《く》むべからず

「綆」は釣瓶《つるべ》縄の意。短い釣瓶縄で深い井戸の水は汲めない。学識の浅い者に深い識見は得られないというたとえ。

断《だん》じて行《おこな》えば鬼神《きしん》も之《これ》を避《さ》く

固い決意のうえで実行すれば、何も妨げるものはなく、必ず成功するということ。

(知識) 中国・秦《しん》の始皇帝《しこうてい》の没後、自らの失脚を避けようとした趙高《ちょうこう》が、太子の胡亥《こがい》に、長子を倒して皇帝になるよう唆したことば。出典は『史記』。

小《ちい》さくとも針《はり》は呑《の》まれぬ

いくら小さくても、針を呑むことはできない。転じて、小さいからといって侮れないことのたとえ。

(類義) 山椒《さんしょう》は小粒でもぴりりと辛い

知恵《ちえ》と力《ちから》は重荷《おもに》にならぬ

知恵と力は、ありすぎて困ることはないということ。

知恵《ちえ》は小出《こだ》しにせよ

自分の知恵を一度に全部出してはいけない。その場に合わせ、すこしずつ出していくのがよいという教え。

知恵《ちえ》は万代《ばんだい》の宝《たから》

優れた知恵は一代で終わらない、時代を超えて役に立つ宝である。「智《ち》は万代の宝」ともいう。

(英語) Wit and wisdom are eternally precious.
(機知と知恵は永遠に貴重である)

近火《ちかび》で手《て》を焙《あぶ》る

近くにある火で手をあぶること。とりあえず手近なものを利用すること。また、目先の利益を追うたとえ。

近惚《ちかぼ》れの早飽《はやあ》き

惚れっぽい人は、飽きやすいということ。 ↗

(類義) 熱しやすいものは冷めやすい／早好きの早飽き

(英語) A hasty meeting, a hasty parting.
（早く出会って、早く別れる）

池魚《ちぎょ》の殃《わざわい》

城門の火事を消すのに池の水を汲《く》みだしたため、池が干上がり、魚が全部死んだという故事から、火災、思いがけない災難、巻き添えのたとえ。出典は『呂氏春秋《りょししゅんじゅう》』。前後を入れ替え「殃池魚に及ぶ」とも、「池魚の憂い」ともいう。

(知識) もらい火で被災したときなどによく使われる。

(類義) 側杖《そばづえ》を食う

竹馬《ちくば》の友《とも》

幼い頃に、竹馬《たけうま》に乗って一緒に遊んだ仲のよい友人。幼友達。出典は『世説新語《せせつしんご》』。「鳩車《きゅうしゃ》竹馬の友」ともいう。

(知識) 「竹馬」は、古くは笹竹《ささだけ》を適当な長さに切り取り、馬に見立てて股に挟み、走り回る遊びをいった。足がかりのある二本の竹に乗って歩く遊びは、江戸時代以降に広まったものとされている。

(類義) 騎竹《きちく》の交わり

父《ちち》の恩《おん》は山《やま》よりも高《たか》く母《はは》の恩《おん》は海《うみ》よりも深《ふか》し

親の恩は極めて大きく深いものであるということのたとえ。「母の恩」は「母の徳」ともいう。出典は『童子教《どうじきょう》』。

(類義) 父は天 母は地

血《ち》で血《ち》を洗《あら》う

悪事には悪事で対抗する、殺傷に対して殺傷で報復することのたとえ。また、身内どうしが憎み合って争うこと。過激な内輪もめ。「血を以《もっ》て血を洗う」ともいう。

(類義) 骨肉相食《は》む

(英語) Blood will have blood.（血は血を求める）

智《ち》に働《はたら》けば角《かど》が立《た》つ

世の中、理性だけで事にあたると、他人との間に角が立ち、気まずくなってしまうという意味。

(知識) 夏目漱石《そうせき》の『草枕《くさまくら》』のことば。このあと「情に棹《さお》させば流される、意地を通せば窮屈だ、兎角《とかく》に人の世は住みにくい」と続く。

血《ち》は水《みず》よりも濃《こ》い

血のつながりがある者のほうが、他人よりも結びつきが強く、いざというときにも頼りになるということ。また、人の性質は、遺伝によるものが大きいということ。

(類義) 兄弟は両の手／血は血だけ

(対義) **氏より育ち／兄弟は他人の始まり／他人は時の花**

(英語) Blood is thicker than water. の訳。

血《ち》も涙《なみだ》もない

冷酷で強欲な人をたとえていう。人間らしい感情に欠け、温かみも同情心もまったく持たないということ。

(知識) 逆の意の「血も涙もある」ということばもある。

(類義) 切っても血の出ぬ人／没義道《もぎどう》

茶腹《ちゃばら》も一時《いっとき》

茶を１杯飲んだだけで、しばらくは空腹をしのげるということ。転じて、わずかなものでも一時しのぎにはなるというたとえ。「粥腹《かゆばら》も一時」「湯腹も一時」ともいう。

(類義) 松の木柱も三年

(英語) Kail spares bread.（野菜汁でパンを節約する）

中原《ちゅうげん》に鹿《しか》を逐《お》う

天子の位を得ようとして争う。地位や目的のものを得ようとして、互いに競争すること。政権争いや選挙戦を ↗

いう。たんに「鹿を逐う」ともいう。

(知識)「中原」は、天下の中央の意。中国ではとくに当時の中心地であった、黄河《こうが》中流域を挟んだ南北の平原地帯をさす。「鹿」は政権、また天子の位を表す。中原を制覇する者は広大な中国の天下に君臨するという意味。

忠言耳《ちゅうげんみみ》に逆《さか》らう

真心を尽くしていさめることばや忠告は、欠点、弱点、過ちをずばりついてくるので耳に痛く、素直に聞きづらいということ。「忠言」は「諫言《かんげん》」「金言」ともいう。

(知識) 類語と合わせ「良薬口に苦し忠言耳に逆らう」と重ねて言ったりもする。

(対義) **佞言《ねいげん》は忠に似たり**

(英語) Good advice is harsh to the ear.（忠告は耳に痛い）

長者《ちょうじゃ》に二代《にだい》なし

金持ちの子は甘やかされて育てられ、ろくな人間にならないので、二代目で富を失ってしまうということ。「長者三代」「長者末代続かず」ともいう。

(類義) 名家三代続かず

長所《ちょうしょ》は短所《たんしょ》

長所に頼りすぎると、かえって失敗することがある。長所は時に短所にもなるので気をつけよ、という戒め。

(英語) Extremes meet.（両極端は一致する）

帳尻《ちょうじり》を合《あ》わせる

収支が合うようにすること。また、最終的に話に矛盾がないようにすること。

(知識)「帳尻」が、帳簿の最終部分（決算）であることから、物事のつじつま合わせの意となった。

(用例) 与党は選挙公約の帳尻を合わせることに必死だ。

提灯《ちょうちん》に釣《つ》り鐘《がね》

提灯と釣り鐘は、形状は似ていても大きさや重さがまったく異なることから、釣り合わないことや比較にならないもののたとえ。「瓢簞《ひょうたん》に釣り鐘」とも。

(類義) 雲泥の差／駿河《するが》の富士《ふじ》と一里塚《いちりづか》／月と鼈《すっぽん》

提灯《ちょうちん》持《も》ち

提灯を持って先頭に立ち、足下を照らしていく役目の人。転じて、人の手先になったり、人の宣伝に努めて他人のご機嫌を取ったりする軽薄な人のこと。また、そのような人を嘲っていうことば。

(注意) 先頭に立つ意から、リーダー役と思われがちだが、その意はない。動詞的に「提灯を持つ」とも使われる。

提灯《ちょうちん》持《も》ちは先《さき》に立《た》て

人を導く者は人の先に立ち、率先して事にあたらなければならないというたとえ。

(英語) The candle that goes before gives the best light.
(前を行くろうそくが一番よく照らす)

掉尾《ちょうび》を飾《かざ》る

最後を立派にしめくくること。

(知識) 「掉尾」は、捕らえられた魚が最後の力をふりしぼって尾を振ること。ちなみに、最後の力や勇気を奮い起こしてがんばることを、「掉尾の勇を奮う」という。「とうび」とも読む。

(用例) 夏の県大会は、両校の熱戦で掉尾を飾った。

(注意) 「掉尾」を「たくび」と読むのは誤り。

頂門《ちょうもん》の一針《いっしん》

頂門(頭のてっぺん)に針を打つという意。鍼医《はりい》の治療 ↗

法からきたことばで、急所を押さえた厳しい戒めのたとえ。
用例 先生のおことばを頂門の一針として受け止め、いっそうの精進に励みます。

長幼《ちょうよう》の序《じょ》

年長者と年少者のあいだにある、一定の順序や規律などのこと。年上と年下のあいだで、とうぜん守るべき決まり。儒教における、人の守るべき五つの道（五倫）のうちの一つ。「序」は席次のこと。出典は『礼記《らいき》』。「長幼の節」ともいう。
類義 年功序列

塵《ちり》も積《つ》もれば山《やま》となる

塵のようにわずかなものでも、積もり積もれば山のように大きなものになるということ。
類義 砂《いさご》長じて巌《いわお》となる／小さな流れも大河となる
英語 Many a little makes a mickle.
（小さいものも多く集まれば大きいものになる）

血《ち》湧《わ》き肉躍《にくおど》る

高揚して、全身に力がみなぎっているさまをいう。
知識 多く、対戦者や観戦者などの気の高ぶりをさす。

沈魚落雁《ちんぎょらくがん》 閉月羞花《へいげつしゅうか》

魚が深い淵《ふち》に沈んで姿を隠し、雁《かり》が列を乱して落ち、月が雲間に隠れ、花が恥ずかしがってしぼむほどの美人、の意。美人であることを最大級に形容することば。

搗《つ》いた餅《もち》より心持《こころも》ち

ごちそうされた餅より、もてなしてくれたその厚意のほうがありがたいということ。品物よりその心づくしのほうがうれしいというたとえ。餅と心「持ち」の語呂合わせ。
対義 お情けより樽《たる》の酒／思《おぼ》し召しより米の飯《めし》

使《つか》うものは使《つか》われる

人を使おうとするといろいろ気苦労が多いので、かえって人に使われているようなものだということ。「使うは使われる」「人を使うは使わるる」ともいう。

(用例) 経営者になってみて「使うものは使われる」ことが身にしみてわかりました。

使《つか》っている鍬《くわ》は光《ひか》る

使われている鍬は錆《さ》びないで光っている。絶えず努力して自分の仕事に打ち込んでいる人は、生き生きとして美しいというたとえ。

(類義) 転がる石には苔《こけ》は生えぬ／人通りに草生えず

(英語) The used key is always bright.
(使っている鍵はいつも光っている)

月《つき》と鼈《すっぽん》

丸い月も鼈も形こそ似ているがまったく異なるものであることから、比較にならないほど違うことのたとえ。

(知識) 程度の差ではなく、月と鼈を優劣に見立て、優れるもの(月)を褒めそやしたり、劣るもの(鼈)を嘲ったりする場合に多く使われる。

(用例) 弟も強くなったが、先生と比べたら月と鼈で、まるで相手にならなかった。

(類義) 雲泥の差／駿河《するが》の富士《ふじ》と一里塚《いちりづか》／提灯《ちょうちん》に釣り鐘

(英語) As different as chalk and cheese.
(チョークとチーズほどの違い)

月《つき》に叢雲《むらくも》 花《はな》に風《かぜ》

美しい月は雲が隠し、花は風に散る。よいことにはとかく邪魔が入りやすく、思うとおりにならないという意。たんに「月に雲」「花に嵐」ともいう。 ↗

用例 チャリティーが台風で中止？ 月に叢雲花に風だね。
類義 好事 魔多し／寸善尺魔／花発《ひら》いて風雨多し

月《つき》の前《まえ》の灯火《ともしび》

優れたものと比較され見劣りがすることのたとえ。また、不要なことのたとえ。「月の前の星」「月夜の蛍」ともいう。
知識 「月」は満月。満月と灯火を比較すれば、灯火は引き立たないことから。
英語 The moon is not seen where the sun shines.
（太陽が照っている所では、月は見えない）

月日《つきひ》に関守《せきもり》なし

月日がたつのがとても早いことのたとえ。
知識 「関守」は関所の番人のこと。月日が過ぎゆくのをとがめる番人はいないことから。
類義 光陰矢の如《ごと》し／歳月人を待たず

月満《つきみ》つれば則《すなわ》ち虧《か》く

「虧く」は「欠ける」。月は満月になると、やがて欠けていくという意味。物事は絶頂期を迎えると、その後は衰えていくということのたとえ。また、栄華を誇りおごり高ぶることを戒めることば。出典は『史記』。
類義 盛者《じょうしゃ》必衰／月夜半分 闇夜半分／満潮ごとに退潮あり
英語 Every tide has its ebb.（潮のすべては引く）

月夜《つきよ》に釜《かま》を抜《ぬ》かれる

「抜かれる」は、盗まれるの意。周囲がはっきりと見える明るい月夜に、大きな釜を盗まれる。油断がはなはだしいことのたとえ。たんに「月夜に釜」ともいう。
用例 終点で目が覚めたら網棚の荷物がなかった⁉ さては車内で月夜に釜を抜かれたね。
類義 鳶《とび》に油揚げをさらわれる

月夜《つきよ》に提灯《ちょうちん》

明るい月夜に提灯は無用なことから、不要なもの、むだなもののたとえ。「夏火鉢」と続けてもいう。

(類義) 夏炉冬扇《かろとうせん》／昼の行灯《あんどん》

(英語) To carry a lantern at midday. (真昼にカンテラを運ぶ)

月夜《つきよ》の蟹《かに》

頭がからっぽの人、見かけ倒しで中身のない人をいう。

(知識) 蟹は、月夜には月の光を避けて餌を捕らないので、月夜に獲《と》れる蟹には身が少ないといわれることから。

辻褄《つじつま》を合《あ》わせる

話の前後を合わせ、矛盾がないよう取りつくろうこと。話の筋道を通すたとえ。

(知識)「辻」は、裁縫で縫い目が十文字に合う所。また、道の辻のこと。「褄」は着物の裾の左右が合う所。「辻褄」として、物事の道理が合う(辻褄が合う)という意味で使う。また、言い訳などで、ごまかしたことがばれないよう取りつくろう場合にも使われる。この逆を「辻褄が合わない」という。

土仏《つちぼとけ》の水遊《みずあそ》び

「土仏」は、土でできた仏像。土仏が水遊びをして、溶けてなくなってしまうこと。自らの身を滅ぼす行為、また、危険で無謀なことのたとえ。「雪仏の水遊び」ともいう。

(類義) 土人形《つちにんぎょう》の水遊び

(英語) The person that has a head of wax must not walk in the sun. (蠟《ろう》頭の者は日向《ひなた》を歩いてはいけない)

角《つの》を折《お》る

強情をはるのをやめて、人の言うことに従うこと。

角《つの》を出《だ》す

女性がやきもちを焼くこと。「角を生やす」ともいう。

(知識) 能楽《のうがく》などで、女性の生霊《いきりょう》が嫉妬のために角が生えた鬼女になることによる。

角《つの》を矯《た》めて牛《うし》を殺《ころ》す

牛の曲がった角を直そうとして、手を加えているうちに牛を殺してしまう。わずかな欠点を直そうとして、かえって全体をだめにしてしまうことのたとえ。枝葉末節《しようまっせつ》にこだわって根本を損なうこと。

(類義) 枝を撓《た》めて花を散らす／葉をかいて根を断つ

罪《つみ》を憎《にく》んで人《ひと》を憎《にく》まず

罪は悪事として憎んでも、その罪を犯した人を憎んではいけないという教え。

(英語) One hates not the person but the vice.
(憎むのはその罪であり、その人ではない)

爪《つめ》に火《ひ》を灯《とも》す

ろうそくや油が買えないので、明かりの代わりに爪に火を灯す。極めてけちなこと。苦労して倹約すること。「爪から火が出る」ともいう。

(用例) 爪に火を灯し、念願のマイホームを手に入れました。

(類義) 出すものは舌を出すのも嫌

爪《つめ》の垢《あか》を煎《せん》じて飲《の》む

優れた人の爪の垢を、薬と思って煎じて飲むということ。優れた人にあやかろうとすること、優れた人を見習ってすこしでも自分を高めたい気持ちをいう。

(知識) たんに「爪の垢」というと、極めて少量なもののたとえ。

(用例) お宅の息子さんの爪の垢を煎じて飲ませたい。

つ

詰《つ》め腹《ばら》を切《き》らされる

強制的に責任をとらされる。辞職に追い込まれること。

(知識)「詰め腹」は責任をとって強制的に切腹させられること。ふつう受け身の形で用いる。

(用例) 部下の不祥事で、課長が詰め腹を切らされた。

面《つら》の皮《かわ》の千枚張《せんまいば》り

厚かましいことをいう「面の皮が厚い」の、その面の皮の千枚張りの意から、極めてずうずうしい人、厚かましい人のこと。

(類義) 厚顔無恥《こうがんむち》／鉄面皮《てつめんぴ》／面皮厚《あつ》し

面《つら》の皮《かわ》を剝《は》ぐ

何くわぬ顔をした厚かましい人の悪行や正体を、公衆の面前で暴いて面目を失わせること。「面皮を剝ぐ」とも。

弦《つる》なき弓《ゆみ》に羽《は》抜《ぬ》け鳥《どり》

弦なしの弓で矢は射れず、羽の抜けた鳥は飛べない。転じて、手立てがない、役に立たないことをいう。

鶴《つる》の粟《あわ》 蟻《あり》の塔《とう》

鶴が粟を一粒ずつついばみ、蟻塚を築く蟻が砂を一粒ずつ運ぶように、すこしずつ、集めたり蓄えたりすること。

(類義) 蟻の塔を組む如《ごと》し／鶴の粟を拾う如し

鶴《つる》の脛《はぎ》切《き》るべからず

鶴の脚は長すぎるからと、切ってはいけない。ものにはそれぞれ持ち前の性質があるのだから、いたずらに人の手を加えるのはよくないというたとえ。出典は『荘子』。対句の「鴨の脚は接《つ》ぐべからず」をあとに続けてもいう。

(類義) 鷺《さぎ》に尾が無いとて脚切って接《つ》がれもせず

つ

鶴《つる》の一声《ひとこえ》

鶴の鳴き声は遠くまで響き渡る。大勢があれこれ議論しても決まらなかったことを、あっさりと決定してしまう権威者・権力者の一言《ひとこと》。「雀《すずめ》の千声 鶴《つる》の一声」ともいう。

(英語) A king's word is more than another man's oath.
(国王の一言はほかの人の誓言にまさる)

鶴《つる》は千年《せんねん》 亀《かめ》は万年《まんねん》

昔から、鶴と亀は千年も万年も生きるといわれ、長寿の代表とされてきた。長寿でめでたいことをいう。

(知識) 長寿を祝うときなどに使われる。

釣瓶縄《つるべなわ》 井桁《いげた》を断《た》つ

井戸の釣瓶の縄にこすられて、井桁がすりへる。ささいなことでも繰り返し続けていれば大きなことができる、微力でも根気よく続ければ成功するというたとえ。

(類義) 雨垂れ 石を穿《うが》つ／人跡繁《ひとあとしげ》ければ山も窪《くぼ》む

亭主《ていしゅ》の好《す》きな赤烏帽子《あかえぼし》

公家や武士がかぶった「烏帽子」の色は黒が普通。しかし、亭主が赤い烏帽子が好きだと言えば家族はこれに従う。非常識でも、主人の言い分は認めざるをえないということのたとえ。「亭主の好きな赤鰯《いわし》」とも。

(類義) 亭主が好きなら薦《こも》でもかぶれ

敵《てき》に塩《しお》を送《おく》る

敵が困っているときに、助けの手を差しだすこと。

(知識) 好敵手と正々堂々と戦うために、相手の窮状を救うという意味合いで使われる。◇戦国時代、塩不足で困る武田信玄《たけだしんげん》に、敵対する上杉謙信《うえすぎけんしん》が塩を送って助けたという故事に基づく。

敵《てき》は本能寺《ほんのうじ》にあり

真の目的は、表向きとは別のところにあるということ。

(知識) 明智光秀《あけちみつひで》が備中《びっちゅう》の毛利《もうり》氏を攻めると称して出陣し、途中で方向を変え、「わが敵は本能寺にあり」と言って主君の織田信長《おだのぶなが》がいる本能寺を急襲した故事による。

敵《てき》もさるもの引《ひ》っ掻《か》くもの

競う相手もさすがに優れた者だ、と実力を認めることば。

(知識)「さるもの」は「さある者(さすがな者)」の意で、「さる(猿)」にかけて「引っ掻《か》くもの」と続けたしゃれ。

鉄《てつ》は熱《あつ》いうちに打《う》て

鉄は、真っ赤に焼けて軟らかいうちに打てば、いろいろな形に作り上げられるように、人間も若年のうちに教育し鍛えるべきであるというたとえ。また、好機を逃してはいけないという警句。

(類義) 老い木は曲がらぬ／矯《た》めるなら若木のうち

(英語) Strike while the iron is hot. の訳。

轍鮒《てっぷ》の急《きゅう》

「轍」は、車の通った道に残った車輪の跡、轍《わだち》。轍にたまった水にいる鮒《ふな》があえいでいるようすから、差し迫った危難のたとえ。出典は『荘子』。「牛蹄《ぎゅうてい》の魚」とも。

(類義) 焦眉《しょうび》の急

手習《てなら》いは坂《さか》に車《くるま》を押《お》すが如《ごと》し

上り坂で車を押すのをやめると転がり落ちてしまう。同様に、学問や稽古事は油断すると元に戻ってしまう。だから、絶えず勉強しなければならないというたとえ。

(用例) 受験勉強ですこしでも怠けたら手習いは坂に車を押すが如し、合格はおぼつかないぞ。

手《て》に汗《あせ》を握《にぎ》る

緊張したり、緊迫した場面に直面したりして、はらはらするさま。

(知識)「レースは抜きつ抜かれつ手に汗を握る展開だ」のように、観客や傍観者の立場で使われることが多い。

(類義)息を呑《の》む／固唾《かたず》を呑む

手《て》のない将棋《しょうぎ》は負《ま》け将棋《しょうぎ》

将棋で、次に指す手に困るようでは負けが見えている、ということ。事を成すにあたって適切な対策、手段がなくては、成算もないというたとえ。

手《て》の舞《ま》い足《あし》の踏《ふ》む所《ところ》を知《し》らず

思わず小躍りして喜ぶさま。大喜びして有頂天になっているようす。「手の舞い足の踏むを知らず」ともいう。

出船《でふね》に船頭《せんどう》待《ま》たず

風任せの帆船は、いったん追い風が吹いてくれば、出港に船頭の都合など待ってはいられない。好機が来たらすぐに着手すべきであるという教え。

手前味噌《てまえみそ》を並《なら》べる

自分が作った味噌を並べてひけらかす。自分や身内のことをあれこれと自慢すること。「手味噌を擂《す》る」また、たんに「手前味噌」ともいう。

(類義)自画自賛／手加減の独り舌打ち

(英語)Every cook commends his own sauce.
（コックは誰でも自分のソースを推奨する）

手《て》も足《あし》も出《で》ない

自力ではどうしようもなく、困りきったさま。お手上げ。

出物《でもの》腫《は》れ物《もの》 所嫌《ところきら》わず

「出物」は、便・屁《へ》・涙・洟《はな》、「腫れ物」は、おできやにきびなど。出物や腫れ物は、場所や時間に関係なく出てしまう困ったもの。また、いつどこで産気づくかわからないというときにも用いる。「出物腫れ物時知らず」ともいう。

(知識) うっかり、おならが出たときなどに弁解することば。

(注意) 「所嫌わず」を「所構わず」とするのは誤り。

(英語) Necessity has [knows] no law.（必要の前に法はない）

出《で》る杭《くい》は打《う》たれる

才能豊かで頭角を現した人や、出すぎた振る舞いをする者は、他人の嫉《ねた》みを受け、憎まれたり邪魔にされたりするものであるということ。「杭」は「釘《くぎ》」ともいう。

(類義) 大木は風に折らる／誉れは毀《そし》りの基

(英語) Tall trees catch much wind.
（高い木は多くの風を受ける）

出《で》る船《ふね》の纜《ともづな》を引《ひ》く

船を岸につなぎとめる綱（纜）を引いて出航を止めるような、未練がましいさまをいう。

伝家《でんか》の宝刀《ほうとう》

代々伝わる家宝の名刀。転じて、奥の手、切り札。

(知識) 切り札を使うさい「伝家の宝刀を抜く」の形で使う。

天下《てんか》は回《まわ》り持《も》ち

天下は一族や一派がいつまでも取っていられるものではなく、必ず他者の手に渡る。権力者や金持ちになる機会は、誰にでもめぐってくるもの。また、貧富や運のよしあしなどは、世の中を循環するものであるということ。「世は回り持ち」ともいう。

天上天下《てんじょうてんげ》 唯我独尊《ゆいがどくそん》

この世界に、自分より尊いものはないということ。釈迦《しゃか》の人格の尊さを表すことば。「天上天下」は「てんじょうてんが」とも読む。

(知識)「唯我独尊」は「うぬぼれて鼻持ちならない」という悪い意味で使われることもある。◇釈迦は生まれ落ちるとすぐに立ち上がり、片方の手で天を、もう片方で地を指さし、七歩歩んで四方を見回し、このことばを唱えたと伝えられている。

天《てん》知《し》る 地《ち》知《し》る 我《われ》知《し》る 人《ひと》知《し》る

不正はどんなにうまく隠しても、少なくとも天と地と自分自身と不正の相手の四者は知っている。悪事は、いつかは必ず露顕するものであるという戒め。

(知識) 昔、中国で中央政府の要人である楊震《ようしん》に地方役人が賄賂を贈ろうとしたとき、楊震がそれを断って言ったことばから。「四知《しち》」ともいう。出典は『後漢書』。

(類義) 神は見通し／天道《てんとう》様は見通し

天《てん》高《たか》く 馬《うま》肥《こ》ゆ

秋空が澄み渡って高く見える頃は、気候もよく食欲も増し、馬もよく食べてたくましく太る。秋が気持ちよく過ごしやすいことをいうことば。「秋高く馬肥ゆ」とも。

(知識) 本来は、中国北方の遊牧民族(匈奴《きょうど》)が秋にたくましくなった馬に乗って襲来したことから、国境警備を強化すべき季節になったという意味で用いられた。

天道様《てんとうさま》と米《こめ》の飯《めし》は何処《どこ》へもついて回《まわ》る

日の光と生きていける程度の米の飯は、どんなに厳しい境遇であっても、なんとか得られるものである。人間はどこへ行っても、どうにか生きていけるということ。

天《てん》に唾《つばき》す

天を仰いで唾を吐けば、戻ってきて自分を汚す。悪事を働けば、けっきょく自分がひどい目に遭うというたとえ。

(類義) 悪事身に返る／自業自得／空向いて石を投げる／泥を打てば面へはねる

(英語) Who spits against Heaven spits in his own face.
(天に向かって唾を吐けば自分の顔に落ちてくる)

天《てん》 二物《にぶつ》を与《あた》えず

神は、一人の人間に美点や才能をいくつも与えない。長所ばかりの人はいないもので、皆何かしら欠点を持っているということ。「天は二物を与えず」とも。

天《てん》に三日《みっか》の晴《は》れなし

晴れの日が三日も続くことが少ないように、世の中も良いことばかりは続かないというたとえ。

天《てん》に目《め》なし

天に目があるわけではないから、すこしくらい悪事を働いても心配はないということ。

(類義) 網 呑舟《どんしゅう》の魚《うお》を漏らす／天道是か非か

(対義) 神は見通し／天に眼

天《てん》の配剤《はいざい》

「配剤」は薬を調合すること。天は、薬の調合のように善人には良い報いを、悪人には罰を配しているということ。

(類義) 神は見通し／天道は親《しん》なし／天に眼／天罰覿面《てきめん》

(対義) 天道是か非か／天に目なし

天《てん》は人《ひと》の上《うえ》に人《ひと》を造《つく》らず人《ひと》の下《した》に人《ひと》を造《つく》らず

天は、人をすべて平等なものとして造っており、貴賤《きせん》、↗

て

身分、家柄や職業による上下の差はない。またそれらによる差別などすべきではないという教え。福沢諭吉《ふくざわゆきち》の『学問のすゝめ』の中のことば。

(類義) 彼も人なり予《われ》も人なり

天《てん》は自《みずか》ら助《たす》くる者《もの》を助《たす》く

天は、他人に頼らず自分自身で努力する者を助けてくれるということ。

(英語) God[Heaven] helps those who help themselvesの訳。

天網恢恢疎《てんもうかいかいそ》にして漏《も》らさず

「恢恢」は、広くてゆったりしたさま。天の網は粗いように見えるが、悪人は必ず捕らえるものである。悪事の報いは逃れられないということ。「天網恢恢疎にして失わず」ともいう。出典は『老子』。たんに「天の網」ともいう。

(対義) 大魚は網を破る

問屋《といや》の只今《ただいま》

問屋に注文すると、「ただいま」と返事だけがよくて品物は届かないことから、約束の期限が当てにならないたとえ。

(類義) 鍛冶屋《かじや》の明後日《あさって》／紺屋《こうや》の明後日

頭角《とうかく》を現《あらわ》す

「頭角」は、頭のてっぺん。頭角がぬきんでて現れるということから、学識や才能がずば抜けて優れていることをいう。「現す」は「見す」とも書く。

(用例) ベストセラーを出し、文壇で一気に頭角を現した。

灯火親《とうかした》しむべし

秋は気候がさわやかで夜長にもなるので、灯火の下で読書するのに好ましい季節であるということ。

(注意) 「灯火」を「灯下」と書くのは誤り。

薹《とう》が立《た》つ

若い盛りが過ぎる。年頃が過ぎること。

(知識)「薹」は野菜などの花軸。伸びると固くなり、食用に適さなくなることから。

(用例) アイドルたちも、薹が立っては落ち目になるだけだ。

(注意) とくに女性の盛りの年頃についていうので、「お嬢さんも薹が立ちましたね」などは失礼な使い方になる。

同舟相救《どうしゅうあいすく》う

同じ舟に乗り合わせた者は、知らない者どうしでも、危機に際しては協力し合うものである。見知らぬ者どうし、また反目し合う仲であっても、利害を同じくする立場になれば助け合うというたとえ。「呉越同舟《ごえつどうしゅう》」は、このことばの四字熟語。

灯台下暗《とうだいもとくら》し

灯台のすぐ下は影になって暗いことから、身近なことはかえって気づかず見落としがちなことのたとえ。

(知識) この語でいう「灯台」は、船舶に航路を知らせる設備ではなく、灯火を載せる燭台《しょくだい》のこと。

(用例) 何度か見合いもしましたが、灯台下暗しで、結婚した相手は社内の同僚なんです。

(類義) 家の中の盗人《ぬすびと》は捕まらぬ／己のまぶたは見えぬ／知らぬは亭主ばかりなり／灯台人を照らし己を照らさず

(英語) The darkest place is under the candlestick.
（もっとも暗い場所はろうそく立ての下だ）

堂《どう》に入《い》る

物事に熟練していること。すっかり身についていること。

(知識)『論語』の「堂に升《のぼ》りて室に入らず」からきたことば。「堂」は客間、「室」は奥の間。学問や技芸がかなり上 ↗

達したが、奥義を極めるまでには達していないこと。
(用例) 中学生なのに、演説ぶりは堂に入ったものだ。

同病相憐《どうびょうあいあわれ》む

同じ病気の者どうしは、苦しみがわかり合える。同じ悩みを持つ者どうしは、そのつらさがよくわかるので、同情し合うというたとえ。「同類相憐む」とも。

(類義) 同悪相助く

(英語) Misery loves company.（苦痛は友を愛す）

豆腐《とうふ》に鎹《かすがい》

「鎹」は、材木と材木をつなぐためのコの字形の大きな釘《くぎ》。豆腐に鎹を打ち込んでも何の手ごたえもないことから、反応がなく効き目がまったくないことのたとえ。

(用例) デザインも変え広告も出したのに、まったく売れない。この商品に経費をかけるのはもう豆腐に鎹だ。

(類義) 糠《ぬか》に釘／暖簾《のれん》に腕押し

灯明《とうみょう》で尻《しり》を焙《あぶ》る

灯明で尻をあぶってもほとんど暖まらない。方法が適切でないために、なかなか効果があがらないことのたとえ。

(類義) 二階から目薬

桃李《とうり》もの言《い》わざれど下自《したおのずか》ら蹊《けい》を成《な》す

桃や李《すもも》は何もことばを話さなくても、美しい花やおいしい実を求めて人々が集まり、木の下にはしぜんに道ができる。転じて、徳のある人のもとには、多くの人々が慕い集まってくるものであるという意。「蹊」は「みち」とも読み、小道のこと。出典は『史記』。

(類義) 声無くして人を呼ぶ／桃李門に満つ

(英語) Good wine needs no bush.
（良いワインは看板を必要としない）

と

蟷螂《とうろう》の斧《おの》

「蟷螂」は昆虫のカマキリ。「斧」は、ここでは蟷螂《かまきり》の前脚のこと。弱者が身のほどもわきまえず強者に立ち向かうこと、無鉄砲なことをいう。蟷螂は「螳螂」とも書く。出典は『韓詩外伝』。

(類義) 小男の腕立て／泥鰌《どじょう》の地団駄／隆車に向かう蟷螂

遠《とお》い親戚《しんせき》より近《ちか》くの他人《たにん》

遠方にいて行き来もしない親類より、近所の他人のほうが、いざというときは頼りになるということ。近所づきあいは平生から大切にしなければならないという教え。「遠き親子より近き他人」ともいう。

(類義) 遠水近火《えんすいきんか》を救わず

(英語) A near neighbor is better than a distant cousin.
(遠く離れたいとこより近い隣人のほうがよい)

十日《とおか》の菊《きく》 六日《むいか》の菖蒲《あやめ》

9月9日の重陽《ちょうよう》の節句には菊を、5月5日の端午の節句には菖蒲を飾るが、それらが一日遅れて手に入っても何の意味もないことから、用意したものが時機を逸して無用になってしまうことのたとえ。

(類義) 後《あと》の祭り／諍《いさか》い果てての乳切《ちぎ》り木《ぎ》／盆過ぎての鯖《さば》商い

遠《とお》きは花《はな》の香《か》

遠くのものは実際以上によいものに思われる。反対に身近にあるものは、軽視してしまいがちであるということ。

(類義) 所の神様有り難からず

遠《とお》くて近《ちか》きは男女《だんじょ》の仲《なか》

男女の間柄というのは、まったく縁がなさそうなほど離れていても、意外に結ばれやすいものであるということ。

十《とお》で神童《しんどう》 十五《じゅうご》で才子《さいし》 二十《はたち》過《す》ぎれば只《ただ》の人《ひと》

小さい頃に並みはずれた秀才と思われていても、成長するにつれ普通の人になってしまう例が多いことをいう。

(英語) A person at five may be a fool at fifteen.
(5 歳で大人並みの子が 15 歳でばかになる)

とかく近所《きんじょ》に事《こと》なかれ

近所で事件などが起これば、自分にも何か影響があるかもしれない。身近では何事も起きないほうがよいということ。たんに「近所に事なかれ」ともいう。

時《とき》は金《かね》なり

刻々と過ぎ去る時間は、金銭と同じように貴重であるということ。時間の貴さを教えることば。

(英語) Time is money. の訳。

毒薬変《どくやくへん》じて薬《くすり》となる

害となる毒薬が、使い方しだいでは病気を治す薬になる。はじめは害になったものが、一転、有益なものになることのたとえ。「毒薬変じて甘露となる」ともいう。

(類義) 悪に強ければ善にも強し

毒《どく》を食《く》らわば皿《さら》まで

毒を食った以上、どうせ死ぬなら皿までなめ尽くしてしまおう、の意から、一度悪事を犯した者が開き直って悪の限りを尽くすこと。「毒食わば皿(まで)」ともいう。

(知識) 悪事に限らず、いったん始めたことは最後までやり通そうという意味でも使う。

(類義) 尾を踏まば頭まで／濡《ぬ》れぬ先こそ露をも厭《いと》え

(英語) As well be hanged for a sheep as for a lamb.
(絞首刑になるなら子羊より親羊を盗んだほうがまし)

毒《どく》を以《もっ》て毒《どく》を制《せい》す

解毒するためにほかの毒を用いる、の意から、悪人・悪事を抑えるために、別の悪人・悪事を利用すること。また、難病の治療に強力な薬を用いることにもいう。

類義 盗人《ぬすびと》の番には盗人を使え／火は火で治まる

対義 **火で火は消えぬ**

英語 Diamond cuts diamond.
（ダイヤモンドはダイヤモンドを切る）

所《ところ》変《か》われば品《しな》変《か》わる

同じものでも、土地によって名前や使われ方が異なること。また、土地ごとに風俗、習慣、ことばなどが違うこと。

知識 「品」は「木の葉」「水」ともいう。

類義 難波《なにわ》の葦《あし》は伊勢《いせ》の浜荻《はまおぎ》

対義 **伊予《いよ》に吹く風は讃岐《さぬき》にも吹く／どこの烏《からす》も黒さは変わらぬ／どこの鶏も裸足《はだし》**

英語 So many countries, so many customs.
（習慣は国の数だけある）

年《とし》問《と》わんより世《よ》を問《と》え

問題なのは、年齢の多寡より、どんな経験を積み、どう生きてきたかであるということ。

英語 It is not how long you live but how well.
（大切なのは何年生きたかではなく、どう生きたかである）

屠所《としょ》の羊《ひつじ》

屠所（家畜を解体する場所）に引かれていく羊のように、死が刻一刻と迫っていること。不幸に遭って気力や意欲をなくしている者のたとえ。また、人生のはかないことのたとえ。「屠所の羊の歩み」「屠所の歩み」とも。

類義 生簀《いけす》の鯉《こい》／牲《にえ》に赴《おもむ》く羊

年《とし》寄《よ》りの冷《ひ》や水《みず》

若者のように冷たい水をやたらに飲んだり浴びたりするなど、年寄りが年齢にふさわしくない行動をとること。また、そんな無理をした結果、しくじることのたとえ。「年寄りの力自慢」「年寄りの夜歩き」ともいう。

(知識) 老年をわきまえない振る舞いを、冷やかしたりたしなめたりするときに使う。

(類義) 老いの木登り

年《とし》寄《よ》りの昔話《むかしばなし》

年寄りは、よく自分の若いときの話をしたがるものであるということ。また、その昔話のこと。

渡世《とせい》は八百《はっぴゃく》八《や》品《しな》

生計を立てる手段・職業は、多種多様であるということ。「世渡りはさまざま」ともいう。

(類義) 商売は草の種

塗《と》炭《たん》の苦《くる》しみ

「塗」は泥、「炭」は火。泥や火の中にいるような激しい苦しみのこと。出典は『孟子《もうし》』。「水火の苦しみ」とも。

(注意) 「塗炭」を、ちょうどの意の「途端」と書くのは誤り。

隣《となり》の花《はな》は赤《あか》い

隣の家に咲いている花は自分の家のよりも美しく見える。人のものがどれもよく見えてうらやましいことのたとえ。「隣の薔薇《ばら》は赤い」「人の花は赤い」ともいう。

(類義) 隣の芝生は青い／隣の牡丹《ぼたん》は大きく見える

(対義) **隣の白飯より内の粟飯《あわめし》／人の物より自分の物**

(英語) The grass is always greener on the other side of the fence.（垣の向こうの芝生はいつも青く見える）

図南《となん》の翼《つばさ》

南に向かって飛ぼうとしている鵬《おおとり》の翼。大きなことをしようとする計画や志のたとえ。「図南の鵬翼《ほうよく》」ともいう。

殿《との》の犬《いぬ》には食《く》われ損《ぞん》

殿様の飼い犬には噛《か》まれても、黙っているしかない。権力者から被害を受けたら、文句も言えないし、泣き寝入りするしかないというたとえ。

(類義) 長い物には巻かれろ

駑馬《どば》に鞭《むち》打《う》つ

のろい馬に鞭を入れることから、能力のない者を駆り立て、能力以上の無理をさせることをいう。

(知識) 自分の努力を謙遜して言うときにも用いる。

飛《と》ばんとするものは翼《つばさ》伏《ふ》す

鳥は、羽ばたく前に翼をいったん伏せる。将来飛躍する者は、その前に目立った行動はとらないということ。

鳶《とび》が鷹《たか》を生《う》む

平凡な両親から、非凡な子どもが生まれることのたとえ。「雉子《きじ》が鷹を生んだよう」「鳶が孔雀《くじゃく》を生む」ともいい、「鳶」は「とんび」ともいう。

(対義) 瓜《うり》の蔓《つる》に茄子《なすび》はならぬ／蛙《かえる》の子は蛙

(英語) Black hens lay white eggs.（黒い雌鶏《めんどり》が白い卵を産む）

鳶《とび》に油揚《あぶらあ》げをさらわれる

大切なものを不意に横取りされることのたとえ。手に入ると思っていたものを、思いがけない人に横合いから奪われてしまうことのたとえ。「鳶に掛けられる」とも。

(類義) 月夜に釜を抜かれる

飛《と》ぶ鳥《とり》を落《お》とす

威勢に圧倒され空を飛ぶ鳥さえも落ちることから、権力や勢力が非常に強いこと。「飛ぶ鳥も落ちる」ともいう。

(知識)「飛ぶ鳥を落とす勢い」の形で用いられることが多い。

(類義) 草木もなびく

富《と》みては驕《おご》る

裕福になると貧苦を忘れ驕るということ。出典は『論語』。

(対義) 貧は諂《へつら》う／貧しきは諂う

富《とみ》は屋《おく》を潤《うるお》し徳《とく》は身《み》を潤《うるお》す

財産を持てば、住居が美しくなり家は栄える。徳行を積めば人格・品位が立派になるということ。出典は『大学』。

朋《とも》有《あ》り遠方《えんぽう》より来《きた》る

「朋」は、学友。遠い所から志を同じくする友人が訪ねてきて語り合う楽しさをいった『論語』のことば。このあとに「亦《また》楽しからずや」と続く。

(知識) 現在では、たんに「遠方から友人がわざわざ訪ねてきてくれるのは、なんとうれしいことだろう」という意味で用いられることが多い。

灯滅《ともしびめっ》せんとして光《ひかり》を増《ま》す

灯火が消えようとする直前、一時的に光がぱっと明るくなること。また、物事が滅亡するとき一時勢いを盛り返すこと。臨終に容態が一時よくなることにもいう。

取《と》らずの大関《おおぜき》

番付上位の大関が相撲を取って見せない、の意から、力量を見せたこともないのに偉ぶっている人のたとえ。

(類義) 抜かぬ太刀《たち》の高名《こうみょう》

と

捕《と》らぬ狸《たぬき》の皮算用《かわざんよう》

まだ狸を捕まえていないうちに、その皮を売った儲《もう》けの計算をするという意から、不確実なことを当てにして計画を立てることのたとえ。

(類義) 穴の狢《むじな》を値段する／飛ぶ鳥の献立／儲けぬ前の胸算用

(英語) Don't count your chickens before they are hatched.（孵《かえ》らないうちにひよこを数えるな）

虎《とら》の威《い》を藉《か》る狐《きつね》

強い虎の威勢を借りて威張る狐。実力がないのに、権力者の威信を笠《かさ》に着て威張りちらすこと。また、そのような人物をいう。出典は『戦国策』。

(知識) 虎に食べられそうになった狐が、「私は天帝の使いだから食べてはいけない。私のあとを歩けばわかるはず」と言った。狐のあとに従った虎は、ほかの動物が皆逃げるのを見て、自分を恐れて逃げたとは気づかず、狐の言うことを信じたという寓話《ぐうわ》から。

(類義) 晏子《あんし》の御《ぎょ》

(英語) An ass in a lion's skin.（ライオンの皮をかぶったロバ）

虎《とら》の尾《お》を踏《ふ》む

凶暴な虎のしっぽを踏むということから、非常に危険なことをするたとえ。出典は『易経』。

(類義) 剃刀《かみそり》の刃を渡る／薄氷を履《ふ》むが如《ごと》し

虎《とら》は死《し》して皮《かわ》を留《とど》め人《ひと》は死《し》して名《な》を残《のこ》す

虎が死後に立派な毛皮を残すように、優れた人は生前の名声によって死後にも名を永く残すものであるということ。また、死後の名誉を汚さないよう立派な生涯を送る努力をすべきである、という教え。「豹《ひょう》は死して皮を留め人は死して名を留む」ともいう。

虎《とら》を野《の》に放《はな》つ

虎を広い野に放つ。危険なものを野放しにするたとえ。「千里の野に虎を放つ」「虎を赦《ゆる》して竹林《ちくりん》に放つ」とも。

鳥《とり》なき里《さと》の蝙蝠《こうもり》

鳥がいない所では鳥でもない蝙蝠が堂々と飛び回るように、優れた人のいない所では小人物が威張るたとえ。

(類義) 鼬《いたち》なき間の貂《てん》誇り

鳥《とり》の両翼《りょうよく》 車《くるま》の両輪《りょうりん》

片方だけでは無用で、両方あって役立つ物事のたとえ。

泥田《どろた》を棒《ぼう》で打《う》つ

無意味なこと、役立たないことをするたとえ。たんに「泥田を棒」「泥田に棒」ともいう。

泥棒《どろぼう》捕《と》らえて縄《なわ》を綯《な》う

泥棒を捕まえてから縛る縄を綯いはじめる。事が起こってから慌てて準備すること。対策が遅れて間に合わないことのたとえ。手遅れ。略して「泥縄」とも。

(類義) 戦《いくさ》見て矢を矧《は》ぐ／はまった後で井戸の蓋をする

(対義) **備えあれば患《うれ》いなし**

(英語) To dig a well to put out a house on fire.
(燃えている家の火を消すために井戸を掘る)

団栗《どんぐり》の背比《せいくら》べ

小さなどんぐりの形や大きさはどれもほぼ同じであることから、差がなく平凡なものばかりで、たいしたことはないことのたとえ。「一寸法師の背比べ」とも。

(類義) 大同小異

(対義) **掃き溜《だ》めに鶴／天水桶《おけ》に竜**

飛《と》んで火《ひ》に入《い》る夏《なつ》の虫《むし》

灯火に寄り集まる虫のように、自ら進んで危険や災いに飛び込むこと。「夏の虫飛んで火に入る」ともいう。

(知識) 多く、縄張りに入ってきた相手をさしていう。

(類義) 飛蛾《ひが》の火に入るが如《ごと》し

(英語) The fly that plays too long by the candle singes his wings at last.（ろうそくの周りを長く飛び回る蠅《はえ》はやがて羽を焼いてしまう）

無《な》いが意見《いけん》の総《そう》じまい

いくらたしなめてもやめない放蕩《ほうとう》や遊興も、使い果たして金がなくなれば、やめざるをえなくなるということ。

(類義) 親の意見より無い意見／無いとこ納め

内心忸怩《ないしんじくじ》たる思《おも》い

「内心」は心の内。「忸怩」は恥じること。心の中で深く恥じ入ることをいう。

(用例) 数々の傑作を差し置いて、このような愚作で表彰していただくとは、内心忸怩たる思いです。

(注意) あくまでも、自分の行為について恥じ入る心境を表す。他人に対しては使わない。

無《な》い袖《そで》は振《ふ》れない

振ろうにも、ない袖を振ることはできない。援助を請われても、そのための金銭や能力がもともとないので、どうしてやることもできないということ。

(知識)「貸してやりたいが、こちらとしても無い袖は振れない」と、借金を断る場合などによく使われる。

(類義) 無い知恵は出せぬ

(英語) A man cannot give what he hasn't got.
（持っていないものは与えられない）

泣《な》いて馬謖《ばしょく》を斬《き》る

秩序・規律を保つために、愛する者でも私情を挟まず処罰せざるをえないことのたとえ。出典は『十八史略』。

(知識) 中国の三国時代、蜀《しょく》の諸葛亮《しょかつりょう》(孔明《こうめい》)が魏《ぎ》と戦ったさい、腹心の部下の馬謖が命にそむいたために大敗した。孔明は規律を守るために、馬謖を軍律違反の罪で涙ながらに斬罪《ざんざい》に処したという故事から。

長居《ながい》は恐《おそ》れ

訪問した他家に長居をするとろくなことはない。長居を戒めることば。また、同じ職務や地位に長くとどまって後進に道を譲らないと、名誉に傷がつくという戒め。「長居は無益」「長居は無用」ともいう。

(類義) 事終われば速やかに去れ／長居をすれば物を見る

長《なが》い物《もの》には巻《ま》かれろ

権力や勢力の大きい者に対しては反抗せず、相手の言うことに従っておくのが得策であるということ。

(類義) 強い者には負けろ／太きには呑《の》まれよ

(英語) It is no meddling with our betters.
(目上とは争えない)

長口上《ながこうじょう》は欠伸《あくび》の種《たね》

長々と続く話や挨拶は、聞き手を退屈させる。長話は相手を飽きさせるので話は短いほうがよいということ。

(用例) 長口上は欠伸の種、スピーチは３分厳守。

鳴《な》かず飛《と》ばず

将来の活躍に備え、じっと力を蓄えていること。また、活躍して認められる機会や場が長らくないこと。

(類義) 三年飛ばず鳴かず

鳴《な》かぬ蛍《ほたる》が身《み》を焦《こ》がす

鳴かない蛍は、そのぶん心中の思いを光にして表に出し、身を焦がしているかのようである。口に出して言わない者のほうが心中で深く思っているということ。

(知識)「鳴く蟬《せみ》よりも」に続けていうこともある。

流《なが》るる水《みず》は腐《くさ》らず

流れている水はよどまないので腐敗しない。同様に、つねに努力していれば進歩し続けるということ。

(類義) 使っている鍬《くわ》は光る

(対義) **使わぬ鍬は錆びる／淀《よど》む水には芥《ごみ》溜《た》まる**

流《なが》れに棹《さお》さす

川の流れに乗り、棹を操って舟を進める。都合のよいことが重なって、物事がうまく進行することのたとえ。

(知識)「棹さす」を「反発する」と解釈しがちだが誤り。「時流に棹さす」は、時流に逆らうのではなく、うまく乗っていくという意味。

(用例) 時勢の流れに棹さし事業は発展の一途をたどった。

(類義) 得手《えて》に帆を揚げる／追い風に帆

泣《な》き面《つら》に蜂《はち》

ひどい目に遭って泣いている顔を蜂が刺す。不幸が重なって起こることのたとえ。踏んだり蹴ったり。「泣きっ面に蜂」「泣き面を蜂」ともいう。

(用例) 転んだ拍子に鍵を落とすとは、泣き面に蜂だね。

(類義) 傷口に塩／降れば必ずどしゃ降り／弱り目に祟《たた》り目

(英語) One misfortune comes on the neck of another.
(不幸は別の不幸のすぐあとに続いてやってくる)

Misfortunes never come singly.
(不幸はけっして単独ではこない)

泣《な》く子《こ》と地頭《じとう》には勝《か》たれぬ

「地頭」は平安・鎌倉時代、荘園管理にあたった役人。泣く子や地頭とは争っても勝ち目がないということ。道理の通じない者と権力のある者には、言いなりになるしかないというあきらめのことば。

(類義) 地頭に法なし／主《しゅ》と病には勝たれず

泣《な》く子《こ》は育《そだ》つ

子どもが大声で泣くのは生命力が旺盛《おうせい》ということだから、よく泣く子は丈夫に育つということ。

(類義) 寝る子は育つ

無《な》くて七癖《ななくせ》

癖がないように見える人でも、七つは癖がある。どんな人でも何かしらの癖は持っているということ。続けて「あって四十八癖」とも「難無くして七癖」ともいう。

(類義) 人に一癖

鳴《な》くまで待《ま》とう時鳥《ほととぎす》

「鳴かぬなら」の句に続けて、徳川家康《とくがわいえやす》の忍耐強さを表現したもの。忍耐強いこと、寛容であることが最終的な勝利を得ることを示唆することば。

(知識) 同様に、「殺してしまえ時鳥」で織田信長《おだのぶなが》の短気さを、「鳴かしてみよう時鳥」で豊臣秀吉《とよとみひでよし》の才知を、それぞれ表現する。

鳴《な》く虫《むし》は捕《と》らえられる

鳴き声の美しい虫がその声ゆえに捕らえられるように、なまじ特技があるために身を誤ることをたとえていう。

(類義) 雉《きじ》も鳴かずば撃たれまい／孔雀《くじゃく》は羽ゆえに人に獲《と》らる／粋《すい》が身を食う／象は歯有りて以《もっ》て其《そ》の身を焚《や》かる

情《なさ》けが仇《あだ》

相手を思い好意からやったことが、かえって相手にとって悪い結果になってしまうことをいう。「恩が仇」とも。

(用例) 貸した車で弟が事故を起こし、情けが仇になった。

(類義) 慈悲が仇になる／情けの罪科《ざいか》

情《なさ》けに刃向《はむ》かう刃《やいば》無《な》し

情けをかけてくれた相手には刃向かえないというたとえ。

(類義) 仁者《じんしゃ》に敵なし

(英語) Kindness is the noblest weapon to conquer with.
（親切は人を制する最大の武器）

情《なさ》けの酒《さけ》より酒屋《さかや》の酒《さけ》

「なさけ」のさけ（＝酒）よりも、酒屋の酒がいいという語呂合わせ。口先だけの同情より、実際に役立つ金品、援助のほうがありがたいというたとえ。

(類義) お情けより樽《たる》の酒／思《おぼ》し召しより米の飯《めし》

(対義) 搗《つ》いた餅より心持ち

情《なさ》けは人《ひと》の為《ため》ならず

人に情けをかければ、相手のためになるだけではなく、めぐりめぐっていつかは自分に返ってくるということ。善行を施すのは自分のためでもあるということ。

(注意)「情けをかけることは、かけられた相手のためにならない」という意味で用いるのは誤り。

(類義) 人を思うは身を思う

(英語) A kindness is never lost.（親切はむだにならない）

情《なさ》けも過《す》ぐれば仇《あだ》となる

情けをかけるのも度が過ぎると、かえって相手のためにならなかったり、迷惑がられたりするということ。

梨《なし》の礫《つぶて》

「礫」は小石。投げた小石は返ってこないことから、便りを出しても、何の返事も来ないこと。「梨」は「無し」にかけて語呂合わせにしたもの。

(用例) 旧友に手紙を出しても梨の礫で、心配している。

(注意) 「無しの礫」と書くのは誤り。

為《な》せば成《な》る

物事は、やる気になってやれば何でもできるということ。

(知識) 米沢《よねざわ》藩主・上杉鷹山《うえすぎようざん》の歌「為せば成る為さねば成らぬ何事も成らぬは人の為さぬなりけり」から。

夏《なつ》の虫《むし》 氷《こおり》を笑《わら》う

夏の虫は冬の氷を知らないので、氷を見て笑う。狭い見識の者が、大きな物事を判断したり、威張りちらしたりすることのたとえ。

(類義) 井の中の蛙《かわず》大海を知らず

七転《ななころ》び八起《やお》き

七回転んで八回起きる、の意から、何度失敗してもあきらめずに奮起し、立ち直ること。また人生において、浮き沈みが激しいことのたとえ。「七転八起《しちてんはっき》」ともいう。

(知識) 計算上は7回転べば起きるのも7回だが、「転」より数を大きくすることで「起」を強調している。

(類義) 失敗は成功のもと／七下がり七上がり

七度尋《ななたびたず》ねて人《ひと》を疑《うたが》え

物を紛失したときは、何度もよく捜したうえで人を疑え。軽々しく人を疑うべきではないという戒め。「七度探して人を疑え」「七日尋ねて人を疑え」ともいう。

(対義) 人を見たら泥棒と思え

某《なにがし》より金貸《かねか》し

何の某といわれるような家柄や地位があっても貧しくてはしかたがない。金貸しと非難されても金持ちのほうがよい。名より実を取ったほうがよいという意。「なにがし」と「かねかし」の語呂合わせ。「某《それがし》より食うがし」ともいう。

(類義) 花より団子

名《な》のない星《ほし》は宵《よい》から出《で》る

最初に出てくるものにたいしたものはないことから、つまらない者ほど人よりも早く目立とうとすること。また、待ってもいない人は早く来て、待っている人はなかなか来ないことのたとえ。「用のない星は宵からござる」とも。

名《な》は体《たい》を表《あらわ》す

人や物の名前は、その実体や性質を的確に表しているものであるということ。

(注意)「体」を、態度や状態の「態」と書くのは誤り。

(英語) Names and natures do often agree.
（名前と性質はよく一致する）

ナポリを見《み》てから死《し》ね

イタリアのナポリの風景をたたえたことば。その美しい景色を見ないまま死ぬのはもったいないという意。

(知識) とくに美港はシドニー、香港《ホンコン》と共に世界屈指である。

(類義) 日光を見ない中《うち》は結構と言うな

(英語) See Naples and then die. の訳。

生木《なまき》を裂《さ》く

地面に生えている木を力ずくで裂く。相思相愛の男女を無理に別れさせることのたとえ。

(用例) 理由はどうあれ、生木を裂くようなことはやめよう。

怠《なま》け者《もの》の節供《せっく》働《ばたら》き

いつも怠けているために人の休む節供の日に働かなければならない者を嘲ることば。ふだん怠けている者に限って、人が休む日にわざと忙しいふりをして働くということ。「横着者の節供働き」「野良の節供働き」ともいう。「節供」は「節句」とも書く。

(英語) In the evening the idle man begins to be busy.
（怠け者の宵働き）

生兵法《なまびょうほう》は大怪我《おおけが》のもと

生かじりの兵学や武道は、かえって大けがをするもとになる。物事を中途半端な知識や技術で軽率に行うと、大間違いや大失敗を犯すという戒め。「生兵法は大疵《きず》のもと」「生兵法は知らぬに劣る」ともいう。

(類義) 生悟り堀に落ちる／生物《なまもの》知り地獄へ落ちる

(英語) A little knowledge is a dangerous thing.
（すこしばかりの知識は危険なことである）

蛞蝓《なめくじ》に塩《しお》

蛞蝓に塩をかけると小さく縮んでしまうことから、苦手な相手の前で萎縮してしまうことや、すっかりしょげて元気のないさまをいう。「青菜に塩」「蛭《ひる》に塩」とも。

習《なら》い性《せい》となる

ある行いが習慣になると、生来の性格と同様になるということ。出典は『書経』。

(注意)「ならい・せいとなる」と区切っていう。また「性」を「しょう」と読まない。

(類義) 習慣は自然の如《ごと》し

(英語) Custom [Habit] is second nature.
（習慣は第二の天性なり）

習《なら》うより慣《な》れよ

何事も人に教えてもらうより、実際にやってみて体で覚えるほうが上達するということ。

(類義) 経験は学問にまさる

(英語) Practice makes perfect.（練習は完全を生む）

成《な》らぬ堪忍《かんにん》するが堪忍《かんにん》

どうしても我慢できないことをじっと我慢するのが、本当の我慢強さであるということ。「成る堪忍は誰もする」と付け加えて使われることもある。

習《なら》わぬ経《きょう》は読《よ》めぬ

習ったことのない難しい経は読めない。知識も経験もないことは、やれと言われてもできないということ。

(対義) **門前の小僧習わぬ経を読む**

成《な》るは厭《いや》なり思《おも》うは成《な》らず

望まないことに限ってすんなりと実現し、望むことはおいそれと実現しない。とかく世の中のことは思いどおりにならないものであるということ。本人が乗り気の縁談は物別れになり、気乗り薄だとまとまりやすいことにもいう。「成る」は「有る」ともいう。

(類義) 思うに別れて思わぬに添う／来《きた》る者は善からず善き者は来らず

名《な》を棄《す》てて実《じつ》を取《と》る

実益のない名声や名誉を得るよりも、実利を取るほうが賢明であるという意。

(類義) 名を取るより得を取れ／花より団子

(対義) **名を得て実を失う／利を取るより名を取れ**

(英語) Profit is better than fame.（利益は名声にまさる）

名《な》を竹帛《ちくはく》に垂《た》る

歴史に名を残すこと。「功名を竹帛に垂る」とも、たんに「竹帛を垂る」、また「竹帛の功」ともいう。

(知識)「竹帛」は、竹の札と帛(絹)のこと。紙が高価だった時代に文字を竹帛に書いて残したことから、書物あるいは歴史の意。「垂る」は残すということ。

名《な》を盗《ぬす》むは貨《か》を盗《ぬす》むに如《し》かず

「名」は名声の意。世間の好評を得て有名になろうとわざとらしい言動をとる者は、財物を窃取する者より劣るものであるということ。出典は『荀子《じゅんし》』。

汝《なんじ》の敵《てき》を愛《あい》せよ

好意を持ってくれる者を愛することは誰にでもできる。自分を迫害するような相手にこそ慈愛の心を持たなければならないということ。『新約聖書』にある教え。

(英語) Love your enemies. の訳。

何《なん》でも来《こ》いに名人《めいじん》なし

多芸で何でもできるという人は、すべてが中途半端になりがちで、一つのことに秀でて名人といわれる境地に到達することはないということ。

(類義) 多芸は無芸／何でも来いの何でも下手

(英語) Jack of all trades, and master of none.
(何でも屋はどれにも熟達しない)

似合《にあ》わぬ僧《そう》の腕立《うでた》て

仏に仕える僧の腕自慢はふさわしくないことから、不似合いで奇妙なことをするたとえ。「いらざる僧の腕立て」ともいう。

(類義) 座頭の櫛《くし》／町人の刀好み／法師の軍咄《いくさばなし》

煮《に》え湯《ゆ》を飲《の》まされる

信頼していた相手に裏切られ、ひどい目に遭うこと。

(知識)「煮え湯」は沸騰しているお湯。熱くはないと思って飲んで火傷《やけど》をした思いにたとえていう。

(用例)社員に金を持ち逃げされるとは、まったく煮え湯を飲まされた思いだ。

(注意)「選挙で政敵に煮え湯を飲まされた」などと、他者からひどい仕打ちを受けるという意味で用いるのは誤り。身内など信頼している者からの裏切りに使う。

匂《にお》い松茸《まつたけ》 味《あじ》しめじ

茸《きのこ》では、香りなら松茸、味ならしめじが一番という意。

二階《にかい》から目薬《めぐすり》

二階から、階下の人に目薬をさそうとしても思うように点眼できないことから、うまくいかずもどかしいこと。また、回りくどくて効き目のないことのたとえ。「二階から目薬をさす」「天井から目薬」ともいう。

(類義)灯明で尻を焙《あぶ》る／遠火で手を焙る

逃《に》がした魚《さかな》は大《おお》きい

釣り損なった魚が大きく見えるように、手に入れかけてから失ったものはことさら惜しいものであるということ。

(類義)死ぬる子は眉目《みめ》よし／死んだ子は賢い

(英語)You should have seen the fish that got away.
(逃がした魚を見てほしかった)

苦虫《にがむし》を噛《か》み潰《つぶ》したよう

極めて不愉快そうな表情をするさま。

(用例)逆転負けを喫した試合後のベンチで腕を組み、苦虫を噛み潰したような監督の顔が印象的だった。

憎《にく》い憎《にく》いは可愛《かわい》いの裏《うら》

男女関係で、憎い憎いと口にするのは、かわいい、愛しているという気持ちの表れであるということ。

(英語) Who loves too much hates in like extreme.
（たくさん愛する者はひどく憎む）

憎《にく》き鷹《たか》には餌《え》を飼《か》え

刃向かうものを力ずくで屈服させるより、むしろ利益を与えて手なずけるようにしたほうがよいという教え。

(知識) 鷹は、空腹だと狩りでよく働くが、満腹になればすぐ飛び去ってしまい、上手に飼うことが難しいことから、よく逆らう者は扱いにくいの意の「鷹を養うが如《ごと》し」ということばもある。

(類義) 憎い子には飴《あめ》ん棒くれろ

憎《にく》まれっ子《こ》 世《よ》に憚《はばか》る

人から憎まれる者に限って世渡りがうまく幅をきかせるものである、という意。「憚る」は「出《い》ず」とも。

(類義) 渋柿の長持ち／呪うに死なず

(英語) Ill weeds grow apace.（雑草は茂りやすい）

肉《にく》を斬《き》らせて骨《ほね》を斬《き》る

自分の肉を斬らせておいて相手の骨を斬って倒すの意から、捨て身で敵に勝つこと。「斬る」は「断つ」とも。

(類義) 皮を斬らして骨を斬れ

濁《にご》りに染《そ》まぬ蓮《はちす》

泥の中に生えている蓮は、泥の濁りに汚されることなく美しい花を咲かせる。汚れた環境にあっても周囲の影響を受けずに清廉さを保つことのたとえ。

(類義) 泥中《でいちゅう》の蓮《はす》／蓮華《れんげ》の水に在るが如《ごと》し

西《にし》も東《ひがし》もわからぬ

その土地の地理、事情にまったく不案内であること。環境に不慣れなこと。また、物事の道理をわきまえていないこと。無分別。「西も東も知らない」ともいう。

(用例) 西も東もわからぬ旅先で、ガイドとはぐれてしまった。

(類義) 東西を弁《わきま》えず

二足《にそく》の草鞋《わらじ》を履《は》く

表向きの仕事のほかに、それとは両立しないもう一つ別の仕事をすること。

(知識) 昔、ばくち打ちが十手を預かり、博徒を取り締まる捕吏を兼ねたことから。◇現在では、たんに二種類の仕事をするという意味で「二刀流」と共に使われる。また「二足の草鞋で稼ぐ」などという使い方もある。

似《に》た者夫婦《ものふうふ》

夫婦というものは、互いの性格や趣味にどこか共通点がある。長く連れ添ううちに、夫婦は互いに影響され似てくるものであるということ。また、そうした夫婦をいう。

(類義) 似合い似合いの釜の蓋／蓑《みの》のそばへ笠《かさ》が寄る

日計《にっけい》足《た》らずして歳計《さいけい》余《あま》り有《あ》り

日々の計算では儲《もう》けがないようだが、一年を通しての計算では利益が出る。目先の利はないが、長い目で見れば利益が上がることをいう。

(類義) 日勘定では足らぬが月勘定では余る

煮《に》ても焼《や》いても食《く》えぬ

どんな手段を施しても手に負えない、したたか者をもてあますさまをいう。「煮ても焼いても嚙《か》まれぬ」ともいう。

(類義) 酢でも蒟蒻《こんにゃく》でも食えぬ

二《に》度《ど》ある事《こと》は三度《さんど》ある

二度続けて起こったことは、さらに起こる可能性が高いということ。とくに、悪いことは続いて起こるものだから注意を怠るな、という戒めとして使われる。

(類義) ある事三度／一災起これば二災起こる

二《に》兎《と》を追《お》う者《もの》は一兎《いっと》をも得《え》ず

二羽の兎《うさぎ》を同時に捕まえようと追いかける者は、けっきょくは一羽も捕らえられない。欲張って一度に多くのことをしようとすると、とどのつまり、どれも成功しないということのたとえ。

(類義) 虻蜂《あぶはち》取らず／心は二つ身は一つ／欲は身を失う

(対義) 一挙両得／一石二鳥／漁夫の利

(英語) He who hunts two hares catches neither. の訳。

二《に》の足《あし》を踏《ふ》む

最初の一歩を踏みだしながら二歩目を出しかねて足踏みする意から、尻込みすること、ためらうことのたとえ。

(用例) 二の足を踏んでいたら、出し抜かれてしまった。

二《に》の句《く》が継《つ》げない

相手のことばにあきれたり驚いたりして、次のことばがなかなか出てこないさま。

(知識) 雅楽の朗詠の第一句末から二の句に移るとき、急に高音になるため詠じ続けにくいことから。

(用例) 兄の自分勝手な言い分に二の句が継げなかった。

二枚舌《にまいじた》を使《つか》う

一つの物事を二通りに言うこと。矛盾したことを言うこと、うそをつくこと。

(類義) 一口両舌《いっこうりょうぜつ》

女房《にょうぼう》と畳《たたみ》は新《あたら》しいほうがよい

女房は畳同様、新しいほうが新鮮で気持ちがよい。新しいものは何につけても気分がよいということ。

(注意) 古女房を新妻に取り替えたい、という男性の勝手な願望と曲解されかねないので TPO に配慮して使う。

(対義) **女房と鍋釜は古いほどよい**

(英語) Everything new is fine.
(新しいものは何でもすばらしい)

女房《にょうぼう》は半身上《はんしんしょう》

女房の値うちは身上(財産)の半分を占める。妻が賢いか愚かかによってその家の盛衰は左右されるということ。

(類義) 男は妻《め》から／女房は家の大黒柱

(英語) A good wife and health are a man's best wealth.
(良妻と健康は男の最上の富である)

任重《にんおも》くして道遠《みちとお》し

任務は重く、人生の道のりは遠い。自分が負った責務を果たすには長い年月に耐える必要があるという、使命の重さをいうことば。出典は『論語』。

(知識) 徳川家康《とくがわいえやす》の「人の一生は重荷を負いて遠き道を行くが如《ごと》し」の遺訓は、このことばを応用した。

人間到《にんげんいた》る処青山《ところせいざん》あり

「人間」は、人が住む世界、世の中の意味。「ひと」と区別するため「じんかん」とも読む。「青山」は、青々とした山、埋骨にふさわしい場所の意味。どこで死んでも骨を埋める場所くらいはあるということ。大望を実現するためには、故郷にこだわらず広い世間に出て、おおいに活躍すべきであるということ。幕末の僧、月性《げっしょう》の詩の一節。

(類義) 青山骨を埋《うず》むべし

人間《にんげん》僅《わず》か五十年《ごじゅうねん》

どんな人生でも、その長さはわずか五十年。人生は短いものであるということ。たんに「人間五十年」とも。

(知識) 織田信長《おだのぶなが》が好んだことばとして知られる。

(用例) 人間僅か五十年、好機を逸しちゃだめだ。

人参《にんじん》飲《の》んで首《くび》くくる

高価な朝鮮人参を飲んで病は治ったが、その人参代が払えずに首をくくって死ぬ。転じて、先をよく考えずに分不相応なことをすると災いを招く、という戒め。

忍《にん》の一字《いちじ》は衆妙《しゅうみょう》の門《もん》

「衆妙の門」は、あらゆる優れた道理の入り口の意。忍耐の精神こそ、すべての出発点、成功のもとということ。

(類義) 堪忍の忍の字が百貫する／成らぬ堪忍するが堪忍

糠《ぬか》に釘《くぎ》

糠に釘を打ちつけても効き目がないことから、何の手ごたえも効き目もないことのたとえ。

(用例) 私がいくら言っても糠に釘だから、お父さんからも注意してください。

(類義) 石に灸《きゅう》／馬の耳に風／豆腐に鎹《かすがい》／泥に灸《やいと》／生壁の釘／沼に杭《くい》／暖簾《のれん》に腕押し

糠《ぬか》の中《なか》で米粒《こめつぶ》探《さが》す

糠に紛れた精米を探す。容易に見つからないたとえ。

糠味噌《ぬかみそ》が腐《くさ》る

ただでさえ臭い糠味噌が腐るほどのひどい声、の意味。聞いていられないほどの調子はずれの歌や、声の悪いことをからかっていうことば。「味噌が腐る」ともいう。

抜《ぬ》け駆《が》けの功名《こうみょう》

「抜け駆け」は、戦いのときに手柄を立てようと、陣営をこっそり抜けだして先駆けし、人より先に敵を攻めること。人を出し抜いて自分だけで手に入れた功名をいう。

(注意)「功名」を「巧妙」と書くのは誤り。

盗人猛猛《ぬすびとたけだけ》しい

盗みを働きながら、ずうずうしくも平然としているさま。また、悪事をとがめられて、謝るどころか逆に食ってかかること。「盗人」は「ぬすっと」とも読む。

盗人《ぬすびと》に追《お》い銭《せん》

盗人にさらに金銭をくれてやるの意から、損をしたうえにさらに損をすることのたとえ。「盗人に追《おい》」「泥棒に追銭」「盗人に銀の鉈《なた》」ともいう。

(知識) 損の上塗りではなく、損をする原因を自ら招く意の「盗人に鍵を預ける」、盗人の手助けをして被害をもたらす意の「盗人に糧」ということばもある。

盗人《ぬすびと》の昼寝《ひるね》

泥棒が夜の盗みに備えてする昼寝の意から、ひそかに悪事の準備を進めること。何事にもそれなりの思惑があるということ。「盗人の昼寝にも当てがある」とも。

盗人《ぬすびと》を捕《と》らえてみれば我《わ》が子《こ》なり

意外な出来事にどう対処したらよいか困ることのたとえ。また、身近な者でも油断できないということ。

塗《ぬ》り箸《ばし》で芋《いも》を盛《も》る

つるつる滑って、挟めないこと。転じて、物事が思いどおりにいかず、やりにくいさま。「塗り箸で鰻《うなぎ》挟む」とも。

濡《ぬ》れ衣《ぎぬ》を着《き》せる

無実の罪を負わせること。また、根拠のない悪いうわさを立てること。

(知識) 語源には、継母が先妻の娘の寝室に濡れた漁師の衣を置き、通じている男がいると実父に告げ口したという伝説からという説、かずく(水中に潜る)海女が濡れ衣を着ており、「かずける」には「無実の罪を負わせる」という意味があることからという説などがある。◇逆に、無実の罪を負うことは「濡れ衣を着る」という。

(用例) 今回の騒動では、濡れ衣を着せられて迷惑している。

濡《ぬ》れ手《て》で粟《あわ》

濡れた手で粟をつかむと、つかんだ量以上に粒がたくさん張り付いてくることから、苦労せずに利益を得ることのたとえ。「濡れ手に粟」ともいう。

(知識) イネ科一年草の粟の実は、五穀の一つ。その実の連想から、鳥肌が立つことを「肌に粟を生ずる」という。

(注意) 「濡れ手で泡」は誤り。

(類義) 一攫《いっかく》千金／漁夫の利

濡《ぬ》れぬ先《さき》こそ露《つゆ》をも厭《いと》え

濡れる前はすこしの露でも気になるが、いったん濡れるとどんなに濡れても気にしなくなる。一度過ちを犯せば、もっとひどいことも平気でしてしまうというたとえ。

(知識) おもに男女関係の過ちについていう。

(類義) 尾を踏まば頭まで／毒を食らわば皿まで

寝首《ねくび》を搔《か》く

寝ている人の首を斬《き》る。卑劣な方法で、また不意打ちをして相手を陥れること。闇討ち。「寝鳥を刺す」とも。

(用例) 大統領が側近に寝首を搔かれて失脚したそうだ。

ね

猫《ねこ》が肥《こ》えれば鰹節《かつおぶし》が痩《や》せる

猫は鰹節を食べて太るが、食べられた鰹節は痩せてしまう。一方によければ他方にはよくないこと、また、一方が得すれば他方が損することのたとえ。

(類義) 彼方《あちら》立てれば此方《こちら》が立たぬ／入船に良い風出船に悪い／甲の薬は乙の毒

猫《ねこ》が糞《ばば》を踏《ふ》む

「糞」は大便のこと。猫は排便後、砂をかけてその汚物を隠すことから、悪事を隠して知らん顔を決め込むたとえ。とくに、拾ったり預かったりした金品を自分のものにしてしまうことをいう。

(知識) 略して「猫糞」ともいい、「猫糞を決める」「猫糞を決め込む」「猫糞する」のように使われる。

猫《ねこ》に鰹節《かつおぶし》

猫のそばに大好物の鰹節を置くことから、過ちが起こりやすい状況のたとえ。また、油断のならないたとえ。

(類義) 狐《きつね》に小豆飯／盗人《ぬすびと》に蔵の番／猫に魚の番

(英語) He sets the wolf to guard the sheep.（羊の番に狼《おおかみ》）

猫《ねこ》に小判《こばん》

価値のわからない猫に小判を与えても喜ばない。どんなに貴重なものでも、価値のわからない者には役に立たないということ。「猫に石仏《いしぼとけ》」ともいう。

(用例) 下戸の父にいい酒を贈ったって猫に小判だよ。

(類義) 犬に論語／馬の耳に念仏／馬の目に銭／豚に真珠

猫《ねこ》の首《くび》に鈴《すず》

名案でも、実行しにくいこと。非現実的な提案のたとえ。

(知識) 鼠《ねずみ》が猫から身を守る方法を相談した。猫の首に ↗

鈴をつけて鈴が鳴ったら逃げようということになったが、鈴をつける役目を引き受ける鼠は一匹もいなかったという寓話《ぐうわ》から。

(用例) 監督に辞任を要求しようと決めたのに、その通告役を誰もやりたがらないのでは猫の首に鈴だね。

(類義) 言うは易《やす》く行うは難し

(英語) Who is to bell the cat ? の訳。

猫《ねこ》の手《て》も借《か》りたい

猫の手さえ借りたいという意から、手伝ってくれるなら誰でもいいというほど忙しいことのたとえ。

(類義) 犬の手も人の手にしたい

猫《ねこ》の額《ひたい》の物《もの》を鼠《ねずみ》が窺《うかが》う

猫のすぐそばにある餌を鼠が狙う。自分の実力を考えない大胆不敵な行為をいう。また、とうてい不可能なことをするたとえ。「猫の鼻先の物を鼠が狙う」とも。

猫《ねこ》も杓子《しゃくし》も

誰もかれも区別なくいっしょに、の意。

(類義) 老いも若きも

猫《ねこ》も跨《また》いで通《とお》る

魚が大好物の猫にさえ無視されるほど味の悪い魚の意。誰も取り合わないことをたとえていう。「猫またぎ」とも。

(類義) 犬も食わぬ

猫《ねこ》を追《お》うより皿《さら》を引《ひ》け

皿の食べ物を狙う猫を追い払うよりも、皿を片づけるほうが先であるということから、その場しのぎの解決策より根本的な対策を立てるほうが大事だということ。「猫を追うより魚を除《の》けよ」ともいう。

猫《ねこ》を被《かぶ》る

見かけはおとなしい猫のように、本性を包み隠して柔和に装うたとえ。また、知っているのに知らないふりをすること。「猫被り」ともいう。

鼠《ねずみ》が塩《しお》を引《ひ》く

鼠が塩を盗んでも少量ずつで目立たないが、それが続けば知らぬ間に大量の塩がなくなってしまう。ささいなことが積み重なり大変なことになるたとえ。ものがすこしずつ減っていき、なくなってしまうこと。また、びくびくしながらこっそり行うさま。「鼠が塩をなめる」とも。

ね

(類義) 塵《ちり》も積もれば山となる

鼠壁《ねずみかべ》を忘《わす》る 壁鼠《かべねずみ》を忘《わす》れず

鼠のほうは壁をかじったことなどすぐ忘れるが、壁のほうには鼠のかじった跡が残る。加害者はすぐ忘れるが、被害者はいつまでも恨みを忘れないというたとえ。

鼠《ねずみ》の嫁《よめ》入《い》り

結婚相手は、身分相応がよいという教訓。また、えり好みをしても最後は落ち着くべきところに落ち着くというたとえ。「鼠の婿取り」とも。

(知識) 鼠の夫婦が娘に強い婿を取らせようと太陽・雲・風・壁に、次々話を持ちかけるが、太陽は雲にはかなわない、雲は風に弱い、風は壁に跳ね返されると言い、壁は鼠にかじられると言う。けっきょくは鼠が一番であるという『沙石集《しゃせきしゅう》』にある説話から。

寝《ね》た子《こ》を起《お》こす

やっと寝ついた子を、用もないのに起こして泣かせる。ようやくおさまった問題によけいな口出しをして再 ↗

び面倒を起こすことのたとえ。

(類義) 知恵ない神に知恵付ける／藪《やぶ》をつついて蛇を出す

(英語) Wake not a sleeping lion.（眠れる獅子《しし》を起こすな）

寝《ね》耳《みみ》に水《みず》

睡眠中に、耳に水を入れられ驚くの意。思いがけない出来事や不意の知らせに、驚き慌てるたとえ。

(類義) 足下から鳥が立つ／青天の霹靂《へきれき》／寝耳に擂《す》り粉《こ》木《ぎ》

根《ね》も葉《は》もない

原因となる根も、結果である葉もない。まったく何の根拠もないことのたとえ。たんに「根もない」ともいう。

(知識) いいかげんなうわさを否定するときによく使われる。

寝《ね》る子《こ》は育《そだ》つ

よく眠る子は、健康ですくすく大きく育つということ。「寝る子は息災」ともいい、また「寝る子は育つ親助け」「寝る子は太る」ともいう。

根《ね》を断《た》って葉《は》を枯《か》らす

災いの原因を取り除いて改革すること。「根を掘って葉を枯らす」「根葉を枯らせ」ともいう。

年貢《ねんぐ》の納《おさ》め時《どき》

滞納していた年貢を清算する時機。悪事を働いた者が捕らえられて罪に服さなければならなくなったとき、また、今まで続けてきたことに見切りをつけるときにいう。

念《ねん》には念《ねん》を入《い》れよ

注意のうえにも注意を重ねよ、すこしの手落ちもないように行え、という意。「念の上にも念」ともいう。

(類義) 石橋を叩《たた》いて渡る／転ばぬ先の杖《つえ》／焼き鳥に攣《へお》

念力岩《ねんりきいわ》を徹《とお》す

心を込めていちずに事を行えば、成し遂げられないことはないということ。「一念岩をも徹す」ともいう。

(類義) 石に立つ矢／精神一到何事か成らざらん

(英語) Faith will move mountains.（信念は山を動かす）

能《のう》ある鷹《たか》は爪《つめ》を隠《かく》す

優れた才能の持ち主は、むやみにそれを見せびらかしたりしないという意。「上手《じょうず》の鷹が爪隠す」ともいう。

(類義) 食いつく犬は吠《ほ》えつかぬ

(対義) **能なし犬は昼吠える／能なしの口叩《たた》き**

(英語) Still waters run deep.（音なし川は水深し）

嚢中《のうちゅう》の錐《きり》

「嚢」は袋。袋の中に錐を入れると尖端《せんたん》が突き出てくるように、内に才能を持つ人が凡庸な人に交じると、その英才ぶりが自《おの》ずと現れるものであるということ。

(知識) 出典は『史記』の「錐の嚢中に処《お》るが如《ごと》し」から。

能《のう》なしの口叩《くちたた》き

才能のない者ほど軽口をたたく。口先ばかりで実力のない者を嘲っていうことば。

(類義) 口自慢の仕事下手／口では大阪の城も建つ

(対義) **食いつく犬は吠《ほ》えつかぬ／能ある鷹《たか》は爪を隠す**

残《のこ》り物《もの》に福《ふく》がある

他人が取ったあとで、最後に手を出した人に思いがけない幸運があるという意。「余り物に福がある」ともいう。

(知識) 遅れてきた人や不本意にも順番が最後になった人を励ますときのことばとして多用される。

(英語) Good luck lies in odd numbers.（半端物に幸運あり）

熨《の》斗《し》を付《つ》ける

進物として喜んで贈ること。「熨斗を添える」とも。

(知識) 厄介なものをもらってくれるときに使う。

喉《のど》から手《て》が出《で》る

出るはずのない手が喉から出てくるほど、欲しくてたまらないさま。

喉元《のどもと》過《す》ぎれば熱《あつ》さを忘《わす》れる

熱いものを飲み込んでも、熱さを感じるのは喉までで、そこを過ぎれば熱かったことなど忘れる。苦しみも、過ぎ去れば忘れてしまう。また、苦しいときに受けた恩を、苦しさが取り除かれると簡単に忘れるというたとえ。

(類義) 暑さ忘れて陰《かげ》忘れる／魚《うお》を得て筌《せん》を忘る／病治りて医師《くすし》忘れる

(英語) Danger past, God forgotten.
（危険が去ると神は忘れ去られる）

上《のぼ》り一日《いちにち》 下《くだ》り一時《いっとき》

上りには一日かかる坂道も、下りはあっという間である。物事を作り上げるには長い時間と労力を要するが、壊すのは簡単であっけないことをいう。

鑿《のみ》と言《い》えば槌《つち》

「のみをくれ」と言われて、のみを打つのに使う槌を同時に差し出す。極めてよく気が利くことのたとえ。

蚤《のみ》の夫婦《ふうふ》

蚤の雌が雄より大きいことから、妻が夫より大柄な夫婦。

(用例) 母と老け顔の息子に見えるが、蚤の夫婦らしい。

(注意) 夫婦そろって小柄、は誤解。

の

乗《の》りかかった船《ふね》

乗った船が出航したからには、途中で下船できないことから、いったん着手して、関わりを持った以上、途中でやめるわけにはいかないということ。

(用例) 乗りかかった船だ、最後までがんばろう。

(類義) 騎虎《きこ》の勢い／渡りかけた橋

(英語) The person out at sea must either sail or sink.
(海に乗りだした人は進むか沈むしかない)

暖簾《のれん》に腕押《うでお》し

暖簾を力いっぱい押しても手ごたえがないことから、効き目がまったくなく、張り合いがないことのたとえ。

(知識) のらりくらりとかわす相手に、もどかしい気持ちを込めて使う。反応が明白な相手には、ふつう使わない。

(用例) 再三の要求も暖簾に腕押しで、まったく聞かない。

(類義) 豆腐に鎹《かすがい》／糠《ぬか》に釘《くぎ》

敗軍《はいぐん》の将《しょう》は兵《へい》を語《かた》らず

戦争に敗れた将軍は、軍事について発言する資格はない。失敗した者は、それについて弁解などすべきではないというたとえ。出典は『史記』。「敗軍の将は敢えて勇を語らず」ともいう。

(注意) 「兵」は、原義では兵法で、兵力(の弱さ)ではない。

背水《はいすい》の陣《じん》

絶体絶命の状況で、決死の覚悟で事にあたること。

(知識) 「背水の陣を敷く」の形で使われることが多い。◇中国の漢の韓信《かんしん》が川を背に布陣して、引くに引かれぬ状況を作ったところ、味方の兵が死にもの狂いで戦って、趙《ちょう》の軍に大勝したという故事から。出典は『史記』。

(類義) 糧《かて》を棄《す》て舟を沈む／舟を焼く

は

吐《は》いた唾《つば》は呑《の》めぬ

いったん口から出たことばは取り消せないということ。無責任な発言を戒めたことば。

(類義) 口から出れば世間／覆水《ふくすい》盆に返らず

(対義) 二枚舌を使う／吐いた唾を呑む

(英語) A word once out flies everywhere.
（一度出たことばはどこへでも飛んでいく）

杯中《はいちゅう》の蛇影《だえい》

疑いはじめると、何でもないものにまでおびえるということ。また、病は気から起こるということ。

(知識) 中国、晋《しん》の楽広《がっこう》の友人が、杯の中に映った弓の影を蛇と見間違え、蛇を飲んだと思い込んで病気になったが、弓の影だったことを知ると、たちまち快復したという『晋書《しんじょ》』の故事による。

(類義) 疑心暗鬼を生《しょう》ず

這《は》えば立《た》て 立《た》てば歩《あゆ》めの親心《おやごころ》

子が這えるようになると早くつかまり立ちができないかと思い、立つようになると、こんどは早く歩けるようにならないかと願う、わが子の成長を待ちわびる親の気持ちをいったことば。「わが身につもる老いを忘れて」と続けることもある。短く「立てば歩めの親心」ともいう。

馬鹿《ばか》と鋏《はさみ》は使《つか》いよう

切れ味の悪い鋏でも、使い方によってはけっこう切れるもの。愚かな者でも使い方しだいでは役に立つ。人を使うにはそれぞれの個性や才能に応じて適材適所に配することが大切であるという意。

(英語) Sticking goes not by strength,but by guiding of the gully.（突き刺すのは力ではなく、ナイフの使い方である）

は

馬鹿《ばか》に付《つ》ける薬《くすり》はない

「馬鹿」は、思慮分別に欠ける人の意。道理をわきまえない愚かな人間は教え導く方法がないということ。

(類義) 阿呆《あほう》に付ける薬なし

馬鹿《ばか》の一《ひと》つ覚《おぼ》え

愚かな者は何かを一つ覚えると、その知識を得意になっていつまでもひけらかしたりするという意味。一つの主義や方法などを固守して、ほかのことを理解しようとしない人、同じことばかり言う人を皮肉ったことば。「阿呆《あほう》の一つ覚え」ともいう。

(類義) 褻《け》にも晴れにも歌一首

馬鹿《ばか》も休《やす》み休《やす》み言《い》え

くだらないことを言うのもいいかげんにしろ、の意。

掃《は》き溜《だ》めに鶴《つる》

「掃き溜め」は、ちり、ごみの捨て場。汚い掃き溜めにいる清らかな鶴の意。悪い環境に不似合いな美しい者や優れた者がいること。その場所に不相応な、優れた人間が現れることのたとえ。「芥《ごみ》溜めに鶴」ともいう。

(類義) 鶏群の一鶴《いっかく》／天水桶《おけ》に竜

(対義) 団栗《どんぐり》の背《せい》比べ

(英語) A jewel in a dunghill.（堆肥《たいひ》の中の宝石）

馬脚《ばきゃく》を露《あらわ》す

芝居で馬の脚を演じている役者が、うっかり自分の姿を見せてしまう。転じて、包み隠していた事柄や正体が露呈することのたとえ。ぼろを出すこと。

(類義) 尻尾を出す／尻が割れる／化けの皮が剝がれる

(対義) 尻尾を見せぬ

破《は》鏡《きょう》再《ふたた》び照《て》らさず

一度仲違《たが》いした夫婦の関係は、もとに戻らない、また、一度壊れた物事はもとには戻せないというたとえ。

(知識) 古代中国では夫婦が離縁するさい、半分に割った鏡を互いに所持したことから「破鏡」は離婚を意味する。

(類義) 覆水盆に返らず／落花枝に還《かえ》らず

拍車《はくしゃ》をかける

「拍車」は、乗馬靴のかかとについた金具。拍車で腹を蹴って馬を速く走らせることから、物事の進行をいちだんと速めることのたとえ。「拍車を加える」ともいう。

(用例) 増税が物価の高騰に拍車をかける結果となった。

(類義) 火に油を注ぐ

伯仲《はくちゅう》の間《かん》

酷似していて、優劣の差のないこと。互角。

(知識) 中国では、兄弟は上から順に伯(大きい子)・仲(中の子)・叔(小さい子)・季(末の子)と呼び、長兄と次兄(伯仲)の差はさほどないことからいう。

(類義) 兄《けい》たり難く弟《てい》たり難し

白髪三千丈《はくはつさんぜんじょう》

白髪が長く伸びたことを誇張していったもので、心配や悲しみが深いことを表すことば。また、年老いて人生の憂いや悲嘆の日々を嘆くたとえ。

(知識) 中国の李白《りはく》の詩の一節、「白髪三千丈、愁《うれ》ひに縁《よ》りて、箇《か》くの似《ごと》く長し(私の白髪は三千丈もある。憂いによって、こんなにも長く伸びてしまった)」から。唐《とう》代の1丈は約3メートル。髪の長さが三千丈はありえず、誇張表現の代表とされる。

(類義) 黄塵《こうじん》万丈

薄氷《はくひょう》を履《ふ》むが如《ごと》し

薄く張った氷の上を歩くような、とても危険な状況のたとえ。出典は『詩経』。たんに「氷を履む」ともいう。

(類義) 氷に坐《ざ》す／虎の尾を踏む

白璧《はくへき》の微瑕《びか》

「璧」は珠《たま》、「微瑕」はすこしの傷。美しい白い珠にわずかな傷があるということ。申し分のないほど立派なものに、ほんのすこしの欠点があることのたとえ。

(類義) 玉に瑕《きず》

化《ば》けの皮《かわ》が剝《は》がれる

今まで隠していた素性や物事の真相がばれてしまい、正体が露顕してしまうこと。「化けの皮が現れる」とも。

(用例) 面接では好青年を装っていたが、現場で働きはじめたとたん化けの皮が剝がれ、すぐ解雇された。

(類義) 馬脚を露《あらわ》す

梯子《はしご》を外《はず》される

高い地位や主導的立場で事にあたっていたのに、味方や仲間が急に態度を変え手を引いたために、孤立してしまうことをいう。

(知識) 上ったときに使った梯子をはずされて、下りられなくなってしまうことから。◇逆に、「梯子を外す」として、おだてあげておいて態度を変え孤立させる、陰謀的な意味に用いることもある。

(用例) 党員にかつがれて立候補したのに選挙では孤立無援、梯子を外された格好で、落選は必至だろう。

箸《はし》にも棒《ぼう》にも掛《か》からぬ

小さな箸にも大きな棒にも引っかからない。どうに ↗

は

も取り扱いようのないたとえ。また、何も取り柄のないたとえ。短く「箸にも掛からぬ」ともいう。

(類義) 酢でも蒟蒻《こんにゃく》でも食えぬ

始《はじ》めあるものは必《かなら》ず終《お》わりあり

物事には必ず始めと終わりがある。生あるものは必ず死に、栄える者も必ず滅びるという道理を説いたことば。

始《はじ》めは処女《しょじょ》の如《ごと》く後《のち》は脱兎《だっと》の如《ごと》し

「脱兎」は、逃げる兎《うさぎ》。始めは処女のように弱々しく振る舞っていて、後には逃げる兎のように、すばやく行動するということ。始めは相手を油断させて、そのあとで見違えるような力を発揮すること。孫子の兵法からいう。

始《はじ》め半分《はんぶん》

物事の成否は最初のやり方で左右されるということ。また、思い悩むよりまずは実行してみよ、の意にも使う。「始めが大事」とも。

(英語) Well begun is half done.
（始めが好調なら半分終わったようなもの）

走《はし》る馬《うま》に鞭《むち》

走っている馬に鞭を打ち、さらに速く走らせること。勢いのいいものがいっそう勢いを増すことのたとえ。「駆け馬に鞭」「走り馬にも鞭」ともいう。

(類義) 流れに棹《さお》さす／帆掛け舟に櫓《ろ》を押す

走《はし》れば躓《つまず》く

物事は慌てて行うと失敗する。急ぐときほど落ち着いて事にあたれということ。

(類義) 急がば回れ／急《せ》いては事を仕損ずる

(英語) Make haste slowly.（ゆっくり急げ）

蓮《はす》の台《うてな》の半座《はんざ》を分《わ》かつ

「蓮の台」は仏や菩薩《ぼさつ》、極楽浄土に生まれ変わった人が座るという蓮華《れんげ》の座のこと。死んだあとも一つの蓮華の座を分け合うほどの仲をいう。また、善悪にかかわらず運命を共にするたとえ。

(類義) 一蓮托生《たくしょう》

裸一貫《はだかいっかん》

財産や元手などがなく、頼りになるのは自分の健康な身体だけであるということ。男性に対してのことば。「裸百貫」「褌《ふんどし》一貫」ともいう。

(知識)「裸一貫、一から出直します」のように、何もないことを逆手にとり、積極的に生きようという気概を表す。

(類義) 腕一本

は

破竹《はちく》の勢《いきお》い

竹は、はじめの一節《ひとふし》を割れば一気に割けることから、激しい勢いをいう。勝負事で勝ち続ける人や、すごい勢いで進撃する軍隊などをさしていう。

(用例) 破竹の勢いで決勝戦にコマを進めた。

(類義) 飛ぶ鳥を落とす

蜂《はち》の巣《す》をつついたよう

混乱して大騒ぎになるさまをたとえたことば。「蜂の巣に礫《つぶて》を打ちつけたよう」ともいう。

(用例) 人気タレントの登場に会場は蜂の巣をつついたような騒ぎになった。

這《は》っても黒豆《くろまめ》

理屈に合わなくても、自説を曲げず強情を張ること。また、そのような人のたとえ。↗

(知識) 小さな黒いものを黒豆だと言った人が、それが這いだして虫だとわかってからも黒豆だと言い張ったということから。

(類義) 馬を鹿／榎《え》の実はならばなれ 木は椋《むく》の木

鳩《はと》に三枝《さんし》の礼《れい》あり 烏《からす》に反哺《はんぽ》の孝《こう》あり

「反哺」は、口移しで餌を食べさせること。子鳩は親鳩を敬って３本下の枝に止まり、烏は成長すると年とった親烏に口移しで餌を与える。礼儀と孝行を重んじよ、という教え。略して「三枝の礼」「反哺の孝」ともいう。

鳩《はと》に豆鉄砲《まめでっぽう》

豆鉄砲は鳩の餌にもなる豆を弾にした、おもちゃの鉄砲。思いがけないことにびっくりして目を見張ったり、きょとんとしたりしているさまをいう。

(知識)「鳩が豆鉄砲をくったような顔」などの形で使われることが多い。

鳩《はと》を憎《にく》み豆《まめ》を作《つく》らず

畑にまいた豆を鳩が来てついばむのを嫌って、大切な豆を作るのをやめてしまう意から、わずかなことにこだわってなすべきことをなさず、自分や世間に損害を与えることのたとえ。「鳩を憎み豆まかぬ」ともいう。

鼻薬《はなぐすり》を嗅《か》がせる

この「鼻薬」は、少額の賄賂のこと。便宜をはかってもらうために、すこしばかりの贈賄をすること。「鼻薬を飼う」「鼻薬を利かせる」ともいう。

(知識)「鼻薬」には袖の下のほか、あやすために子に与える菓子の意味もある。

(用例) 営業部が取引先に鼻薬を嗅がせていたのは、公然の秘密だったそうだ。

鼻毛《はなげ》を抜《ぬ》く

出し抜くこと。だますこと。「鼻毛を読む」とも。

(知識) 男性が、好意を持っている女性から都合のいいようにあしらわれたときに「鼻毛を抜かれる（読まれる）」の、受け身の形で使われることが多い。◇また、「鼻毛を数える」ともいうが、このことばには男女を問わず「心中を見抜いて機嫌をとる」の意もある。

鼻毛《はなげ》を伸《の》ばす

女性の色香におぼれること、うつつをぬかすこと。また、女性に対して甘いこと。「鼻毛を長くする」「鼻の下を伸ばす」ともいう。

(用例) 部長が新入りの女性秘書に鼻毛を伸ばしていたら、女子社員から総すかんをくらったんだって。

花《はな》咲《さ》く春《はる》にあう

不遇でいた人が、時節にめぐりあって世に出ること。

(知識) 凡河内《おおしこうちの》躬《み》恒《つね》の『拾《しゅう》遺《い》集《しゅう》』の歌「三《み》千《ち》年《とせ》になるてふ桃の今年より花咲く春にあひにける哉《かな》」から。

(用例) 思わぬ大ヒットで花咲く春にあえました。

話《はな》し上手《じょうず》は聞《き》き上手《じょうず》

本当に話し上手な人は、相手にも気持ちよく話をさせるものであるということ。

(対義) 話し上手の聞き下手

洟《はな》も引《ひ》っかけない

「洟」は、鼻水の意。相手をばかにして、鼻水をかけることさえしない。見下して無視することをいう。

(用例) そんな怪しげな投資話、洟も引っかけないよ。

(類義) 歯牙にもかけない

花《はな》も実《み》もある

木に、美しい花が咲き実もなるということ。転じて、外見が美しいうえに実質・内容も備わっていること。名実共に優れ、義理も人情もよくわきまえていて、配慮が行き届いていることのたとえ。「色も香もある」ともいう。

(対義) 花多ければ実少なし

花《はな》より団子《だんご》

美しい花を見るより、団子を食べるほうがよいということ。風流より実益、名や外観より内容を選ぶことのたとえ。また、風流がわからず無粋なことのたとえ。

(用例) コンサートに行くお金があるなら、お寿司《すし》を食べたほうがいいなんて、まったく花より団子なんだから。

(類義) 一中節《いっちゅうぶし》より鰹節《かつおぶし》／色気より食い気／酒なくて何の己《おのれ》が桜かな／名を棄《す》てて実《じつ》を取る／花の下より鼻の下

(英語) Bread is better than the songs of birds.
（小鳥の歌よりパンがいい）

花《はな》を見《み》て枝《えだ》を折《お》る

優美なものなどに対して無分別な行動をとるたとえ。

歯《は》に衣着《きぬき》せぬ

遠慮せずに思ったことをずけずけと言う。相手にとって厳しいことや、不快なこともはっきりと言うさま。

(用例) 課長の歯に衣着せぬ叱責に何人泣かされたことか。

(注意) 「衣」を「絹」と書くのも、「ころも」と読むのも誤り。

(対義) 奥歯に衣着せる

跳《は》ねる馬《うま》は死《し》んでも跳《は》ねる

跳ねる悪癖のある馬は最期まで跳ねる。人の悪い癖はそうそう直るものではないということ。

歯《は》亡《ほろ》びて舌存《したそん》す

強固なものはかえって早くだめになり、柔軟なものが生き残れるというたとえ。出典は『説苑《ぜいえん》』。

(知識) 老子が、歯がすっかり抜け落ちている友人を見舞ったとき、「舌は柔らかいから無事で、歯は硬いからだめになったのだ」と言ったという故事による。

(類義) 高木《こうぼく》風に折らる／柔《じゅう》能《よ》く剛《ごう》を制す／柳に雪折れなし

早牛《はやうし》も淀《よど》 遅牛《おそうし》も淀《よど》

「淀」は、京都市伏見区の地名。牛によって速い遅いはあっても、行き着く場所は同じ淀。速くしてもゆっくりしても結果は同じなのだから、焦らないことにしようというたとえ。「早舟も淀 遅舟も淀」ともいう。

(用例) 早牛も淀 遅牛も淀、鈍行でも十分間《ま》に合うよ。

(類義) 牛も千里 馬も千里

早《はや》起《お》きは三文《さんもん》の徳《とく》

早起きは健康にもよく、何かしらの得があるという教え。「徳」は「得」とも書く。

(類義) 朝寝朝酒貧乏の元／朝寝八石《はちこく》の損

(英語) The early bird catches the worm.
（早起き鳥は虫を捕らえる）
Early to bed and early to rise makes a man healthy, wealthy, and wise.
（早寝早起きは人を健康に、裕福に、そして賢くする）

早《はや》かろう悪《わる》かろう

仕事は早いが出来は悪いということ。

(類義) 粗相早手《はやて》／早いばかりが能でない

(英語) Good and quickly seldom meet.
（良いことと早いことはめったに一緒にはならない）

腹《はら》が減《へ》っては戦《いくさ》ができぬ

腹ごしらえをしておかないと、よい働きはできない。何をするにも十分な準備が必要であるということ。

(英語) The mill stands that wants water.
（水が足りない水車は動かない）

腹《はら》に一物《いちもつ》

心中にたくらみを抱いていること。「胸に一物」とも。

(類義) 一物は腹に荷物は背に

薔薇《ばら》に棘《とげ》あり

美しい薔薇にはその茎にとげがあるように、見かけが美しいものは、隠れたところに恐ろしい面を持っているから用心せよ、という戒め。

腹八分《はらはちぶん》目《め》に医者《いしゃ》いらず

食べる量を腹いっぱいにせずに、八分目程度にしておけば健康でいられるということ。「腹八分に病なし」ともいう。

(類義) 節制は最良の薬である／腹も身の内

張《は》り子《こ》の虎《とら》

竹と紙で作った虎のおもちゃ。肩書きだけで実力のない者、弱いくせに虚勢を張る者のたとえ。また、張り子の虎が首を縦に振るようにできていることから、首を振る癖のある人、ただうなずくだけの主体性のない人をさす。

針《はり》の筵《むしろ》

針を植えた筵に座る、の意から、つらい立場や状況のたとえ。とくに、周囲の者から責め立てられ居たたまれないような場を形容することば。

(用例) 奉公先に引き取られてからは日々、針の筵でした。

針《はり》ほどのことを棒《ぼう》ほどに言《い》う

小さなことを、おおげさに吹聴したり取り上げたりすることのたとえ。たんに「針を棒」ともいう。

(類義) 一寸のことも一丈に言いなす／針小棒大

(英語) To make a mountain of a molehill.
（もぐら塚《づか》を山ほどに言う）

馬齢《ばれい》を重《かさ》ねる

取り立てて言えるほどの業績もなく、むだに年をとるさまをいう。「馬齢を加える」ともいう。

(注意) 年輩者が自分の年齢をへりくだっていうことば。他人の年齢について用いるのは失礼になる。

腫《は》れ物《もの》に触《さわ》るよう

「腫れ物」は、皮膚が腫れ膿《うみ》をもったもの。できものの意。気難しい人を恐る恐る扱うさま。また、重病人などを懇ろに世話するようす。

(用例) 怒るとすぐ怒鳴る短気な彼には皆、腫れ物に触るように接している。

葉《は》をかいて根《ね》を断《た》つ

余分な枝葉を取り除くうちに、やりすぎて大事な根まで枯らしてしまう。小さな欠点を除こうとして、長所や本質をだめにしてしまうことのたとえ。

(知識)「葉をかいて根を断つな」と戒めたりする。

(類義) 角《つの》を矯《た》めて牛を殺す

繁簡宜《はんかんよろ》しきを得《え》る

「繁簡」は、繁雑と簡略の意。ちょうどよい程度・状態であることをいう。

(用例) 繁簡宜しきを得る報告書が適時に配られた。

反旗《はんき》を翻《ひるがえ》す

謀反を起こした者が立てる「反旗」から謀反を起こす、反逆する、そむくこと。「反旗」は「叛旗」とも書く。

(用例) 民衆が独裁者に反旗を翻し、革命を起こした。

(類義) 弓を引く

万事休《ばんじきゅう》す

「万事」は、あらゆること。「休す」は、終わる、あとが続かないの意。すべてが終わった、お手上げということ。

(用例) もう打つ手がない、万事休すだ。

(注意) 「万事窮す」と書くのは誤り。

半畳《はんじょう》を入《い》れる

他人の言動を非難してやじったり、人の話をまぜっ返したりすること。「半畳を打つ」「茶茶を入れる」ともいう。

(知識) 「半畳」は、芝居小屋などで見物人に貸しだした畳半分の大きさのござのこと。「半畳を入れる」は、見物人が役者の演技に不満を持ったときなどに、敷いているござを舞台に投げ込んだことから出たことば。

万卒《ばんそつ》は得易《えやす》く 一将《いっしょう》は得難《えがた》し

多くの兵卒を集めることは簡単だが、優れた大将は一人といえどもなかなか得られない。指導力や統率力を持った人物は少ないものであるということ。「千軍は得易く一将は求め難し」ともいう。

贔屓《ひいき》の引《ひ》き倒《だお》し

贔屓のしすぎは、かえって当人のためにならないということ。「引き倒し」は「ひきたおし」ともいう。

(類義) 親方思いの主倒《しゅだお》し／甲張《こうば》り強くして家押し倒す／寵愛《ちょうあい》昂じて尼になす

非学者《ひがくしゃ》 論《ろん》に負《ま》けず

無学な者にいくら筋の通った話をしても、自分勝手な主張をして屈しない。無学な者に道理を言い聞かせてもむだであるということ。「非学者論議に負けず」ともいう。

引《ひ》かれ者《もの》の小唄《こうた》

刑場へ引かれていく犯罪者が、平気を装ったり虚勢を張ったりして歌ってみせる鼻歌や小唄の意。失敗した者が負け惜しみで言う強がりのたとえ。

低《ひく》き処《ところ》に水《みず》溜《た》まる

利益のある所には人がしぜんに集まってくるというたとえ。また、悪い環境の所には悪い人が集まることにもいう。

(類義) 百川《ひゃくせん》海に朝《ちょう》す／水の低きに就くが如《ごと》し

日《ひ》暮《く》れて途遠《みちとお》し

年老いてまだ人生の目的が達せられないこと。仕事がはかどらず、時間が足りないことのたとえ。出典は『史記』。

鬚《ひげ》の塵《ちり》を払《はら》う

「鬚」は、あごひげ。人のあごひげのごみを取るということから、目上の人にこびへつらうこと。「鬚の塵を取る」ともいう。出典は『宋史《そうし》』。

(類義) 胡麻《ごま》を擂《す》る

庇《ひさし》を貸《か》して母屋《おもや》を取《と》られる

軒先を貸したばかりに、いつの間にか母屋まで取られてしまう。一部分を貸しただけなのに、つけ込まれて最後には全部を取られてしまうこと。また、恩を仇《あだ》で返されるたとえ。「庇」は「軒」「片屋」ともいう。

(類義) 飼い犬に手を噛《か》まれる

秘事《ひじ》は睫《まつげ》

秘伝や奥義などの秘め事は、意外に身近にあるものであるというたとえ。「秘事は睫の如《ごと》し」ともいう。

(類義) 近くて見えぬは睫／灯台下《もと》暗し

(対義) 傍目八目《おかめはちもく》

尾生《びせい》の信《しん》

約束を守って任務を果たすこと。また、融通のきかない、ばか正直なことのたとえ。出典は『荘子』。

(知識) 中国の春秋時代、信義に厚い尾生という男が女性と橋の下で会う約束をした。尾生は時間になっても来ない女性を待ち続け、大雨で川が増水してきても去らず、橋桁に抱きついたまま水死したという故事による。

顰《ひそ》みに倣《なら》う

事のよしあしを考えずに人真似《まね》をすることのたとえ。転じて、自分も他人に倣って同じ行動をとることを謙遜していうときのことば。「西施《せいし》の顰みに倣う」ともいう。

(知識) 「顰み」は、眉間にしわを寄せること。中国の春秋時代、絶世の美女と称《たた》えられた西施が、病気に苦しんで眉をひそめたところ、その姿がたいそう美しく見えたので、醜い女もその真似をしたが、かえって気持ち悪がられたという故事による。出典は『荘子』。

(用例) 先輩の顰みに倣った交渉術で契約が結べました。

左団扇《ひだりうちわ》で暮《く》らす

(利き手でない)左手に持った団扇であおぎながら、のんびり暮らす。自分では 仕事もせず、安楽に暮らすことのたとえ。「左扇《ひだりおうぎ》を使う」とも「左団扇」と略してもいう。

(用例) 去年退職した部長、娘さんがタレントで売れてきて今じゃ左団扇で暮らすご身分だってさ。

左前《ひだりまえ》になる

「左前」は着物の右の衽《おくみ》をふつうとは逆に、外(左)側に出す着方。死者の装束に用いることから、物事が思うように運ばず、だんだん落ち目になること。商売や金回りが悪くなること。「左向きになる」「左回りになる」ともいう。

(用例) 十年前をピークに左前になり昨年、廃業しました。

飛鳥《ひちょう》尽《つ》きて良弓蔵《りょうきゅうかく》る

獲物の鳥が捕り尽くされると、良い弓はその使いみちがなくなりしまいこまれてしまう。敵国が滅びると、戦功のあった忠臣も不要となる。役に立つあいだは大切にされるが、不要になると捨てられるということのたとえ。出典は『史記』。「飛鳥」は「高鳥」ともいい、「蜚鳥《ひちょう》」とも書く。「蔵る」は「蔵《おさ》めらる」ともいう。

(類義) 狡兎《こうと》死して走狗《そうく》烹《に》らる／敵国敗れて謀臣亡《ほろ》ぶ

(英語) The nurse is valued till the child has done sucking.
(子が乳を飲んでいるうちは乳母《うば》も大事にされる)

筆舌《ひつぜつ》に尽《つ》くし難《がた》い

物事の程度などが文章やことばでは表せないほどに、はなはだしいこと。

(知識) 文章で表現できないことをいう場合は「筆紙に尽くし難い」「筆紙に及び難い」を使う。

匹夫《ひっぷ》罪《つみ》なし璧《たま》を懐《いだ》いて罪《つみ》あり

「匹夫」は、取るに足りない平凡な男、身分の低い男。凡人は凡人だからといって罪に問われないが、持ちつけない財宝を持ったばかりに罪を着せられる。分不相応なものを持ったり、身の程知らずなことをしたりすると、災いを招くということ。「匹夫」は「小人《しょうじん》」ともいい、短く「璧を懐いて罪あり」ともいう。出典は『春秋左氏伝《しゅんじゅうさしでん》』。

匹夫《ひっぷ》の勇《ゆう》

道理に疎い平凡な男(匹夫)が、がむしゃらに力を振るうような、あさはかな勇気やむやみな強がりを蔑んでいうことば。出典は『孟子《もうし》』。「小人《しょうじん》の勇」とも。

(知識) 中国の孟子が斉《せい》の宣王《せんおう》に「剣を手にして敵と対峙《たいじ》するさいの勇気とは、たった一人を相手にしての勇気であり、匹夫の勇にすぎない。王ならもっと大きな勇気を持つべきだ」と諭したことから。

匹夫《ひっぷ》も志《こころざし》を奪《うば》うべからず

「匹夫」は、取るに足りない平凡な男、身分の低い男。取るに足りない男でも、その意志が堅固であれば誰もそれを曲げさせることはできないということ。また、人の志は重んじるべきであるというたとえ。出典は『論語』。

(類義) 一寸の虫にも五分《ぶ》の魂

(英語) A man may lead a horse to the water, but he cannot make him drink. (馬を水のある所へ連れていくことはできても無理に水を飲ませることはできない)

必要《ひつよう》は発明《はつめい》の母《はは》

必要に迫られると、しぜんといろいろな発明や工夫が生みだされる。必要は発明にとっての母のようなものであるということ。

(類義) 窮すれば通ず

(英語) Necessity is the mother of invention. の訳。

人跡繁《ひとあとしげ》ければ山《やま》も窪《くぼ》む

人の往《ゆ》き来が多くなれば、山もやがては窪んでくるということ。小さな力でも、積み重なれば大きな結果を残すというたとえ。「人跡」は「じんせき」とも読む。

(類義) 雨垂れ 石を穿《うが》つ／釣瓶《つるべ》縄 井桁を断つ

ひ

人酒《ひとさけ》を飲《の》む 酒酒《さけさけ》を飲《の》む 酒人《さけひと》を飲《の》む

酒をはじめのうちは味わって飲んでいるが、しだいに酔ってきてその勢いで飲み、最後には飲まれてしまう状態をいう。酒の飲みすぎを戒めることば。

一筋縄《ひとすじなわ》で行《ゆ》かぬ

通常の手段では思うようにいかないことのたとえ。一癖も二癖もある人や、極めて厄介な問題を扱うときに用いる。「甘い酢では行かぬ」「甘口では行かぬ」ともいう。

人《ひと》と屏風《びょうぶ》は直《す》ぐには立《た》たず

屏風は曲げなければ立たないように、人も正論をふりかざしてばかりでは生きていけないということ。世渡りには自説や主張を曲げて妥協し、人に合わせることも必要であるという教え。

(類義) 曲がらねば世が渡られぬ

人《ひと》の一生《いっしょう》は重荷《おもに》を負《お》うて遠《とお》き道《みち》を行《ゆ》くが如《ごと》し

人生とは、重い荷物を背負って遠い道のりを歩き続けるようなものであるという徳川家康《とくがわいえやす》の遺訓。人生には努力と忍耐が必要であるということ。「急ぐべからず。不自由を常と思えば不足なし」と続く。

(英語) The life of man is a winter's day and a winter's way.
(人の一生は冬の日、冬の道である)

人《ひと》の噂《うわさ》も七十五日《しちじゅうごにち》

世間のうわさというのは、人に伝わるのも早いが、忘れられるのも早いものであるということ。「世の取り沙汰も七十五日」ともいう。

(英語) A wonder lasts but nine days.
(驚嘆は九日間しか続かない)

人《ひと》の口《くち》に戸《と》は立《た》てられぬ

人の口は、家の扉のようには閉めておけない。世のうわさや評判は、防ぎきれないものであるということ。

人《ひと》の苦楽《くらく》は壁一重《かべひとえ》

壁一つ向こうにある隣家のことがまったくわからないのと同じように、他人の苦しみや楽しみは、どんなものだろうと自分には他人事《ひとごと》でしかないことをいう。

人《ひと》のふり見《み》て我《わ》がふり直《なお》せ

人は自分の挙動をじかに見ることができないので、他人の言行をよく見たり、参考にしたりして自分の言動を反省し改めよ、ということ。反面教師。

(類義) 他山の石／人こそ人の鏡

(英語) Learn wisdom by the follies of others.
(他人の愚行から英知を学べ)

人《ひと》の褌《ふんどし》で相撲《すもう》をとる

自分の褌は使わずに人の褌を借りて相撲をとる。人のものを使って自分の用をすませることのたとえ。

(知識) 便乗して目的を果たそうとする行為への非難のことばとして使われる。

(類義) 舅《しゅうと》の物で相婿《あいむこ》もてなす／他人の念仏で極楽参り

人《ひと》は一代《いちだい》 名《な》は末代《まつだい》

人の命は一代きりだが、業績や名声は末永く後世に残る。目先の欲得よりも名を残すような生き方をせよ、ということ。「人は」は「身は」「家は」ともいう。

(類義) 骨は朽《く》ちても名は朽ちぬ／人は死して名を留《とど》む

(英語) The person dies but the name remains.
(人は死ぬがその名は残る)

一旗《ひとはた》揚《あ》げる

新しい事業を起こす、また一仕事をして成功すること。

(知識) 敵の城を陥落させたり占拠したりしたときに、自軍の旗を立ててその証《あかし》としたことから、際立った働きをして独立することをいうようになった。

(用例) 当時は、地方から上京してきて一旗揚げようという志の青年がたくさんいた。

一肌《ひとはだ》脱《ぬ》ぐ

人のために本気で援助すること。「一肩脱ぐ」ともいう。

(知識) 肌脱ぎになって仕事に取りかかる、との意から。

(用例) 村に病院を造るために一肌脱いでくれないか。

人《ひと》は情《なさ》けの下《した》で立《た》つ

人間は互いに思いやって生きていくものである、ということ。「下で立つ」は「下で住む」とも。

人《ひと》はパンのみにて生《い》くるにあらず

人は、物質的な満足だけのために生きているのではない。精神的な満足を得るためにこそ生きるべきであるということ。『新約聖書』のキリストのことば。

(英語) Man shall not live by bread alone. の訳。

人《ひと》は人中《ひとなか》 田《た》は田中《たなか》

人は世間に出て大勢の中で揉《も》まれるのがよく、田んぼはほかの田に囲まれた田がよいということ。

人《ひと》は見《み》かけによらぬもの

人間の本心や人柄のよしあしは、外見からは判断できないものである。人は外見からは窺《うかが》い知れない意外な一面を持っているということ。「見かけ」は「上辺《うわべ》」とも。 ↗

(類義) 測り難きは人心／人は知れぬもの

(英語) The handsomest flower is not the sweetest.
(見かけのよい花が甘いとは限らない)
Appearance often deceives.
(外見はしばしば人を誤らせる)

人《ひと》は道《みち》によって賢《かしこ》し

人は、それぞれの専門のことに通じているものである。プロは、やはりプロであるということ。

(類義) 芸は道によって賢し／餅は餅屋

人《ひと》は見目《みめ》よりただ心《こころ》

人は外見より中身が大事である。容姿より心の美しさが大切である、ということ。「見目」は「眉目」とも書く。

(類義) 人は心が目抜き

一人子《ひとりご》は国《くに》に憚《はばか》る

一人っ子は甘やかされてわがままに育ち、嫌われ者になりやすいということ。「一人子供は国から憚る」「一人子世に憚る」ともいう。

一人《ひとり》の文殊《もんじゅ》より三人《さんにん》のたくらだ

一人の優れた知恵者が考えるより、愚か者でも多くが集まって考えるほうが、妙案が浮かぶということ。

(知識) 「文殊」は、知恵をつかさどる文殊菩薩《ぼさつ》。「たくらだ」は麝香鹿《じゃこうじか》に似た獣で、鹿狩りのときに自分から飛びだしてきては殺されたので、愚か者のたとえにされた。

(類義) 三人寄れば文殊の知恵

一人娘《ひとりむすめ》に婿八人《むこはちにん》

娘一人の婿のなり手が八人いる。目的物は一つなのに競争者が多くいることのたとえ。「娘一人に婿八人」とも。

人《ひと》を呪《のろ》わば穴二《あなふた》つ

相手を呪い殺そうと墓穴《はかあな》を掘る者は、自分も同じ目に遭って自分用の墓穴も必要となる。人に害を与えようとすれば、やがては自分にもそれが返ってくるということ。「人を呪わば穴七つ」ともいう。

(用例) 別れた恋人に無言電話なんてやめなさい。人を呪わば穴二つで、いいことないわよ。

(類義) 剣を使う者は剣で死ぬ／天に唾《つばき》す

(英語) Harm set, harm get.
（人に害を与えれば、自分も害される）

人《ひと》を見《み》たら泥棒《どろぼう》と思《おも》え

他人は信用ならないものだから、まずは用心してかかれという戒め。「人を見たら鬼と思え」ともいう。

(類義) 人は盗人《ぬすびと》 火は焼亡《しょうもう》／火を見れば火事と思え

(対義) **七度尋ねて人を疑え／渡る世間に鬼はない**

(英語) Man is a wolf to man.（人は人にとって狼《おおかみ》である）

人《ひと》を見《み》て法《ほう》を説《と》け

説得する場合は、相手の人柄や性質をよく見て、その人に適した方法で話さなければいけないということ。「人」は「にん」とも読む。

(類義) 機に因《よ》りて法を説け／人見て使え

(英語) All meat pleases not all mouths.
（あらゆる肉があらゆる口を喜ばせるわけではない）

火《ひ》に油《あぶら》を注《そそ》ぐ

燃えている火に油を注ぎかけるように、勢いのあるものをさらに勢いづかせるたとえ。危険な手出しや口出しによって、収拾がつかなくなること。

(類義) 駆け馬に鞭《むち》／飛脚に三里の灸《きゅう》／吠《ほ》える犬に嗾《けしか》ける

ひ

微《び》に入《い》り細《さい》を穿《うが》つ

細部まで気を配る。微細な点まで詮索すること。「微に入り細に入り」ともいう。

髀肉《ひにく》の嘆《たん》

実力を発揮し功名を立てる機会が、なかなか得られないことを嘆くたとえ。

(知識) 何か一仕事したくて腕が鳴る、というようなときに「髀肉の嘆を託《かこ》つ」という。◇中国、蜀《しょく》の劉備《りゅうび》が戦いで力を発揮する機会に恵まれず、馬にまたがり戦場を駆け回れなくなったため「髀肉(ももの肉)」がついたと嘆いたという『三国志』の故事から。

火《ひ》のない所《ところ》に煙《けむり》は立《た》たぬ

まったく火の気のない所から煙は立たないように、うわさが立つ以上、何らかの根拠や理由があるはずであるということ。

(類義) 飲まぬ酒には酔わず／物がなければ影ささず

(対義) **根がなくとも花は咲く／飲まぬ酒に酔う**

(英語) There is no smoke without fire.（火なければ煙なし）

美味《びみ》も喉三寸《のどさんずん》

食べ物がおいしいと感じるのは喉を通り過ぎる三寸というわずかなあいだで、胃に入ってしまえばまずいものと同じであることから、楽しいこと、うれしいことは一瞬のうちに終わってしまうということ。

百害《ひゃくがい》あって一利《いちり》なし

弊害が多いばかりで、よいことが一つもないということ。

(用例) 外食が続くと家計を圧迫し、偏食から栄養不足に陥って、いきおい体も壊す。百害あって一利なしだ。

ひ

百芸達《ひゃくげいたっ》して一心《いっしん》足《た》らず

いろいろなことに優れた才能を見せながら、しっかりした心構えがないために大成しないこと。

百尺竿頭《ひゃくしゃくかんとう》に一歩《いっぽ》を進《すす》む

登りつめた百尺（1尺は約30センチメートル）の竿《さお》の先で、なおも一歩を進める。頂上を極めたことに満足せず、さらに努力することをいう。また、十分言辞を尽くしたうえに、さらにもう一つ突っ込んで詳しく説明すること。

百日《ひゃくにち》の説法《せっぽう》屁《へ》一《ひと》つ

百日も続いた厳粛な説教も、ふと漏れてしまった説教者のおならでたちまちありがたみがなくなってしまう。転じて、長いあいだの苦心が、ささいな失敗でぶち壊されてしまうことのたとえ。「七日《なぬか》の説法屁一つ」ともいう。

(類義) 九仞《きゅうじん》の功を一簣《いっき》に虧《か》く

(英語) One hour's cold will spoil seven year's warming.
（一時間冷やすことで七年間の温かさがむだになる）

百聞《ひゃくぶん》は一見《いっけん》に如《し》かず

人の話を百回聞くよりも、自分の目で実際に一度見たほうがはるかに確実であるということ。

(類義) 聞いた百より見た一つ／論より証拠

(英語) One eyewitness is better than many hearsays.
（多くのうわさより一人の目撃者のほうが確かだ）
Seeing is believing.（見ることは信じること）

百里《ひゃくり》の道《みち》は九十里《くじゅうり》が半《なか》ば

百里の道を行くなら、九十里で半分と思え。何事も最後まで油断せずに努力せよ、ということ。「百里を行く者は九十を半ばとす」ともいう。

冷《ひ》や酒《ざけ》と親《おや》の意見《いけん》は後《あと》の薬《くすり》

冷や酒はいくら飲んでもすぐには酔いがまわらない。同様に、親の意見は言われたときには何とも感じないが、あとで思い当たり、ありがたく思うということ。「親の意見と冷酒は後できく」ともいう。

氷山《ひょうざん》の一角《いっかく》

表面に現れているのはほんの一部分で、大部分は隠されていることのたとえ。

(知識) 氷山は、海面から上に出ている部分が全体の七分の一ほどで、大部分は海中に隠れていることからいう。

(用例) 表沙汰になる贈収賄事件は氷山の一角だ。

平仄《ひょうそく》が合《あ》わぬ

話の前後が食い違っている。物事の筋道が通らないこと。

(知識) 漢詩を作るときには、規則にのっとって平字と仄字を配置しなければならない。平仄が合っていないと調子がはずれることからいう。

氷炭相愛《ひょうたんあいあい》す

性質が反対の氷と炭火《すみび》が愛し和合するかのように、相手の足りないところを補い合ったり、互いに助け合ったりすることのたとえ。出典は『淮南子《えなんじ》』。

(対義) 氷炭相容《い》れず

氷炭相容《ひょうたんあいい》れず

氷と炭火《すみび》のように、性質が反対で合わないことのたとえ。また、性格が正反対の大人《たいじん》と小人《しょうじん》は共存させられない、ということ。出典は『楚辞《そじ》』。

(類義) 犬猿の仲／氷と炭／水と油

(対義) 氷炭相愛す／水と魚

瓢簞《ひょうたん》から駒《こま》が出《で》る

意外なところから意外な結果が生じることのたとえ。また、ありえないことが事実になってしまうこと。

(知識) 冗談で言ったことが実現したときによく使われる。

(注意) 「駒」は馬のことで、遊具の「独楽《こま》」と書くのは誤り。

(類義) 噓《うそ》から出た実《まこと》／灰吹《はいふき》から蛇《へび》が出る

(対義) 瓢簞から駒も出《いで》ず

火《ひ》を見《み》るよりも明《あき》らか

火を見れば火だとわかるが、それよりも明白にわかるということから、物事の道理がはっきりしていて、疑いを入れる余地がまったくないことのたとえ。自明の理。

牝鶏晨《ひんけいあした》す

女性が勢力を持ち、権勢を振るうたとえ。出典は『書経』。

(知識) 鶏は雄鶏《おんどり》が鳴いて夜明けを告げるのが普通だが、雌鶏《めんどり》が雄鶏より先に鳴いてしまうことを、中国では家や国が滅ぶもとになるとして忌み嫌った。

(類義) 雌鶏勧めて雄鶏時を作る／雌鶏時を作る

貧者《ひんじゃ》の一灯《いっとう》

貧しい者の真心のこもった寄進は、たとえほんのわずかなものであっても、富者の虚栄に満ちた多くの寄進にまさるものである。心のこもった行為こそ尊いということ。「長者の万灯《まんとう》より貧者の一灯」「貧女の一灯」ともいう。

貧《ひん》すれば鈍《どん》する

人は貧しくなると日々の暮らしを立てることで頭がいっぱいになり、精神、道徳などに対して鈍感になってあさましいことをするようになるということ。「貧すりゃ鈍す」ともいう。 ↗

(注意)「鈍する」を「貧する」と書くのは誤り。

(類義)馬痩せて毛長し／窮すれば濫《らん》す／知恵の鏡も曇る

(英語)He that loses his goods loses his sense.
（財産を失った人は分別もなくす）

貧《ひん》にして楽《たの》しむ

貧しくても、正しい道を楽しんで歩むこと。君子の心境をいった孔子のことば。出典は『論語』。

(類義)食わず貧楽高枕《ひんらくたかまくら》

貧乏人《びんぼうにん》の子沢山《こだくさん》

養育する金のない貧乏人に限って、子どもがたくさんいるということ。縮めて「貧乏子沢山」ともいう。

(類義)小柿《こがき》に核《さね》多し／律儀者の子沢山

(対義)長者に子なし

貧乏暇《びんぼうひま》なし

貧乏人は日々生活に追われ、ゆとりがないということ。

(英語)Poor man has no leisure. の訳。

風雲《ふううん》 急《きゅう》を告《つ》げる

嵐の前の風と雲の動きが急であることから、何か大事件が起きそうな、緊迫した情勢になることのたとえ。

(用例)内閣不信任案可決で、政局が風雲急を告げている。

富貴《ふうき》 天《てん》にあり

人が富んだり尊くなったりするのは天が与えるものだから、運に恵まれなければ、人の力ではどうすることもできないということ。出典は『論語』。

(知識)天命で定められた人の生死は人力ではままならない、という意味の「死生 命あり」に続けて、原典どおり「死生命あり、富貴天にあり」ということもある。

富貴《ふうき》は浮雲《ふうん》の如《ごと》し

金持ちになったり、高い地位に上ったりすることは、雲のように、はかないものであるということ。

風樹《ふうじゅ》の嘆《たん》

親孝行をしようと思ったときには親はすでに死んでしまっていて、孝行がしたくてもできないという嘆き。

(知識)『韓詩外伝《かんしがいでん》』の「樹《き》、静かならんと欲すれども風止《や》まず、子、養はんと欲すれども親待たず」に基づく。樹が静かになりたいと思っても、風がやまないうちはどうにもならない。子が孝養したいと思っても、親が死んでいたのではどうにもならないという対句。孝養できない嘆きを、樹と風にたとえていったもの。

風《ふう》する馬牛《ばぎゅう》も相及《あいおよ》ばず

「風する」は、さかりがつくこと。さかりのついた馬や牛の雌雄は、互いを求めて遠くまで行くが、それができないほど離れているということ。転じて、互いに遠く離れていること、無関係であること、また無関係のふりをすることのたとえ。短く「風馬」「風馬牛」ともいう。

風前《ふうぜん》の灯火《ともしび》

風にさらされてすぐに消えそうな灯火。危険が切迫していて人命が失われそうなことのたとえ。また、物事のはかないことにも使う。「風前の塵《ちり》」ともいう。

(類義)朝日に霜／魚《うお》の釜中《ふちゅう》に遊ぶが如《ごと》し

(英語)A candle flickering before the wind. の訳。

夫婦喧嘩《ふうふげんか》は犬《いぬ》も食《く》わぬ

夫婦げんかは放っておいてもしぜんとおさまるから、他人は仲裁などに入るものではないという戒め。「夫婦 ↗

喧嘩と夏の餅は犬も食わぬ」ともいう。

(英語) One should not interfere in lover's quarrels.
(痴話げんかに干渉するべからず)

笛《ふえ》吹《ふ》けども踊《おど》らず

準備をととのえ懸命に誘っても、相手がそれに応じず動かないことのたとえ。『新約聖書』のことば。

(英語) We piped for you, and you did not dance. の訳。

深《ふか》い川《かわ》は静《しず》かに流《なが》れる

深い川は、ゆったりと静かに流れる。真に実力のある者は落ち着いていて騒がない。また、思慮深い人は沈着冷静であるというたとえ。

(類義) 能ある鷹《たか》は爪を隠す

(対義) 空き樽《だる》は音が高い／浅瀬に仇波《あだなみ》／痩せ犬は吠《ほ》える

腹心《ふくしん》の疾《やまい》

治療を施しにくい腹や胸の病気。転じて、解決方法のない悩み事や心配事、除きがたい敵のたとえ。「心腹《しんぷく》の疾」ともいう。

覆水盆《ふくすいぼん》に返《かえ》らず

一度したことは取り返しがつかない。また、別れた夫婦は、もとどおりにならないというたとえ。

(知識) 中国、周《しゅう》の太公望《たいこうぼう》・呂尚《りょしょう》が読書ばかりして働かないので、妻は離縁を求めて実家に戻った。後に呂尚が出世すると、妻が再縁を求めてやってきたが、呂尚は盆の水をこぼし、その水をもとに戻せたら願いを聞こう、と言って断ったという故事による。

(類義) 破鏡再び照らさず／落花枝に還《かえ》らず

(英語) It is no use crying over spilt milk.
(こぼれたミルクを嘆いてもしかたがない)

ふ

河豚《ふぐ》は食《く》いたし命《いのち》は惜《お》しし

おいしい河豚は食べたいが、かといって毒にあたるのも怖い。結果の恐ろしさを思い、実行に移せないこと。

(知識) 何かをしたいのだが、危険もあってためらったり、判断に迷ったりする場合にいう。

(英語) Honey is sweet, but the bee stings.
(蜜は甘いが蜜蜂は刺す)

武士《ぶし》は食《く》わねど高楊枝《たかようじ》

武士は貧しくて食事ができなくても、満腹になったかのように悠々と楊枝を使う。転じて、貧しさや困難にぶつかっても、気位を高く持つこと。

(英語) Eagles eat no flies. (鷲《わし》は蠅《はえ》を食べない)

符節《ふせつ》を合《がっ》するが如《ごと》し

二つのものがぴたりと一致すること。「符節を合わすが如し」とも、たんに「符合する」ともいう。

(知識)「符節」は割り符のことで、木片や竹片に文字などを書いて二つに割ったもの。後日、二つを合わせることで取引や契約の証《あかし》とした。

布施《ふせ》ない経《きょう》に袈裟《けさ》を落《お》とす

僧侶は布施がないと袈裟も着ずに経を読む。人は報酬が少ないと、労力を出し惜しみするものであるということ。

(類義) 布施見て経読む／仏事供養も布施次第

豚《ぶた》に真珠《しんじゅ》

価値のわからない者に高価なものを与えても、何の役にも立たないということのたとえ。

(類義) 犬に論語／馬の耳に念仏／猫に小判

(英語) To cast pearls before swine. の訳。

豚《ぶた》を盗《ぬす》んで骨《ほね》を施《ほどこ》す

豚を盗みその肉を食べたあとで、残る骨を他人に恵む。大きな悪事を働き、償いとしてわずかな善行をすること。

舟盗人《ふなぬすびと》を徒歩《かち》で追《お》う

盗んだ舟で逃げる者を、徒歩で陸から追いかける。骨折り損のたとえ。また、やり方が適当でないことのたとえ。

舟《ふね》に刻《きざ》みて剣《けん》を求《もと》む

世の中の移り変わりに気づかず、昔ながらの考え方やしきたりをかたくなに守り続ける愚かさをいう。

(知識) 中国は楚《そ》の国で、川を渡る舟から剣を落とした者が舟べりに目印を刻みつけ、舟が岸に着いたあとでその目印の下を捜したが剣は見つからなかった、という『呂氏春秋《りょししゅんじゅう》』の故事に基づく。

(類義) 株を守りて兎《うさぎ》を待つ

舟《ふね》を焼《や》く

舟を焼いて退けないようにすること。自分から逃げ道を断って、決死の覚悟で物事にあたることのたとえ。

(知識) ユリウス・カエサルが敵国に侵入するさい、退却用の舟を焼いて後退の道を断ち、部下に勝利か死かを覚悟させたことから。「川を渡り舟を焼く」とも。

(類義) 背水の陣／船を沈め釜を破《わ》る

(英語) To burn one's boats. の訳。

蜉蝣《ふゆう》の一期《いちご》

「蜉蝣」はかげろう、「一期」は一生。かげろうは朝生まれて夕方には死んでしまうほどの寿命しかない。人の一生も同様で、短くはかないものであるということ。

(類義) ぶよの一時《いっとき》

ふ

冬《ふゆ》来《き》たりなば春遠《はるとお》からじ

寒く厳しい冬のあとには、明るく暖かい春がめぐってくる。今はたとえ不幸でも、長くは続かない。やがて明るい希望が見えてくるということ。イギリスの叙情詩人シェリーの「Ode to the West Wind（西風に寄する歌）」の結節で、If winter comes, can spring be far behind? の訳。

古川《ふるかわ》に水《みず》絶《た》えず

古い川は水が涸《か》れたように見えても、すこしずつ流れていて絶えることはない。昔から富裕な家には、落ちぶれても何らかの財産、宝物が残っているものであるということ。「古川には水涸れず」ともいう。

(類義) 大鍋の底は撫《な》でても三杯／腐っても鯛《たい》／長者の跡は三年味噌《みそ》臭い

古傷《ふるきず》は痛《いた》み易《やす》い

古い傷は天候の変わり目などに痛みやすい。同じように、昔の悪事や失敗は、何かにつけて思いだされ胸が痛んだり、新たな災いを呼んだりするというたとえ。

(英語) Old sins breed new shame.（古い罪は新たな恥を生む）

故《ふる》きを温《たず》ねて新《あたら》しきを知《し》る

古典や伝統を研究して、新しい知識や見解を得ること。また、昔の出来事、古い物事の中に今に通じる新しい価値や意義を見いだすこと。出典は『論語』。

(知識) 指導者たる者の条件として述べた、孔子のことば。「温故知新」は、このことばの四字熟語。

(注意) 四字熟語で、「知新」に対し「温古」と書くのは誤り。

(類義) 往《おう》を彰《あき》らかにして来《らい》を察す

(英語) He that would know what shall be, must consider what has been.（未来を知りたければ経緯を考察せよ）

降《ふ》れば必《かなら》ずどしゃ降《ぶ》り

雨が降ると必ずどしゃ降りになってしまうように、何事か起こると、決まって運がないというたとえ。また、不幸なできごとは重なりやすいということ。

(類義) 泣き面《つら》に蜂／弱り目に祟《たた》り目

(英語) It never rains but it pours. の訳。

刎頸《ふんけい》の交《まじ》わり

「刎頸」は、首を刎《は》ねること。いっしょに首を刎ねられても悔いはない、というほどのつき合い。生死を共にするほど親しい交際のたとえ。「刎頸の友」ともいう。

(知識) 中国の春秋時代、趙《ちょう》の将軍・廉頗《れんぱ》は、藺相如《りんしょうじょ》が功績によって自分より上位に昇進したのを恨んだが、相如は、二人が争うことは国を滅ぼすことになるとして、廉頗との争いを避けた。これを伝え聞いた廉頗は、自らを恥じて相如のもとに謝罪に行き、以後、刎頸の交わりを結んだという『史記』の故事による。

(類義) 管鮑《かんぽう》の交わり／金石の交わり／水魚の交わり

踏《ふ》んだり蹴《け》ったり

何度もひどい目に遭うこと。また、重ねてひどい目に遭わせること。

(類義) 痛む上に塩を塗る／こけた上を踏まれる／泣き面《つら》に蜂／弱り目に祟《たた》り目

文《ぶん》は人《ひと》なり

文章は、その筆者の思想や性格が表れるものだから、書いたものを見れば、その人がわかるということ。

(知識) 18世紀のフランスの博物学者ビュフォンのことば。

(英語) The style is the man (himself). の訳。なお、英語の言い回しはほかにも多数ある。

分別《ふんべつ》過《す》ぐれば愚《ぐ》に返《かえ》る

物事はあまり考えすぎると、かえって愚かな考えに行き着いてしまうということ。

(類義) 過ぎたるは猶《なお》及ばざるが如《ごと》し

(英語) Too much discretion becomes stupidity. の訳。

憤懣《ふんまん》遣《や》る方《かた》ない

「憤懣」は、腹だたしくて我慢できないこと、またその気持ち。怒りを晴らすすべがないということ。

(用例) 特ダネをすっぱ抜かれ憤懣遣る方ない。

(類義) 腸《はらわた》が煮えくり返る

平家《へいけ》を滅《ほろ》ぼすは平家《へいけ》

平家が源氏によって滅ぼされたのは、平家自らの驕《おご》りや悪行のためであって、誰のせいでもないということ。自業自得のたとえ。

(類義) 仇《あだ》も情けも我が身より出る／身から出た錆《さび》

臍《へそ》が茶《ちゃ》を沸《わ》かす

非常におかしくて、またばかばかしくて、話にならないことのたとえ。笑止千万。「臍で茶を沸かす」「臍が茶をひく」「臍が宿替えする」「踵《きびす》が茶を沸かす」ともいう。

(知識) 嘲りの意を込めて用いることが多い。

(英語) It would make a horse laugh.（馬も笑うほどである）

下手《へた》があるので上手《じょうず》が知《し》れる

下手な者がいるからこそ、上手な者が目立つということ。「下手ありて上手わかる」ともいう。

(知識) 下手な者が自己弁護するときや、下手な者をかばうときに用いる。

(類義) 馬鹿《ばか》があって利口が引き立つ

下手《へた》な鉄砲《てっぽう》も数《かず》撃《う》ちゃ当《あ》たる

下手な鉄砲撃ちでも、数多く撃てばまぐれ当たりがある。下手な者でも数多く試みれば、うまくいくことがあるということ。また、根気よく努力を続けていれば、やがては成功するというたとえ。

(類義) 下手な鍛冶《かじ》屋も一度は名剣／下手の金的《きんまと》

(英語) He that shoots oft, at last shall hit the mark.
（しばしば射る者は、ついには的を射る）

下手《へた》な味方《みかた》は無《な》いがまし

下手な者が味方にいても頼りにならない。足手まといになるだけだから、むしろいないほうがよいということ。

(対義) 蟻《あり》も軍勢／餓鬼も人数

下手《へた》の考《かんが》え休《やす》むに似《に》たり

名案も浮かばないのに長考しているのは、まるで休んでいるようなもので、時間のむだであるということ。「下手な考え休むに如《し》かず」「下手の思案は休むに同じ」とも。

(知識) 囲碁や将棋の対局で、相手の長考をからかうときにいうことが多い。

(英語) Mickle fails that fools think.
（愚か者が考えた多くのことは失敗となる）

下手《へた》の道具《どうぐ》立《だ》て

下手な者ほど自分が使う道具に注文や文句をつけたがるということ。「道具立て」は「道具選び」「道具調べ」ともいい、「下手の伊達《だて》道具」ともいう。

(類義) 藪《やぶ》医者の薬味箪笥《だんす》

(対義) 弘法《こうぼう》筆を択《えら》ばず／名筆は筆を択ばず

(英語) A bad workman quarrels with his tools.
（下手な職人は道具に難癖をつける）

下手《へた》の横好《よこず》き

下手なくせに、その物事が非常に好きで熱心なこと。「横好き」は「馬鹿好き」「物好き」「悪好き」ともいう。

(知識) 自分の趣味についていう場合が多い。◇「横好き」は異常に好き、専門でないものが好きの意。この「横」には本来の枠をはずれている、無理、勝手という意味があり、熟語の「横車を押す」「横槍を入れる」「横紙破り」のように、好ましくない意味で使う。

(対義) 好きこそ物の上手なれ

へっついより女房《にょうぼう》

「へっつい」は、竈《かまど》のこと。生計を立てる力もないのに妻を欲しがる、また、もらうこと。「竈より先に女房」とも。

蛇《へび》に蛙《かえる》

蛙が、蛇ににらまれると動けなくなるといわれていることから、怖いものや苦手なものの前に出て、身がすくんで手も足も出ないさまをいう。「蛇ににらまれた蛙」とも。

蛇《へび》に嚙《か》まれて朽《く》ち縄《なわ》に怖《お》じる

一度蛇に嚙まれた者は、蛇に似ている朽ちた縄にもおびえるという意。一度ひどい目に遭うと、それに懲りて、必要以上に用心深くなること。

(類義) 羹《あつもの》に懲りて膾《なます》を吹く／黒犬に嚙まれて赤犬に怖じる

(英語) The scalded cat fears cold water.
(熱湯で火傷《やけど》した猫は冷水を恐れる)

弁慶《べんけい》の立《た》ち往生《おうじょう》

弁慶が衣川《ころもがわ》の合戦で、義経《よしつね》を守るために矢面《やおもて》に立ち、橋の真ん中で薙刀《なぎなた》を杖《つえ》に立ったまま死んだという伝説から、進むことも退くこともできないことのたとえ。

弁慶《べんけい》の泣《な》き所《どころ》

弁慶ほどの豪傑でも、そこを攻撃されると痛がって泣くという急所をいい、向こう脛《ずね》、あるいは中指の第一関節から先の部分のこと。転じて、一番の弱点。

(類義) アキレスの踵《かかと》／ジークフリートの肩

ペンは剣《けん》よりも強《つよ》し

「ペン」は、文字によって表現される思想や言論活動を象徴するもの。思想や言論の力が人に与える影響は、武力よりも大きいということ。イギリスの小説家リットンの戯曲『リシュリュー』の中のことば。

(類義) 文《ぶん》は武に勝る

(英語) The pen is mightier than the sword. の訳。

辺幅《へんぷく》を飾《かざ》る

「辺幅」は、反物などの布の縁。物事の外観・外見を立派に見せかけること。外見を良く見せようと飾り立てること、見栄《みえ》を張ること。「上辺を飾る」とも。

弁《べん》を以《もっ》て知《ち》を飾《かざ》らず

自分の知恵を弁舌だけで飾ったりしないことをいう。

奉公人《ほうこうにん》に使《つか》われる

こちらが使っている奉公人に、かえって使われている。人を使うことは気を遣うことが多く、かえって人に使われているようなものであるということ。

(類義) 使うものは使われる

奉公人《ほうこうにん》の陰口《かげぐち》

家臣や使用人の主人に対する悪口の意から、下品で卑しい悪口。よくあることのたとえ。

暴虎馮河《ぼうこひょうが》の勇《ゆう》

「暴虎」は虎を素手で打つ意、「馮河」は大河を歩いて渡る意で、共に向こうみずな勇気を表すことば。無謀な勇気のたとえ。出典は『論語』。

坊主《ぼうず》憎《にく》けりゃ袈裟《けさ》まで憎《にく》い

「袈裟」は、僧が法衣の上に肩からかける布のこと。僧を憎らしく思えば、僧が着ている袈裟までも憎らしく思えるという意味。転じて、人を憎む気持ちがあると、その人にかかわるものすべてが憎くなるというたとえ。「法師憎けりゃ袈裟まで憎し」ともいう。

(類義) 親が憎けりゃ子も憎い

(対義) 愛 屋烏《おくう》に及ぶ／痘痕《あばた》も靨《えくぼ》／惚《ほ》れた欲目

坊主《ぼうず》の鉢巻《はちま》き

坊主頭に鉢巻きをすると、滑り落ちるので耳で受け止める形になることから、耳に止まって、知っているというしゃれ。また、滑ってうまく締められないことから、締まりがない、うまくできないというときのしゃれ。

棒《ぼう》に振《ふ》る

「棒」は劣悪なこと、だめなこと。それまでの努力や苦心をむだにしてしまうこと。

(用例) 刑事告発されて失脚し、残りの人生を棒に振った。

(類義) 水泡《すいほう》に帰する／水の泡

棒《ぼう》ほど願《ねが》って針《はり》ほど叶《かな》う

棒ほどの大きな望みを持っていても、それが叶うのは針ほどの大きさでしかないという意味。願望はほんのわずかしか実現しないというたとえ。

(類義) 富士の山ほど願《ねご》うて蟻塚《ありづか》ほど叶う

亡羊《ぼうよう》の嘆《たん》

「亡羊」は、羊を失うこと。分かれ道が多くて、逃げた羊が見つからず嘆くという意。学問の道が複雑に分かれているために、真理を見極めにくいことの嘆き。また、方針が多すぎて選択に迷い、思案にくれること。出典は『列子』。

(類義) 多岐亡羊《たきぼうよう》

炮烙《ほうろく》の割《わ》れも三年《さんねん》置《お》けば役《やく》に立《た》つ

「炮烙」は、素焼きの平らな土鍋。今は役に立たなくても、いつかは役立つときがくる。まったく無用なものはないというたとえ。「破《わ》れ鍋も三年置けば用に立つ」とも。

(類義) 貧乏人も三年置けば用に立つ

(対義) **破《わ》れ鍋二度の役に立たず**

(英語) Keep a thing seven years and you will find a use for it.
(物を七年とっておけば使い道が見つかるものだ)

吠《ほ》える犬《いぬ》は噛《か》みつかぬ

むやみに威張ったり強がったりする者に限って、実力はないものであるというたとえ。

(類義) 空き樽《だる》は音が高い／浅瀬に仇波《あだなみ》／鳴く猫は鼠《ねずみ》を捕らぬ

(対義) **食いつく犬は吠えつかぬ／能ある鷹《たか》は爪を隠す**

(英語) Barking dogs seldom bite. の訳。

木実繁《ぼくじつしげ》き者《もの》は其《そ》の枝《えだ》を披《さ》く

木の実の重みで枝を裂くことから、従臣が強くなると君主の地位が危ぶまれるというたとえ。出典は『史記』。

墓穴《ぼけつ》を掘《ほ》る

自分で自分の墓を掘る。自分がしたことが原因で、失敗、敗北すること。「自ら墓穴を掘る」ともいう。

(用例) 下手な言い訳をして墓穴を掘ってしまった。

臍《ほぞ》を噛《か》む

「臍」はへそのこと。自分のへそを噛もうと思っても、口が届かないという意で、取り返しのつかないことを悔やむ、後悔してもどうにもならないことのたとえ。

仏《ほとけ》作《つく》って魂《たましい》入《い》れず

立派な仏像を造っておきながら、肝心な魂が入っていない。物事のもっとも大切なところが欠けていることをさしていう。「仏作って眼を入れず」とも。

(類義) 画竜点睛《がりょうてんせい》を欠く／九仞《きゅうじん》の功を一簣《いっき》に虧《か》く

(英語) Ploughing the field and forgetting the seeds.
（耕して種蒔《たねま》きを忘れる）

仏《ほとけ》の顔《かお》も三度《さんど》

いかに慈悲深い仏様でも、その顔を三度もなでられれば腹を立てる。どんなに温和な人でも、無礼が重なれば腹を立てるということ。「地蔵の顔も三度」とも。

(用例) 仏の顔も三度、今度やったら承知しないぞ。

(類義) 兎《うさぎ》も七日《なぬか》なぶれば噛《か》みつく

仏《ほとけ》ほっとけ神構《かみかま》うな

信仰には深入りしないほうがいいということを、語呂合わせで調子よくいったことば。

(類義) 触らぬ神に祟《たた》りなし

骨折《ほねお》り損《ぞん》の草臥《くたび》れ儲《もう》け

労力がかかるばかりで何の利益も上がらず、疲れだけが残ってしまうこと。徒労に終わること。

(用例) 突然の雨で、運動会の準備が骨折り損の草臥れ儲けになってしまった。

(類義) 犬骨折って鷹《たか》の餌食《えじき》／糞骨《くそぼね》を折る／労して功無し

洞《ほら》が峠《とうげ》をきめこむ

確固とした信念もなく、形勢を傍観しながらいつでも有利なほうにつこうとする、日和見《ひよりみ》の態度をいう。

(知識) 羽柴《はしば》(豊臣《とよとみ》)秀吉《ひでよし》と明智光秀《あけちみつひで》が京都の山崎で対決したさい、筒井順慶《つついじゅんけい》が京都と大阪の境、洞が峠に陣取り戦況の有利なほうに味方しようとしたという故事から。「筒井順慶をきめこむ」「日和見の順慶」ともいう。

惚《ほ》れて通《かよ》えば千里《せんり》も一里《いちり》

惚れた相手のもとへ通うのならば、どんな遠い道のりでも苦にはならないということ。「逢《あ》わずに戻ればまた千里」と続く。また、短く「千里も一里」ともいう。

(英語) Love laughs at distance.（愛は距離など問題にしない）

盆《ぼん》と正月《しょうがつ》が一緒《いっしょ》に来《き》たよう

極めて忙しいさま。また、うれしいことが重なることのたとえ。「一緒」は「一所」とも書き、「一時《いっとき》」「一度」ともいう。

(対義) 月雪花《つきゆきはな》は一度に眺められぬ

凡夫《ぼんぷ》盛《さか》んに神祟《かみたた》りなし

たとえ凡夫でも勢いづいているときは神や仏の力もかなわないという意。「人盛んにして神祟らず」とも。

(類義) 悪運強ければ人天に勝つ

枚挙《まいきょ》に遑《いとま》がない

「枚挙」は一つ一つ数え上げる、「遑」は暇の意。数が多くて、いちいち数えられないの意。「遑」は「暇」とも書く。

魔《ま》が差《さ》す

悪魔が心に入り込んだように、ふと邪念が起こること。

(用例) 誠実な彼が窃盗!? きっと魔が差したんだろう。

ま

蒔《ま》かぬ種《たね》は生《は》えぬ

蒔きもしない種からは芽が出ないように、原因のないところに結果は生じない。努力しなければ、成果は得られないということのたとえ。

(類義) 打たねば鳴らぬ／火のない所に煙は立たぬ

(対義) **果報は寝て待て／鴨《かも》が葱《ねぎ》を背負《しょ》ってくる**

(英語) No autumn fruit without spring blossom.
（春花開かざれば秋実らず）

枕《まくら》を高《たか》くして臥《ふ》す

安心してゆっくりと眠ること。安心して暮らすこと。出典は『史記』。「枕を高くする」ともいう。

(知識) 中国、戦国時代の策士・張儀《ちょうぎ》が、魏《ぎ》王に説いた合従連衡の策略中のことば。魏が秦《しん》と連合して、楚《そ》と韓を滅ぼせたら、国の患いが消え「大王は枕を高くして安眠できる」と献策した故事から。◇重病で寝たきりなことを「枕が上がらない」、寝床で耳を澄ますことを「枕を欹《そばだ》てる」、同衾《どうきん》することを「枕を交わす」という。

(類義) 高枕で寝る

負《ま》け博打《ばくち》のしこり打《う》ち

ばくちに負けた者は、負ければ負けるほどますます熱中してばくちを続けるということ。「しこる」は「凝る」と書き、物事に熱中するの意。

負《ま》けるが勝《か》ち

争うばかりでなく、いったん相手に勝ちを譲ることが、大局的に見れば有利な結果になることが多いということ。

(類義) 叩《たた》かれた夜は寝やすい／逃げるが勝ち／負けて勝つ

(英語) Yielding is sometimes the best way of succeeding.
（譲歩も時には成功の最良の方法である）

ま

負《ま》けるも勝《か》つも運次第《うんしだい》

勝敗は、時の運によって決まるということ。「勝つも負けるも運次第」「勝つも負けるも時の運」ともいう。

馬子《まご》にも衣装《いしょう》

「馬子」は、客や荷物を馬で運搬していた者で、身分の低い者の意。馬子でさえ、立派な衣装を着れば見栄えがする。つまらない人間でも、外面を飾り立てれば立派な人間に見えるというたとえ。

(注意) 自分や身内について謙遜の意味で用いる。他人に対しては、たとえ冗談でもばかにする意味になるので、ふつう使わない。「馬子」を「孫」と書くのは誤り。

(類義) 杭《いぐい》にも笠《かさ》／切り株にも衣装／麦藁《むぎわら》人形も装束から

(対義) **衣ばかりで和尚はできぬ**

(英語) Fine clothes make the man.
（美しい衣装は立派な人間をつくる）

枡《ます》で量《はか》って箕《み》でこぼす

「箕」は、竹などで編んだ目の粗い篩《ふるい》のこと。枡で厳密に量って取り入れた穀物を箕でいっぺんにこぼしてしまう。苦労してためてきたものを、一度にむだに使ってしまうことのたとえ。

(類義) 木《こ》っ端《ぱ》で集めて材木で流す／爪で拾うて箕でこぼす

待《ま》つ間《ま》が花《はな》

物事は、期待しているうちは楽しいが、いざ目的を達するとそれほどのものでもない。現実より想像して待っているあいだが一番楽しいということ。

(類義) 祭の日より前の日

(英語) Easter so longed for is gone in a day.
（長いあいだ待ちこがれた復活祭も一日で過ぎ去る）

待《ま》つ身《み》より待《ま》たるる身《み》

早く来ないかと人を待つのはいらいらしてつらいものだが、待たせる側も早く行かなければと気が焦ってつらいものであるという意。

(対義) **待たれる身より待つ身**

待《ま》てば海路《かいろ》の日和《ひより》あり

今は海の状態は悪いが、待っていれば必ず航海に適した日が来るという意味。焦らずにじっくりと待っていれば、やがて幸運がめぐってくるということ。

(知識)「待てば甘露《かんろ》の日和あり」が転じたもの。「甘露」は中国の伝説で天が降らせるという甘い露のことで、待ち続けていれば甘露が降る日がやってくるという意。

(類義) 果報は寝て待て／急《せ》いては事を仕損ずる

(対義) **寝ていて牡丹餅《ぼたもち》は食えぬ**

(英語) After a storm comes a calm.
（嵐のあとには静けさがくる）

学《まな》びて思《おも》わざれば則《すなわ》ち罔《くら》し

師や書物から学ぶばかりでなく、自らそれを研究し思索しなければ、身についたことにはならないということ。「思いて学ばざりしは則ち殆《あやう》し」と続く。出典は『論語』。

(知識)「学ぶ」は、師の教えを聞いて読書すること。「思う」は、自分自身で物事を考えること。「罔し」は、暗くてはっきりしないという意味。

(英語) Learning without thought is labor lost.
（思考を伴わない学問は徒労である）

蝮《まむし》の子《こ》は蝮《まむし》

親が悪人であれば、その子どもも悪人になるというたとえ。

(類義) 親に似た亀の子／蛙《かえる》の子は蛙

眉《まゆ》に唾《つば》を付《つ》ける

相手にだまされないよう用心すること。とても信用できずうそではないかと疑うこと。

(知識) 狐《きつね》や狸《たぬき》に化かされないためには、眉毛に唾を付けるとよいという俗説から出たことば。◇「眉唾物」は、いかがわしくて信用できないもののたとえ。

眉《まゆ》を読《よ》む

相手の眉毛の本数を数えるという意。相手の顔をよく見て、その心中を察し、力量を推量することのたとえ。「眉毛を読む」「眉毛を数える」ともいう。

(知識) 相手にこちらの心中や力量を見透かされたり見抜かれたりすることは「眉毛を読まれる」という。

丸《まる》い卵《たまご》も切《き》りようで四角《しかく》

同じことでも、やり方や言い方しだいで円満に終わったり、角が立ったりするということのたとえ。

(類義) 物は言いようで角が立つ

真綿《まわた》で首《くび》を絞《し》める

「真綿」は、繭玉を湯につけて引きのばし、綿のようにしたもの。細くて柔らかいが切れない真綿で首を絞めるよう、遠回しに、じわじわと責め苛《さいな》むこと。「首」は「喉」とも。

(類義) 綿にて首を絞むる如《ごと》し

真綿《まわた》に針《はり》を包《つつ》む

柔らかな真綿に針を隠しておいて相手をちくりと刺すことから、外見は優しく振る舞っていても、内心では敵意を抱いていることのたとえ。「綿に針を包む」とも。

(用例) 義母は真綿に針を包んだような お世辞を使う。

(類義) 笑みの中の刀

満《まん》を持《じ》す

「満」は、弓を十分に引きしぼったさま。「持す」は、そのまま持ちこたえること。目標に向かって、弓を引きしぼったまま矢を放たずに待つ。準備を万全にととのえて好機を待つことのたとえ。また、物事が極限に達した状態で持ちこたえること。出典は『史記』。

(用例) 満を持して反撃の機会を待とう。

木乃伊《ミイラ》取《と》りが木乃伊《ミイラ》になる

ミイラを探しに出かけた者が、力尽きて死に、自らもミイラになってしまうという意味。人を連れ戻しに行った者が、先方にとどまって戻ってこないこと。また、説得するつもりが、相手に逆に説得されてしまうことのたとえ。

(知識)「ミイラ」は死体に防腐処理をし乾燥させたもの。また防腐に用いた油もミイラという。◇ミイラはポルトガル語で、「木乃伊」は当て字。

(類義) 木菟引《ずくひ》きが木菟に引かれる／人捕る亀が人に捕られる

身《み》から出《で》た錆《さび》

刀身に生じた錆が刀を腐らせることから、外からではなく、自分自身の過ちが原因で不幸な目に遭うこと。

(用例) 落ちぶれたのもそもそも身から出た錆なのだから、同情などとてもできないな。

(類義) 仇《あだ》も情けも我が身より出る／平家を滅ぼすは平家

右《みぎ》の耳《みみ》から左《ひだり》の耳《みみ》

人の言うことを真面目に聞いていないこと。聞くはしから忘れてしまうこと。

(類義) 馬の耳に風／どこ吹く風

(英語) Go in one ear and out the other.
（一方の耳から入ってもう一方から出る）

御輿《みこし》を上《あ》げる

「御輿」の「輿」と「腰」を掛けて、座り込んでいた者が腰を上げて出かけるさまをいう。また、ようやく本気になって事に取りかかるたとえ。「御輿を押し立てる」とも。

(対義) 御輿を据える

御輿《みこし》を担《かつ》ぐ

「御輿」は神様をのせる輿。祭礼のさいに氏子が担いで練り歩くことから、人をおだてて祭り上げる、もちあげること。「御輿」は「神輿」とも書く。

(用例) 選挙には友人に御輿を担がれ出馬しました。

見猿《みざる》 聞《き》か猿《ざる》 言《い》わ猿《ざる》

目、耳、口をそれぞれ両手でふさぐ３匹の猿を三猿《さんえん》といい、「猿」に打ち消しの「ざる」を掛けたことば。他人の短所や過ちは見ない、聞かない、言わないのがよいということ。

(知識) 都合の悪いことにはかかわらないほうがよい、という態度をさしていう。

身過《みす》ぎは草《くさ》の種《たね》

「身過ぎ」は、生活手段。生活を営む手立ては多彩であるということ。「身過ぎは八百八品」ともいう。

水清《みずきよ》ければ魚《うお》棲《す》まず

あまりに清く澄みきった水の中では、魚も身を隠す場所がないために棲みつかない。人間も人格があまりに清廉すぎるとかえって人に親しまれず、敬遠されるということのたとえ。「清水《せいすい》に魚棲まず」とも。出典は『孔子家語《けご》』。

(類義) 水清くして大魚なし

(英語) A clear stream is avoided by fish.

（魚は清い流れを避ける）

水《みず》に流《なが》す

互いのあいだの、今までのいざこざや気まずさを、いっさいなかったことにして新しいつながりを持つこと。「水にする」「水になす」ともいう。

水《みず》の泡《あわ》

水面に浮かんだ泡が消え去ってしまうように、努力や苦労がむだになること。「水泡《すいほう》に帰《き》する」ともいう。

水《みず》は方円《ほうえん》の器《うつわ》に随《したが》う

「方」は四角、「円」は丸。水は入れ物の形によって丸くも四角くもなるという意味で、人民の善悪は為政者によるというたとえ。転じて、人は環境や友人しだいで善くも悪くもなるということ。

(類義) 朱に交われば赤くなる／墨に染まれば黒くなる

(英語) Water leads itself to its vessel.
（水は自分をその容器に導く）

水《みず》を打《う》ったよう

水をまいたあとの地面は土ぼこりが立たないことから、その場の人々が、いっせいに静まりかえるさまをいう。

(用例) 主役が登場するや、会場は水を打ったようになった。

水《みず》を得《え》た魚《うお》のよう

水に放たれた魚のように、力を発揮できる分野や適した環境を得て、生き生きと活躍するさま。

(用例) 企画部に配転してから、彼は水を得た魚のようだ。

(対義) 魚の水を離れたよう

水《みず》を差《さ》す

水を加えて、熱いものをぬるくしたり濃いものを薄 ↗

み

めたりする意。仲のいい間柄や、うまくいっていることに横から邪魔だてをすることのたとえ。

(用例) せっかくみんながやる気を出したのに、水を差すようなことを言ってごめんなさい。

味《み》噌《そ》を付《つ》ける

味噌が器に付いていると見苦しい。失敗して、面目を失うこと、経歴に傷を付けること。

三《み》たび肱《ひじ》を折《お》って良医《りょうい》と成《な》る

痛みや苦しみを何度も経験してはじめて一人前の医者となる。人は苦労や経験の積み重ねによって、ようやく立派な人格が身につくということ。「九たび臂《ひじ》折って医と成る」ともいう。出典は『春秋左氏伝《しゅんじゅうさしでん》』。

三《み》つ子《ご》の魂百《たましいひゃく》まで

「三つ子」は三歳の子。幼い頃に培われた性格は、年齢を重ねても変わらない。人間形成の基礎は幼年期にあることをいう。「三つ子の知恵百まで」とも。

(類義) 雀百まで踊り忘れず

見《み》つめる鍋《なべ》は煮立《にた》たない

早く煮えないかと鍋を見ていてもなかなか煮えないもの。待つ時間が長く感じられることのたとえ。

(類義) 待たぬ月日は経《た》ち易《やす》い

(英語) A watched pot never boils. の訳。

源《みなもと》清《きよ》ければ流《なが》れ清《きよ》し

川の源流の水が澄んでいれば、下流にも澄んだ水が流れる。上に立つ者の心が正しければ、部下たちも正しい心を持つようになるということ。また、根本が正しければ、結果も正しいこと。出典は『荀子《じゅんし》』。

見《み》ぬが花《はな》

何事も実物を見てしまうと、想像したものと違ってがっかりするもの。実物を見るよりも、見ないであれこれ想像しているうちのほうがよいという意。「見ぬが心憎し」ともいう。

(類義) 聞いて極楽見て地獄

見《み》ぬ京《きょう》の物語《ものがたり》

見たことのない京の話を、いかにも見てきたかのように話す。見ていないことを、見たように話すこと。

実《みの》るほど頭《あたま》の下《さ》がる稲穂《いなほ》かな

稲の穂は実が入るほど垂れ下がってくることから、中身が充実した人ほど謙虚であるというたとえ。

(類義) 実る稲田《いなだ》は頭を垂れる

(英語) The boughs that bear most, hang lowest.
(一番多く実をつけた枝が一番低く垂れている)

耳《みみ》に胼胝《たこ》ができる

同じことを繰り返し聞かされて、うんざりすること。聞きあきていること。

(知識)「胼胝」は手足などの皮膚の一部分が角質化して厚くなったもの。

耳《みみ》を掩《おお》うて鐘《かね》を盗《ぬす》む

悪事を働きながら、しいてそのことを考えないようにすること。また、自分の犯した罪を上手に隠しおおせたと思っていても、衆人に知れるところとなるというたとえ。

(知識) 鐘を金槌《かなづち》で割って盗もうとしたが、叩《たた》く音が出ることを恐れ、愚かにも己の耳を塞いだという故事から。出典は『呂氏春秋《りょししゅんじゅう》』。

身《み》も蓋《ふた》もない

中身もなければ、蓋もないという意。あからさますぎて風情がない、率直すぎて話の続けようがないということ。

(用例) そこまで言われては身も蓋もない。

冥利《みょうり》に尽《つ》きる

「冥利」は神仏から与えられる恩恵の意。与えられた恩恵が大きくて、このうえなくありがたいと思うことをいう。「冥加に尽きる」ともいう。

(知識)「男冥利に尽きる(男としてこのうえない幸せである)」「商売冥利に尽きる(この仕事をしていて最高の幸せである)」のような形で用いられる。

(用例) 専用の包丁を持てるなんて、板前冥利に尽きる。

見《み》ると聞《き》くとは大違《おおちが》い

話に聞いたことと実際に見たことでは大きな違いがあることをいう。また、うわさと現実が大きく違うこと。「聞くと見るとは大きな違い」ともいう。

(知識) 聞いた限りでは好ましい話だが、実際はたいへん悪いという場合に使われることが多い。

身《み》を粉《こ》にする

自分の体が粉になるくらい、激しく動き回り、苦労をいとわず働くようすをいう。骨身を削るさま。

(用例) 昼夜を問わず身を粉にして働いて借金を返済した。

身《み》を捨《す》ててこそ浮《う》かぶ瀬《せ》もあれ

危急のときには、命を捨てる覚悟があって、はじめて活路が開けるということ。物事を成し遂げるには、自分の身を犠牲にするくらいの覚悟が必要であるというたとえ。

(類義) 死中に活を求める

昔《むかし》取《と》った杵柄《きねづか》

若い頃に身につけた技量や腕前は、年月を経ても衰えないということ。

(対義) 騏驎《きりん》も老いては駑馬《どば》に劣る／昔千里も今一里

昔《むかし》の剣《つるぎ》 今《いま》の菜刀《ながたな》

昔は剣として用いられたものも、今は菜を切る包丁としてしか役に立たない、の意。昔は優れていた人や物も年月がたつと時世に合わず重んじられなくなる、また役に立たなくなるということ。「剣」は「長刀《なぎなた》」とも。

(知識) かつては重宝されても今役立たないなら無意味。陳腐でも今役立つほうがよい、の意でも使われる。

(用例) あの学者も、昔の剣 今の菜刀そのものだ。

(類義) 騏驎《きりん》も老いては駑馬《どば》に劣る／昔千里も今一里

昔《むかし》は今《いま》の鏡《かがみ》

昔のことは今のお手本であるという意。現代を理解するには過去の時代を知ることが大切であるということ。

(対義) 昨日《きのう》は昨日 今日は今日／昔は昔 今は今

無患子《むくろじ》は三年磨《さんねんみが》いても黒《くろ》い

生来の特性はどうやっても直せないということのたとえ。

(知識) 「無患子」は、ムクロジ科の落葉高木。実《み》は、羽根つきの羽根の球や石鹸《せっけん》の代用、子どもの遊びにも用いた。いくら磨いても黒さが消えないことから、労して功のないこと、また、色黒の人が化粧するのをからかったりする場合にも使われる。

虫酸《むしず》が走《はし》る

「虫酸」は、消化不良などで胃の具合が悪いときに出る酸っぱい液体。これが口へこみあげてくると、たいへん ↗

ん不快な気持ちになる。胸がむかむかして、嫌でたまらなくなるさま。「虫酸」は「虫唾」とも書く。

(用例) 憎らしいあいつの顔を見ただけで、虫酸が走る。

(類義) 反吐《へど》が出る

娘三人《むすめさんにん》持《も》てば身代潰《しんだいつぶ》す

娘を三人も持つと、財産がなくなってしまう。娘を嫁入りさせるまでには、費用がたくさんかかるということ。

(類義) 娘の子は強盗八人／娘一人に七蔵《ななくら》あける

(対義) 娘三人は一身代《ひとしんだい》

無用《むよう》の長物《ちょうぶつ》

あっても役に立たないもの。あってもかえって邪魔になるもの。

(知識) 「長物」は長すぎて、役に立たないもの。

(用例) 健康器具なんて、気軽にできるようにと自宅に置いたところで、いずれ無用の長物となるもんだ。

(類義) 坊主の花簪《かんざし》

無理《むり》が通《とお》れば道理引《どうりひ》っ込《こ》む

道理に合わないことが平気で通る世の中では、道理にかなうことが行われなくなるということ。あるいは、身の安全のためには道理といえども無理に主張せずに、引っ込んでいるほうがよいということ。

(英語) Might is right.（力は正義なり）

名馬《めいば》に癖《くせ》あり

名馬は何か癖を持っているもの。優れた才能の持ち主には、凡人とは違う個性があるということ。また、癖があるくらいでなければ、ずば抜けた働きはできないというたとえ。「名馬に難あり」ともいう。

(類義) 癖なき馬は行かず

め

名物《めいぶつ》に旨《うま》い物《もの》なし

とかく名物と呼ばれるものに、おいしいと思われるものはない。名と実は伴わないことのたとえ。

(類義) 名所に見所なし／名物は聞くに名高く食うに味なし

目《め》から鱗《うろこ》が落《お》ちる

鱗のようなもので目を塞がれていた人が、鱗が落ちて急に目が見えるようになったということ。何かがきっかけで、物事の道理や真相がとつぜん、わかるようになるたとえ。出典は『新約聖書』。

目《め》から鼻《はな》へ抜《ぬ》ける

物事の判断がすばやいさま。頭の回転が早いさま。

(対義) 十を聞いて一を知る

目糞《めくそ》 鼻糞《はなくそ》を笑《わら》う

目糞(目やに)が鼻糞をばかにして笑うように、自分の欠点に気づかずに他人の同じような欠点を嘲笑すること。未熟な者が他人をあれこれと言う愚かさのたとえ。

(類義) 青柿が熟柿《じゅくし》弔う／蝙蝠《こうもり》が燕《つばめ》を笑う／五十歩百歩／猿の尻笑い／樽《たる》ぬき渋柿を笑う

(英語) The pot calls the kettle black.
(鍋がやかんを黒いと笑う)

目白《めじろ》の押《お》し合《あ》い

小鳥のメジロは枝に止まるとき身を寄せ合うことから、大勢の人が一か所に集まり混み合うようす。

目《め》に入《い》れても痛《いた》くない

見境なくかわいがることの形容。

(知識) 幼子や孫をかわいがるさまをいうときに多く用いる。

め

目《め》には目《め》 歯《は》には歯《は》

目をつぶされたら相手の目をつぶし、歯を折られたら相手の歯を折る意。受けた危害に対して、同じやり方で反撃するという『ハンムラビ法典』にあることば。

(知識) 現代では、「やられたらやり返せ」といった意味合いで使われることが多い。

(対義) 怨《うら》みに報ゆるに徳を以《もっ》てす

(英語) An eye for an eye, and a tooth for a tooth. の訳。

目《め》の上《うえ》の瘤《こぶ》

目の上にあるこぶは、目障りでうっとうしいものであることから。目障りなもの、邪魔者のたとえ。「目の上のたんこぶ」ともいう。

(知識) 自分より力が上の者に対して用いることが多い。

目《め》は口《くち》ほどに物《もの》を言《い》う

目つきは口で言うのと同じくらい、相手に気持ちを伝えることができるということ。

(類義) 目は心の鏡

(英語) The heart's letter is read in the eyes.
（心の手紙は目の中に読み取れる）

目《め》は心《こころ》の鏡《かがみ》

目は、人の心の中を映しだす鏡。目を見れば、その人の心の正邪がおのずとわかるということ。「目は心の窓」とも。

(類義) 目は口ほどに物を言う

(英語) The eye is the mirror of the soul.（目は魂の鏡）

牝鶏《めんどり》につつかれて時《とき》をうたう

雌鶏《めんどり》につつかれて慌てて雄鶏《おんどり》が時を告げることから、夫が妻の意見に従うこと。かかあ天下であること。

め

孟母三遷《もうぼさんせん》の教《おし》え

子どもの教育には、環境が大切であるという教え。「孟母の三居」ともいう。出典は『列女伝』。

(知識) 墓地の近くに住んでいた孟子《もうし》の母は、孟子が埋葬の真似《まね》をして遊ぶので、市場のそばへ転居した。しかし、こんどは商売の真似をして遊ぶので、学校のそばに転居したところ、礼儀作法の真似ごとをし、母はようやく安心し住居を定めたという故事による。

餅《もち》は餅屋《もちや》

餅はやはり餅屋のついた餅が一番うまい。何事も専門家に任せるのが確かであるというたとえ。

(類義) 馬は馬方／刀は刀屋／芸は道によって賢し／蛇《じゃ》の道は蛇《へび》／船は船頭に任せよ／山のことは樵夫《きこり》に問え

勿怪《もっけ》の幸《さいわ》い

「勿怪」は「物怪」とも書き、意外なことの意。思いがけなく転がり込んできた幸運や好機のこと。

(用例) 授業の休講を勿怪の幸いに友人と映画を見た。

持《も》つべきものは子《こ》

自分に子どもがいてよかったという気持ちを表すことば。

(対義) 持たない子には苦労はしない

元《もと》の鞘《さや》へ収《おさ》まる

離婚していた夫婦や仲違《たが》いしていた者どうしが、以前のように親密な関係に戻ることのたとえ。「元の鞘へはまる」ともいう。

元《もと》の木阿弥《もくあみ》

一度は高い地位や富貴な境遇になった者、また素行 ↗

も

や性癖を改めた者が、以前と同じ悪い状態に戻るたとえ。

(知識) 大和郡山《やまとこおりやま》の城主・筒井《つつい》順昭《じゅんしょう》が病死したとき、順昭に声の似た木阿弥という盲人を身代わりにその死を隠した。その後嗣子・順慶《じゅんけい》が成長し順昭の死が発表されたため、木阿弥はもとの市井の人に返ったという故事による。また、僧・木阿弥が老いて、出家前の妻の所へ戻ったので、長年の修行が水泡に帰したとの説もある。

(英語) He turns to his old bias again.
（彼はまた元の性癖に戻る）

求《もと》めよ さらば与《あた》えられん

ひたすら神に祈り求めれば、救いを得られるとの教えから、心を決めて積極的に努力すれば必ずそれに見合った成果が得られる、という意味。『新約聖書』では「尋ねよ、さらば見いださん。叩《たた》けよ、さらば開かれん」と続く。

(英語) Ask, and it shall be given you. の訳。

元《もと》も子《こ》も失《うしな》う

元金も利子もなくなってしまう。何もかもすべてをなくしてしまうこと。「元子《もとこ》を失う」「元も子もない」とも。

(用例) 欲張ったばかりに、元も子も失ってしまった。

もぬけの殻《から》

蟬《せみ》や蛇などが脱皮をしたあとの抜け殻。人などが逃げ去って、空になった家や部屋・寝床などのたとえ。

(知識) 古語では「魂の抜けた身体」「人の死骸」の意も。

(用例) 一味が籠城していたアジトはもぬけの殻だった。

物言《ものい》えば唇寒《くちびるさむ》し秋《あき》の風《かぜ》

松尾芭蕉の句。人の悪口や自慢を言ったあとは、なんとなくむなしい気分になるもの、が本来の意味。転じて、よけいなことを言うと思わぬ災いを招くという戒め。

物《もの》には時節《じせつ》

物事にはすべてそれにふさわしい時機がある。それを逃しても、時機になる前に行ったりしても失敗や不調に終わる、という教え。「物には時あり」「事は時節」ともいう。

(英語) There is a time for everything.
（すべてのものに時機がある）

物《もの》は言《い》いよう

同じことを言うのでも、話し方一つで良くも悪くも受け取られるものであるということ。「物は言いなし」とも。

(類義) 三味線も弾き方／物は言い残せ菜は食い残せ

(英語) Smooth words make smooth ways.
（滑らかなことばは事を滑らかに運ぶ）

物《もの》は考《かんが》えよう

同じ物事でも考え方しだいで良くも悪くもなる、の意。悪い方にとらずに、よい面も見つけだせるということ。

物《もの》は相談《そうだん》

名案が浮かばないときでも独りで悩まず、まず人に相談してみると意外に好結果が生じるもの、という意味。

(知識)「ところで物は相談だが、日曜日に出社してくれないか」のように、人に何か頼むときの前置きのことばとして使われる。

(類義) 膝とも談合

物《もの》は試《ため》し

何事も試してみなければわからない、とにかくやってみようという意欲を表すことば。

(英語) You never know what you can do till you try.
（やってみるまでは何ができるのかわからない）

紅葉《もみじ》を散《ち》らす

赤面するさま。恥ずかしくて、顔を赤らめること。

(用例) 目が合ったとたん、少女は紅葉を散らした。

桃栗三年《ももくりさんねん》 柿八年《かきはちねん》

桃と栗は芽が出てから三年、柿は八年で実がなる。何事も相応の年季を入れることが必要ということ。続けて「梅の十三年待ち遠い」ともいう。「桃栗三年後家一年」とも。

(知識) 漢語では「桃三李四《とうさんりし》」という。

(類義) 柚子《ゆず》は九年で花盛り梅は酸いとて十三年

貰《もら》い物《もの》は夏《なつ》も小袖《こそで》

「小袖」は、絹の綿入れ。ただでもらえるなら、暑い夏に不要な綿入れでももらうということ。強欲のたとえ。

諸刃《もろは》の剣《つるぎ》

両側に刃のついている剣。相手ばかりか自分も打撃を受ける恐れのある、また、一方では役立つが他方では害を与えるというたとえ。「両刃《りょうば》の剣《けん》」ともいう。

門前《もんぜん》 市《いち》を成《な》す

門前に、市場のように大勢が集まっているようすから、訪問客が尽きないことのたとえ。「門前 市の如《ごと》し」とも。

(類義) 門庭 市の若《ごと》し

(対義) 閑古鳥が鳴く／門前 雀羅《じゃくら》を張る

門前《もんぜん》 雀羅《じゃくら》を張《は》る

「雀羅」は、雀《すずめ》を捕らえる網。門前に群がる雀を網で捕れるほど閑散としたさま。訪れる人がないこと。また、落ちぶれて家が寂れていることのたとえ。

(対義) 門前 市《いち》を成す

門前《もんぜん》の小僧《こぞう》習《なら》わぬ経《きょう》を読《よ》む

寺の門前に住む子は、習わなくても聞き覚えてしぜんとお経を読むもの。ふだん見聞きしていることから、知らず知らず影響を受けることのたとえ。

(類義) 勧学院の雀《すずめ》は蒙求《もうぎゅう》を囀《さえず》る

(対義) **習わぬ経は読めぬ**

(英語) A saint's maid quotes Latin.
(聖人の家のお手伝いはラテン語を引用する)

焼《や》きが回《まわ》る

「焼き」とは刃物を焼いて鍛える「焼き入れ」のこと。このとき、火が回りすぎると脆《もろ》くなったり切れ味が悪くなったりする。転じて、年をとって、腕前が落ちたり頭が働かなくなったりすることをいう。

役者《やくしゃ》が一枚上《いちまいうえ》

駆け引きの巧みさや貫禄《かんろく》が、相手や周りよりぬきんでていることのたとえ。略して「役者が上」ともいう。

や

薬石《やくせき》の言《げん》

「薬石」は病気を治す薬と、石で作った漢方の鍼《はり》のこと。薬と石鍼《いしばり》のように役に立つことばの意。ためになる戒めのことば、忠告や諫言《かんげん》、鍼《しん》(箴)言《げん》のこと。

(知識) 中国、唐《とう》の皇帝・太宗《たいそう》の臣、高馮《こうひょう》は、上奏文の中で適切な助言や諫言をし、太宗から「薬石の言」と称せられ天然の薬石をもって報いられたという故事から。

焼《や》け跡《あと》の釘拾《くぎひろ》い

家の焼け跡で、燃え残った釘を拾う。遊興などで大金を失ってしまったあとで、細かなことにけちけちすることのたとえ。「焼け庭の釘拾い」ともいう。

焼《や》け石《いし》に水《みず》

焼けた石に水をすこしばかりかけても、石は冷めない。状況が悪化していて、わずかな援助や努力では効果があがらないことのたとえ。「焼け石に雀《すずめ》の涙」とも。

(類義) 塩を摘《つま》んで水に入れる

焼《や》け野《の》の雉子《きぎす》 夜《よる》の鶴《つる》

雉《きじ》は、巣のある野原を焼かれると危険を顧みずにわが子を救い、鶴は霜の降りた夜、子を羽で覆って温める。親の、子に対する情の深さのたとえ。切り離して「焼け野の雉子」「夜の鶴」と、単独でもいう。

(英語) A mother's heart is always with her children.
(母の心はいつも子の上にある)

焼《や》け木杭《ぼっくい》に火《ひ》がつく

「焼け木杭」は燃えさしの杭。いったんはとぎれた夫婦や恋人どうしなどの親密な関係がもとに戻ること。

(英語) Wood half-burnt is easily kindled.
(半焼けの木には火がつきやすい)

安《やす》かろう悪《わる》かろう

値段が安い分、品質も悪いということ。

(類義) 銭は銭だけ

安物《やすもの》買《が》いの銭失《ぜにうしな》い

安物は質が悪いことが多く、けっきょく損をすることになるということ。

(用例) お買い得だから買ったけど、一回洗濯したら縮んじゃって、安物買いの銭失いだったわ。

(類義) 値切りて高買い／安物は高物

(英語) Cheapest is dearest. (一番安いが一番高い)

痩《や》せ牛《うし》も数《かず》たかれ

痩せた牛でも数が集まれば、重い荷を引くことができる。弱小な者でも数多く集まれば、力になるというたとえ。

(用例) 痩せ牛も数たかれだ。うちの息子も連れて手伝いに行くよ。

(類義) 餓鬼も人数／枯れ木も山の賑《にぎ》わい

痩《や》せ馬《うま》に鞭《むち》

弱いものにさらに打撃を与えることのたとえ。また、痛々しいようす。「痩せ馬に針立てる」ともいう。

柳《やなぎ》に風《かぜ》

柔らかい柳の枝が風になびくように、相手に逆らわずにやんわりとあしらうこと。また、相手の強硬な言動をさらりと上手に受け流すこと。

(知識) おもに「柳に風と受け流す」のように使われる。

(類義) 楊柳《ようりゅう》の風に吹かるるが如《ごと》し

(英語) No reply is best.（反応しないにこしたことはない）

柳《やなぎ》に雪《ゆき》折《お》れなし

よくたわむ柳の枝は積雪を振り落とし、雪の重みで折れることはない。柔軟な者のほうが剛直な者より、厳しい試練によく耐えるというたとえ。「柳に風折れなし」とも。

(類義) 堅い歯は折れても柔《やわ》い舌は折れぬ

(英語) Better bend than break.（折れるよりはたわむがまさる）

柳《やなぎ》の下《した》の泥鰌《どじょう》

たまたま柳の下で泥鰌を捕まえたからといって、次も同じ柳の下に泥鰌がいるとは限らない。一度よいことが起こったからといって、同じ方法で同じ目的を達しようとしても度重なるものではないということ。 ↗

(知識)「柳の下の泥鰌をねらう」「柳の下にいつも泥鰌はいない」などの形で使われる。

(対義) 一度ある事は二度ある／二度ある事は三度ある

(英語) A fox isn't caught twice in the same snare.
(狐《きつね》は二度と同じ罠《わな》にかからない)

野《や》に遺賢《いけん》無《な》し

「野」は民間。「遺賢」は、うずもれている賢者。賢者はすべて朝廷に登用されて、民間に残された賢者はいないということ。優れた人物は認められて官吏に登用され、国家がよく治まっているさまをいう。

(知識)「野」を民間の意で用いたことばには、「在野」「下野《げや》」「野に下る」「野人」などがある。

やはり野《の》に置《お》け蓮華草《れんげそう》

蓮華草は野原で咲いているからこそ美しい。自然のままの状態におくことの大切さをいう。転じて、人もその人にふさわしい環境におかれてこそ魅力があり、幸福がつかめるということ。もとは「手に取るな」の句が前につく。

藪《やぶ》から棒《ぼう》

棒が藪の中から急に出てくることから、唐突なこと。物事が不意に起こって出し抜けなさまのたとえ。

(類義) 青天の霹靂《へきれき》／寝耳に水

(英語) A bolt from the blue.（青天の稲妻）

藪《やぶ》の中《なか》のうばら

「うばら（荊）」は「茨」のこと。藪の中の茨は、周りの雑草に絡まれて、まっすぐに育たない。友人や周囲の環境が悪いと、影響されて悪い人間になるというたとえ。

(類義) 朱に交われば赤くなる

(対義) 麻に連るる蓬《よもぎ》

藪《やぶ》をつついて蛇《へび》を出《だ》す

よけいなことをして、かえって災いを起こすこと。「藪を叩《たた》いて蛇を出す」とも、略して「藪蛇」ともいう。

(類義) 寝た子を起こす

(英語) It's not good to wake a sleeping lion.
(眠ったライオンを起こすな)

病《やまい》膏肓《こうこう》に入《い》る

「膏」も「肓」も内臓の奥深くで、薬効も鍼《はり》も届かない部分。重病で、治る見込みのないこと。転じて、手のつけられないほど趣味や道楽に熱中してしまうことのたとえ。出典は『春秋左氏伝《しゅんじゅうさしでん》』。

(注意) 「膏肓」を「こうもう」と読むのも、「肓」を「盲」と書くのも誤り。

病《やまい》は気《き》から

「病気」の文字どおり、病は気の持ちようで、回復も緩和も悪化もするということ。

(英語) Fancy may kill or cure.
(人は幻想で死んだり治ったりもする)

病《やまい》を護《まも》りて医《い》を忌《い》む

病気があるのに、医者にかかるのを嫌がるように、自分に過ちがあっても、人の忠告に耳を傾けようとしない。ほかの人の忠告や諫言《かんげん》を聴こうとしないたとえ。

山高《やまたか》きが故《ゆえ》に貴《たっと》からず

「樹《き》有るを以《もっ》て貴しと為《な》す。人肥えたる故に貴からず、智《ち》有るを以て貴しと為す(『実語教《じつごきょう》』)」と続く。山が貴いのは高いからではない、樹木があるからである。見かけよりも実質が大切ということのたとえ。

や

山《やま》に躓《つまず》かずして垤《てつ》に躓《つまず》く

「垤」は蟻塚《ありづか》のこと。大きな山には躓かないが、小さな蟻塚には躓いて転ぶ。大きい物事には注意深く対処するので失敗しないが、小さい物事は軽視するのでかえって失敗するものであるということ。出典は『韓非子《かんぴし》』。

(知識) 中国・戦国時代の思想家・韓非が、重い刑を山、軽い刑を蟻塚にたとえ、「刑を軽くすることは民のためになるように見えるが、そうではない。国を乱し、民を損なうことになるのである」と説いた故事から。

山《やま》の芋《いも》 鰻《うなぎ》になる

途方もない変化が起こることのたとえ。また、普通の人が急に出世することのたとえ。

(対義) 山の芋 鰻とならず

闇《やみ》の夜《よ》に灯火《ともしび》を失《うしな》う

先のこともわからず心細い中で、頼りとしていたものを失い、途方に暮れること。

闇夜《やみよ》に鉄砲《てっぽう》

目標もなく物事を行う、当てずっぽうにやってみる、やっても効果がないことのたとえ。「闇の鉄砲」「闇に礫《つぶて》」とも。

闇夜《やみよ》の錦《にしき》

闇夜にきらびやかな錦を着ても、誰にも気づかれず無意味である。張り合いのない、むだなことのたとえ。「闇に錦」「闇に錦の上着」「夜の錦」ともいう。

病《や》む目《め》より見《み》る目《め》

病人もつらいが、看病する人はもっとつらいということ。「病む身より見る目」ともいう。

矢《や》も楯《たて》もたまらず

そうしたい気持ちを抑えきれないこと。矢でも楯でも勢いを食い止められないことから。

(用例) 急報を聞き、矢も楯もたまらず駆けつけました。

槍玉《やりだま》に挙《あ》げる

槍の穂先で人を突き上げることから、ある人物や事柄を目標にして、集中的に非難・攻撃すること。「挙げる」は「上げる」とも書く。

(知識) 逆に、非難の標的にされることを「槍玉に挙がる」という。

(用例) 経営不振で無配当のため、社長が株主総会で槍玉に挙げられた。

有終《ゆうしゅう》の美《び》

「有終」は、終わりをまっとうすること。物事をやり遂げ成果を残すこと。慣用的に「有終の美を飾る」という。

(用例) 優勝という有終の美を飾り、現役を引退した。

(注意) 「有終」を「優秀」と書くのは誤り。

ゆ

勇将《ゆうしょう》の下《もと》に弱卒《じゃくそつ》なし

勇気ある強い大将の下には、弱い兵はいない。指導者や上役が立派であれば、部下も感化されて優れた働きをするということ。「強将の下に弱卒なし」ともいう。

(英語) Such captain, such retinue.（この隊長にしてこの従者）

幽霊《ゆうれい》の正体《しょうたい》見《み》たり枯《か》れ尾花《おばな》

お化けかと思ってよく見ると実際は枯れた尾花（薄《すすき》）の穂だったということから、実体を知ってしまうと、べつに恐ろしいものではないということ。江戸時代の俳人・横井也有の句から。「幽霊」は「化け物」ともいう。 ↗

(知識)「尾花」は薄、また薄の穂の別名で、秋の七草の一つ。
(類義) 疑心暗鬼を生ず／杯中の蛇影

行《ゆ》きがけの駄賃《だちん》

事のついでにほかの用事をすまして利益を得ること。また、悪事のついでに、さらに悪事を働くことのたとえ。「行きがけ」は「いきがけ」とも読む。「帰りがけの駄賃」とも。
(知識) 昔、馬子《まご》が荷物を取りに荷物のない馬を問屋へ引いて行くとき、別の人に頼まれた荷物を馬につけて運び、その運賃は自分のものにしたことからいう。「行きがけの駄賃」のもじりで、「朝駈《が》けの駄賃」もあるが、こちらは、朝のうちは馬が元気なことから、物事が容易なことをいったことば。

行《ゆ》き大名《だいみょう》の帰《かえ》り乞食《こじき》

旅行で、行きはぜいたくに金を遣って大名のようだったのに、帰りは金がなくなって乞食のようにみじめになる、の意。計画もなく浪費して、あとで困ることのたとえ。「上り大名下り乞食」ともいう。
(英語) To leave as a king and return as a beggar.
（王様のように出かけ乞食のように帰ってくる）

湯《ゆ》の辞儀《じぎ》は水《みず》になる

風呂に入るときに遠慮して互いに譲り合っていては、せっかく沸かした湯が水になってしまう。遠慮も時と場合によるものだというたとえ。

湯《ゆ》の山《やま》の道連《みちづ》れ

まともな者がいないというたとえ。また、誰もいないよりは誰かしら道連れがいたほうがよいということ。
(知識) 昔は山の湯治場へ行く者がみな病人か老人ばかりで、道連れになる者に屈強な者などいなかったことから。

弓《ゆみ》折《お》れ 矢《や》尽《つ》く

激しく戦って精根尽き敗れること。また、力尽きてどうにもできなくなった状態をいう。「刀折れ 矢尽く」とも。

(用例) 主力選手の欠場が相次ぎ、弓折れ矢尽く陣容だ。

夢《ゆめ》は逆夢《さかゆめ》

夢は事実と反対の形で現れたりするから、悪い夢を見ても心配はいらない。悪夢に対して、気休めにいうことば。

(用例) おふくろさんが亡くなる夢を見たって⁉ 夢は逆夢、きっと達者にお暮らしだろうよ。

(類義) 八卦《はっけ》裏返り／夢は嘘《うそ》

(対義) 夢は正夢《まさゆめ》

(英語) Dreams go by contraries.（夢は逆さまになる）

よい中《うち》から養生《ようじょう》

体が健康なうちに養生するのが最上の健康法である。用心するにこしたことはないということ。

(類義) 転ばぬ先の杖《つえ》／用心は無事なる中／予防は治療に勝る

よ

宵《よい》っ張《ぱ》りの朝寝坊《あさねぼう》

夜更かしして、朝は早く起きられない人をさしていう。「朝寝坊の宵っ張り」ともいう。出典は『浮世風呂』。

養虎《ようこ》の患《うれ》い

虎を飼っていると、いつ自分が危険な目に遭うかわからない。将来の不安の種を残すことや、敵を許して生かしておくことをいう。「患い」は「患え」とも。

(知識) 漢の劉邦《りゅうほう》が楚《そ》の項羽《こうう》の討伐をためらっているとき、臣下の張良《ちょうりょう》らが「虎を飼って患いを遺すことになる」といって説得したという『史記』の故事から。

(類義) 虎を放ち山に帰す

羊頭《ようとう》を懸《か》けて狗肉《くにく》を売《う》る

店の看板に羊の頭をかけ、じつは狗《いぬ》(犬)の肉を売る。見せかけや宣伝とは違う粗悪な品を売ること。表面は立派だが、内容は劣っていることのたとえ。「羊頭を掲げて狗肉を売る」「羊頭狗肉」ともいう。出典は『晏子春秋《あんししゅんじゅう》』。

(類義) 牛首を懸けて馬肉を売る／玉を銜《てら》いて石を売る

(対義) **看板に偽りなし**

(英語) To cry up wine and sells vinegar.(酒と言って酢を売る)

欲《よく》に頂《いただき》無《な》し

人の、飽くなき欲望をいう。欲には際限がないということ。

(類義) 貪欲は底なき鉢に盛れ

(英語) Desire has no rest. (欲に休息なし)

欲《よく》の熊鷹《くまたか》 股《また》裂《さ》くる

欲が深いと、自分の身を滅ぼすというたとえ。

(知識) 「熊鷹」は、タカ科の鳥。二頭並んでいる猪《いのしし》をつかんだが、猪が左右に走って逃げようとしても放さないので、熊鷹の股が裂けたという昔話から。

(類義) 虻蜂《あぶはち》取らず／二兎《にと》を追う者は一兎をも得ず

預言者《よげんしゃ》 郷里《きょうり》に容《い》れられず

先を見通す優れた人物も、郷里の人、身近な人からは理解されないものであるという『新約聖書』のことば。「郷里」は「故郷」ともいい、「預言者」は「予言者」とも書く。

(英語) No prophet is recognized in his own country. の訳。

横板《よこいた》に雨垂《あまだ》れ

横になっている板に落ちる雨垂れのように、ポツポツとつかえながら話すさま。話べたであることをいう。

(対義) **立て板に水**

よ

横紙破《よこがみやぶ》り

無理を押し通そうとすること。また、その人。「横紙を破る」「横紙を裂く」ともいう。

(知識) 和紙は縦に裂けやすく、横には裂けにくい。それをあえて横に裂こうとすることからいう。

(類義) 横車を押す

横槍《よこやり》を入《い》れる

両軍の戦闘中に別の軍が横から槍を入れて攻めかかる、がもとの意。第三者や無関係の者が口出しすること。「横矢を入れる」ともいう。

(用例) 一所懸命やっている最中に、横槍を入れないでくれ。

淀《よど》む水《みず》には芥《ごみ》溜《た》まる

水が流れずに一か所にとどまってしまうと、ごみがたまって水も腐ってしまう。新しい空気や人を入れないと腐敗が生じやすいということのたとえ。

(類義) 使わぬ鍬《くわ》は錆《さ》びる

(対義) 転がる石には苔《こけ》は生えぬ／流るる水は腐らず

世《よ》の中《なか》は三日《みっか》見《み》ぬ間《ま》に桜《さくら》かな

桜の花が三日見ないうちに散ってしまうように、世の中の移り変わりの激しいことをいう。江戸時代の俳人・大《おお》島蓼太《しまりょうた》の句。短く「三日見ぬ間の桜」ともいう。

(類義) 飛鳥川《あすかがわ》の淵瀬《ふちせ》／滄海《そうかい》変じて桑田《そうでん》となる

世《よ》は相持《あいも》ち

この世は、人と人が互いに助け合っていけば何事もうまくいく。持ちつ持たれつということ。「人は相持ち」「世の中は相持ち」「世は相身互い」とも。

(用例) 困ったら相談に乗るよ、世は相持ちだろ。

夜目《よめ》 遠目《とおめ》 笠《かさ》の内《うち》

女性は夜見たり、遠くから見たり、笠をかぶっているのをのぞいて見るときに、実際より美しく見えるということ。「遠目山越し笠の内」ともいう。

嫁《よめ》を貰《もら》えば親《おや》を貰《もら》え

娘は親の影響を受けて育つものだから、嫁をもらうときは親の人柄を見るとよいということ。

寄《よ》らば大樹《たいじゅ》の蔭《かげ》

雨宿りなどで身を寄せるには大きな樹の下がよい。頼るのならば、力のある人や組織のほうがよいというたとえ。

(用例) 不景気なせいか寄らば大樹の蔭で、大企業への就職希望者が前年度より増えました。

(類義) 箸と主《あるじ》とは太いがよい

(対義) 鶏口《けいこう》となるも牛後《ぎゅうご》となるなかれ

(英語) A good tree is a good shelter.（立派な木はよい避難所）

弱《よわ》り目《め》に祟《たた》り目《め》

弱っているときにさらに神仏の祟りに遭うこと。不運の上に不運が重なることをいう。

(類義) 鬼は弱り目に乗る／泣き面《つら》に蜂／病む目につき目

(英語) Misfortunes never come singly.（不幸は単独で来ない）

来年《らいねん》の事《こと》を言《い》えば鬼《おに》が笑《わら》う

来年のことを話すと、鬼が嘲笑う。未来を予測することはできないというたとえ。また、先のことは当てにできないという意味でも用いる。「来年」は「明日《あす》」「三年先」とも。また「来年の事を言えば烏《からす》が笑う」ともいう。

(英語) Fools set far trysts.

（愚か者は遠い先の会合の約束をする）

楽《らく》あれば苦《く》あり

楽をしたあとには苦労がある。苦楽は相伴うものであるということ。また、今苦労しておけば、いつか必ず安楽な日が来るという意味で「苦あれば楽あり」ともいう。

烙印《らくいん》を押《お》される

消すことのできない不名誉な評判を受ける、汚名を与えられること。

(知識)「烙印」は、持ち主を示すために火で焼いて押す金属製の印。またその跡。道具の木部や牛馬などの皮膚に押されたほか、罪人に押し、刑罰を示した。

(用例) 連日の朝寝坊で、遅刻常習犯の烙印を押された。

楽人《らくじん》 楽《らく》を知《し》らず

なんの苦労も知らない気楽な人は、心がなごむありがたさを知らない。苦労してはじめて心がなごむことの大切さを知るということ。「楽して楽知らず」ともいう。

楽《らく》は貧《ひん》にあり

財産を失うことを恐れ気苦労の絶えない金持ちより、貧乏人のほうが気楽であるということ。

洛陽《らくよう》の紙《し》価《か》貴《たか》し

本の評判が高くなることのたとえ。また、著書の売れ行きがよいことのたとえ。「洛陽の紙価を高める」、また、たんに「紙価を高める」とも。

(知識) 中国、晋《しん》の左思《さし》が『三都賦《さんとのふ》』を著したとき、宰相にして詩人の張華《ちょうか》が絶賛したことで評判を呼び、人々が争って書き写したため、洛陽では紙の値段が高くなったことからいう。出典は『晋書《しんじょ》』。

(用例) タレントの自叙伝が洛陽の紙価を高めている。

埒《らち》が明《あ》かない

「埒」は囲い、馬場の柵。転じて、決まった範囲、区切りのこと。物事が滞って決着しない、結論が出ないこと。

(知識) 逆に、決まりをつける、明解に説く、うまく弁明することを「埒を明ける」という。

(用例) ここで話し合っているだけでは埒が明かないから、先生のところへ相談に行こう。

落花流水《らっかりゅうすい》の情《じょう》

落花は流水に従って流れ、流水は落花を乗せて流れる。男女がそのように、互いに身心をゆだねて慕う気持ちがあることのたとえ。

(類義) 魚心あれば水心／誘う水あれば去《い》なんとぞ思う

(対義) **落花情あれども流水意なし**

李下《りか》に冠《かんむり》を正《ただ》さず

「李」は、すもも。すももの木の下では手を上げるとすももを盗んだのではないかと疑われるので、冠が曲がっていても直さないという意。人に疑われるような行動はすべきではないという戒め。短く「李下の冠」とも。

(知識) 類語と合わせて「李下に冠、瓜田《かでん》に履《くつ》」ともいう。

(類義) 瓜田に履を納《い》れず／瓜田李下

理屈上手《りくつじょうず》の行《おこな》い下手《べた》

理屈を言うのは一人前だが、いざ実践となるとさっぱりだめなこと。

理屈《りくつ》と膏薬《こうやく》はどこへでもつく

理屈は膏薬と同じで、どんなことにでももっともらしくつけられるものであるということ。

(類義) 泥棒にも三分《さんぶ》の道理／盗人《ぬすびと》にも三分の理

立錐《りっすい》の地《ち》無《な》し

錐《きり》を立てるほどのわずかな土地もないということ。人や物がすこしの隙間もなくぎっしり詰まっているさま。出典は『史記』。「立錐の余地無し」「置錐《ちすい》の地無し」ともいう。

(用例) こちらの会場は入場客が殺到し、立錐の地無しです。

理詰《りづ》めより重詰《じゅうづ》め

相手に意見をしたり、説得したりするさいは、理屈で追い詰めるのは得策ではないという教え。

(知識)「重詰め」はごちそうの詰まった重箱のこと。おなじ「詰め」なら重詰めのほうがいいという、理詰めと重詰めをかけたしゃれ。

溜飲《りゅういん》が下《さ》がる

「溜飲」は、胃の消化不良で胸やけがしたり、酸っぱい液が出たりすること。溜飲が治まるという意から、胸がすっきりすること。不平や不満が解消され、気が晴れること。

(用例) 宿敵に一本勝ちして、溜飲が下がった。

流言《りゅうげん》は知者《ちしゃ》に止《とど》まる

根も葉もないうわさは、愚かな者のあいだでは広まるが、知恵のある者は真に受けないので、そこで止まってしまうということ。出典は『荀子《じゅんし》』。

竜《りゅう》の頷《あぎと》の珠《たま》を取《と》る

非常に大きな危険を冒すことのたとえ。

(類義) 虎の尾を踏む

柳眉《りゅうび》を逆立《さかだ》てる

美人が、怒って柳の葉のように美しい眉を釣り上げるさま。「柳眉を蹴立てる」「柳眉を釣り上げる」ともいう。

燎原《りょうげん》の火《ひ》

「燎原」は、野原を焼くこと。物事が勢いよく広がっていくようすのたとえ。とくに、悪事や騒乱などが、一度広がりだすと手の施しようがなくなることをいう。出典は『書経』。

両手《りょうて》に花《はな》

二つの良いもの、美しいものを同時に手に入れること。とくに、一人の男性の左右に女性がいる場合にいう。

遼東《りょうとう》の豕《いのこ》

ありふれた物事を、得意になって自慢するたとえ。独り善がり。世間知らず。出典は『後漢書』。

(知識)「遼東」は遼河の東、今の中国遼寧省《りょうねいしょう》南部の地。「豕」は豚。昔、遼東の豚が頭の白い子を産んだ。珍種だからお上に献上しようと河東まで来たら、そこの豚の頭はみな白かったので引き返したという故事による。

(類義)井の中の蛙大海《かわずたいかい》を知らず

良薬《りょうやく》は口《くち》に苦《にが》し

よく効く薬ほど苦くて飲みづらいことから、ためになる忠告は聞きづらいものであるというたとえ。

(類義)薬酒口に苦《にご》うして病に利あり／林中に疾風多し

(英語)Good medicine is bitter to the mouth. の訳。

両雄並《りょうゆうなら》び立《た》たず

力の匹敵する二人の英雄が現れれば必ず争いとなり、どちらかが倒れるということ。出典は『史記』。「両雄は必ず争う」「両雄倶《とも》に立たず」ともいう。

(英語)If two ride on a horse, one must ride behind.

（一頭の馬に二人で乗るなら一人は後ろに乗らなければならない）

り

悋気《りんき》は女《おんな》の七《なな》つ道具《どうぐ》

嫉妬は女性の武器で、男性を操る手段であるということ。

(類義) 悋気嫉妬は女の常／悋気せぬ女は弾まぬ鞠《まり》

綸言《りんげん》汗《あせ》の如《ごと》し

「綸言」は、君主のことば。汗が一度流れたら体内に戻せないように、君主のことばは、一度口にしたら訂正も取り消しもできないということ。出典は『漢書』。

(類義) 天子に戯言《ぎげん》なし

類《るい》は友《とも》を呼《よ》ぶ

考え方や趣味の似た者どうしは、気が合ってしぜんに寄り集まるということ。「類は友を集める」「類は友」ともいう。

(類義) 同類相求む／似た者夫婦／似るを友

(英語) Birds of a feather flock together.
（同じ羽の鳥はいっしょに集まる）

坩堝《るつぼ》と化《か》す

「坩堝」は高熱に耐える容器で、金属やガラスなどを溶かすために用いる。「坩堝」の中が非常に熱いことから、観衆などが興奮・熱狂しているさまをいう。

(知識)「人種の坩堝」など、坩堝には「種々のものが入り交じる」という意味もある。

(用例) 劇的な逆転勝ちに球場は興奮の坩堝と化した。

瑠璃《るり》も玻璃《はり》も照《て》らせば光《ひか》る

「瑠璃」は青い色の宝玉。「玻璃」は水晶。どちらも照らせば光るので、すぐわかる。優れた才能や素質のある者は、どこにいても目につく。優れた者は活躍の場を与えられれば真価を発揮するというたとえ。

(知識) 類似のことわざ「瑠璃も玻璃も照らせばわかる」↗

は、よく似ているものでも方法しだいでその違いがわかるという意味。

(類義) 紅《くれない》は園生《そのう》に植えても隠れなし

例外《れいがい》のない規則《きそく》はない

規則にはそれを適用できない例外が必ずあるということ。

(英語) There is no rule without an exception. の訳。

礼《れい》も過《す》ぎれば無礼《ぶれい》になる

礼儀正しいことも、度を越すとかえって相手に無礼と受け取られる。礼儀もほどほどにするのがよいということ。

(類義) 慇懃《いんぎん》無礼／礼過ぐれば諂《へつら》いとなる

(英語) Too much courtesy becomes a bother.
（礼儀は度を越すと迷惑になる）

歴史《れきし》は繰《く》り返《かえ》す

歴史を長い目で見れば、同じような事件や出来事が繰り返し起こるものである、ということ。

(知識) ローマの歴史家クティウス・ルフスのことば。

(英語) History repeats itself. の訳。

連木《れんぎ》で門《かど》掃《は》く

「連木」は、擂《す》り粉木《こぎ》のこと。家の門を擂り粉木で掃くことから、とつぜんの来客を慌ててもてなすことをいう。

(類義) 杓子《しゃくし》で芋を盛る／槌《つち》で庭を掃く

連木《れんぎ》で腹《はら》切《き》る

「連木」は、擂《す》り粉木《こぎ》。擂り粉木で切腹するということで、試みても成功しないこと、不可能なことのたとえ。

蠟燭《ろうそく》は身《み》を減《へ》らして人《ひと》を照《て》らす

自分を犠牲にして、人に尽くすことのたとえ。

ろ

隴《ろう》を得《え》て蜀《しょく》を望《のぞ》む

一つの望みを遂げると、さらに別の願望を抱くようになるということ。人の欲望には限度がないことのたとえ。「望蜀《ぼうしょく》の願い」「望蜀の嘆」ともいう。

(知識)「隴」は甘粛省《かんしゅくしょう》、「蜀」は四川省《しせんしょう》の地域。中国、後漢の光武帝《こうぶてい》が隴の地を得たのに、さらに蜀の地を手に入れようと望んだことからいう。

(類義) 千石《せんごく》取れば万石《まんごく》羨む／欲に頂《いただき》無し

ローマは一日《いちにち》にして成《な》らず

ローマ帝国の栄光も一日で築かれたわけではない。大事業を成就するには、長い年月と労苦を要するということ。

(英語) Rome was not built in a day. の訳。

魯魚《ろぎょ》の誤《あやま》り

「魯」と「魚」は字形が似て誤りやすいことから、似ている文字の見誤り、書き誤りをいう。「魯魚烏焉《うえん》の誤り」とも。

六十《ろくじゅう》の手習《てなら》い

六十歳になって字を習いはじめること。晩学のたとえ。年をとってから習い事や学問を始めることをいう。

(注意) 本人が謙遜していうことば。他人には使わない。

(英語) It is never too late to learn.
（学ぶのに遅すぎるということはない）

露命《ろめい》を繋《つな》ぐ

露のようにはかない命を辛うじて保つこと。細々と、どうにか暮らしていることのたとえ。

論語《ろんご》読《よ》みの論語《ろんご》知《し》らず

論語を読めても、その内容や精神は身についていない。↗

書の内容、理論・理屈を知っているだけで、実行できない者のたとえ。「論語読みの論語読まず」ともいう。

(英語) A mere scholar, a mere ass.（ただの学者はただのロバ）

論《ろん》より証拠《しょうこ》

物事を明らかにするには、論議を重ねるよりも証拠を示すことのほうが大事であるということ。

(類義) 証拠が先／百聞は一見に如《し》かず／論は後《あと》証拠は先

(英語) Example is better than precept.（実例は教訓にまさる）

論《ろん》を俟《ま》たない

議論するまでもなく明らかである、言うまでもない。当然のこととして明白であるということ。

(用例) 外交では、冷えきった両国の関係を改善するための協議を続けることは論を俟たない。

我《わ》が家楽《いえらく》の釜盥《かまだらい》

たらいが買えず釜で代用しているような貧しい暮らしであったとしても、わが家は楽しいものであるということ。「釜盥」は「金盥」ともいう。

(類義) 我が家に勝る所なし

若《わか》い時《とき》の苦労《くろう》は買《こ》うてでもせよ

若いときの苦労は、将来必ず役に立つ。若者は自分から進んで苦労するのがよいという教え。「苦労」は「辛抱」「難儀」「辛労」ともいう。

(類義) 艱難《かんなん》汝《なんじ》を玉《たま》にす／若い時の力瘤《ちからこぶ》

我《わ》が面白《おもしろ》の人泣《ひとな》かせ

自分はおもしろくて楽しんでいることでも、他人には迷惑をかけている場合があるということ。「我《われ》面白の人かしまし」ともいう。

わ

若気《わかげ》の至《いた》り

年が若いため、血気にはやって無分別な行動をとること。

我《わ》が心《こころ》 石《いし》に匪《あら》ず転《てん》ずべからず

自分の心は石ではないので、転がせない。自分の心はけっして動かせないという決意を表すことば。志が堅固なことのたとえ。出典は『詩経』。

我《わ》が身《み》を立《た》てんとせばまず人《ひと》を立《た》てよ

自分の望みを遂げたいと思ったらまず、人を立てるようにせよ、という教え。出典は『論語』。

(類義) 我が子可愛《かわい》くば人の子を可愛がれ

我《わ》が身《み》を抓《つね》って人《ひと》の痛《いた》さを知《し》れ

自分で自分の身をつねって、その痛みを知れば、人がつねられたときの痛みを知ることができる。自分でも人と同じ苦痛を味わって、人の苦痛を思いやれという戒め。「身を抓《つ》みて人の痛さを知れ」ともいう。

(英語) Judge of other's feelings by your own.

(自分自身の思いで他人の思いを判断せよ)

我《わ》が物《もの》と思《おも》えば軽《かる》し笠《かさ》の雪《ゆき》

自分のものと思えば笠に積もる雪も軽く思えてくる。少々苦しくても、自分のためと思えば何事も苦にならないというたとえ。

(知識)『古今俳諧《はいかい》明題集』の榎本《えのもと》(宝井《たからい》)其角《きかく》の句。

禍《わざわい》 独《ひと》り行《ゆ》かず

禍は一度だけですむものではなく、えてして繰り返し起こるものであるということ。

(類義) 福重ねて至らず禍《か》必ず重ねて来《きた》る

わ

禍《わざわい》を転《てん》じて福《ふく》となす

身にふりかかった災難をうまく処理して、かえって幸せになるようにすること。出典は『戦国策』。

(類義) 失敗は成功の母／七転び八起き

和《わ》して同《どう》ぜず

人と争わず交際はしても、おもねって人の意見にすぐ同調したり、妥協したりはしないという賢者の態度をいう。

(知識)「君子は和して同ぜず小人《しょうじん》は同じて和せず」という『論語』の中のことば。

(対義) **付和雷同**

渡《わた》りに舟《ふね》

川を渡ろうとするときに都合よく舟があること。困っているとき、何かしようとしているときに、都合よく助けや必要なものがそろうことのたとえ。「渡しに舟」「渡りの舟」ともいう。

(類義) 得手に帆を揚げる／日照りに雨／闇夜に灯火《ともしび》

渡《わた》る世間《せけん》に鬼《おに》はない

世間には、鬼のように冷たい人ばかりではなく人情に厚い人もいる、という意。「世間」は「世界」ともいう。

(類義) 浮世に鬼はない／捨てる神あれば拾う神あり

(対義) **寺の隣にも鬼が住む／人を見たら泥棒と思え**

笑《わら》いは人《ひと》の薬《くすり》

笑うことは、心身の健康によいということ。

笑《わら》う顔《かお》に矢《や》立《た》たず

にこやかな表情で接してくる者には、抱いていた憎しみもほぐれるものだということ。

笑《わら》う門《かど》には福来《ふくきた》る

「門」は家。いつも笑いの絶えない家庭には、しぜんに幸福がやってくる。苦しいことがあっても、前向きな明るい態度がやがては幸せを呼び込むという教え。「祝う門に福来る」「笑う所へ福来る」ともいう。

(類義) 和気 財を生ず

(英語) Laugh and be fat.（笑って太れ）

藁《わら》にもすがる

人は苦しい状況になると、助かりたい一心から、頼りにならないようなものにまで頼ろうとすることのたとえ。

(用例) 藁にもすがる思いで旧友に借金を頼んだ。

(注意) 頼る先を「藁」にたとえているため、目上の人や相手先の前で使うと失礼にあたる。

破《わ》れ鍋《なべ》に綴《と》じ蓋《ぶた》

壊れた鍋にもそれに似合う、修理した蓋があるもの。似かよった者どうしの結びつきがよいというたとえ。とくに夫婦や恋人など、男女の取り合わせにいう。

(注意) へりくだって、身内や自身のことを言うときのことば。人に向かって言うのは失礼にあたる。

我人《われひと》に辛《つら》ければ人《ひと》また我《われ》に辛《つら》し

自分が人にする行為は人が自分にする。己の振る舞いは己に返るのだから人には親切にせよ、という教え。

(類義) 人を憎むは身を憎む

(対義) 人を愛する者は人恒《つね》に之《これ》を愛す

和《わ》を以《もっ》て貴《とうと》しとなす

この世では人が仲よくすることがもっとも大切である、という意。聖徳太子の「十七条憲法」第一条のことば。

類義語・対義語索引

●類義語・対義語を五十音順に配列しました。
●見出し語になっていることわざ・成句は省略しています。

あ

愛 屋烏に及ぶ……65・286
愛してその醜さを忘る……18
愛想づかしも金から起きる……87
開いた口へ牡丹餅……91
合うも不思議 合わぬも不思議……15
青柿が熟柿弔う……302
青菜を湯につけたよう……4
青二才……156
垢はこするほど出る……187
明るけりゃ盆……4
秋鯖 嫁に食わすな……5
秋茄子 嫁に食わせよ……5
秋の日の釣瓶落とし……6
秋の日和と女の心日に七度変わる……75
空き家で棒振る……6
アキレスの踵……285
悪運強ければ人天に勝つ……289
悪妻は家の破滅……7
悪事身に返る……7・212
悪に強ければ善にも強し……217
悪の裏は善……33
悪は延べよ……171
悪魔は悪魔を知る……149
朝雨馬に鞍を置け……9
朝雨小ばくち……9
朝雨に傘いらず……9
朝顔の花一時……107
朝にある事は晩にもある……36
朝寝朝酒貧乏の元……258
朝寝八石の損……258
朝腹の丸薬……11
朝日に霜……276
明日は明日 今日は今日……102
明日は明日の神が守る……11
朝は紅顔 夕には白骨……101
足下につけ込む……12
明日の親鳥より今日の卵……13
頭押さえりゃ尻ゃ上がる……15
頭に火がつく……11
仇も情けも我が身より出る……282・294
仇を情けにひきかえる……15
暑い寒いも彼岸ぎり……16
暑さ忘れて陰忘れる……247
後薬……17
穴の狢を値段する……222
穴を穿ちて水を止む……185
危ないことは怪我のうち……126
油に水の混じるが如し……19
阿呆に付ける薬なし……250
阿呆にも一芸……110
雨垂れは三途の川……68
網にかかるは雑魚ばかり……137
網を持たずに海をのぞくな……20
雨の降る日は天気が悪い……40
雨の夜にも星……21

雨晴れて笠を忘る……46
蟻の一穴 天下の破れ……23
蟻の塔を組む如し……206
蟻も軍勢……92・283
ある事三度……237
有れば有るだけ無い時三昧……23
慌てる蟹は穴へ入れぬ……24
晏子の御……222
案じる子は産み易い……24

い

言うは行うより易し……25
家の中の盗人は捕まらぬ……214
息を呑む……209
杭にも笠……291
戦見て矢を矧ぐ……223
生簀の鯉……218
諍い果てての契り……22
諍い果てての乳切り木……216
砂長じて巌となる……201
石臼芸……117
石に噛りついても……21
石に灸……79・239
石の証文 岩の判……28
石橋に鉄の杖……29
医者と坊主は年寄りがよい……29・91
石屋の尻に老中の判……28
医者坊主南瓜……29
出雲の神より恵比寿の紙……87
伊勢男に筑紫女……13
鼬なき間の貂誇り……223
痛む上に塩を塗る……281
至れり尽くせり……91
一か八か……38
一合取っても武士は武士……35
一事を以て万端を知る……32・35
一度ある事は二度ある……36・311
市に虎あり……174
一念岩をも徹す……28・165
一念天に通ず……165
一物は腹に荷物は背に……259
一陽来復……54
一蓮托生……254
一を知って二を知らず……35
一攫千金……241
一去一来……44
一挙両得……18・180・237
一鶏鳴けば万鶏歌う……36
一口両舌……237
一升徳利転けても三分……64
一升徳利に二升は入らぬ……36
一生の患いは性悪の妻……7
一升入る瓢は海へ入れても一升……36
一升枡に二升は入らぬ……86
一寸のことも一丈に言いなす……260
一石二鳥……18・180・237
一殺多生……154
一中節より鰹節……257
一刀両断……77
鷸蚌の争い……106
いとしき子には杖で教えよ……93
犬と猫……118
犬に念仏 猫に経……40・53
戌に棒あり戌に棒なし……55
犬の手も人の手にしたい……243
犬はその主を知る……41

犬骨折って鷹の餌食……288
犬も食わぬ……243
命長ければ蓬萊を見る……42
命に過ぎたる宝なし……41
命は鴻毛より軽し……41
命より名を惜しむ……41
茨の中にも三年の辛抱……28
居仏が立ち仏を使う……189
芋頭が敵に見える……99
芋茎は食えるが家柄は食えぬ……25
伊予に吹く風は讃岐にも吹く……218
要らぬお世話の焼き豆腐…191
入船に良い風出船に悪い…242
入れ物と人はあるもの使え……189
色気より食い気……257
鰯網へ鯛がかかる……191
言わぬことは聞こえぬ……25
言わぬは言うにまさる……25
因果応報……7
慇懃無礼……325
陰徳は果報の来る門口……45

う

飢えたるは食を択ばず……161
魚の水を離れたよう……46・296
浮世に鬼はない……329
兎に祭文……40・48・53
牛が嘶き馬が吼える……27
氏素性は争われぬ……49
牛に経文……48・53・79
牛の歩みも千里……19
牛の角を蜂が刺す……27・79
牛も千里 馬も千里……258
氏より育ちが恥ずかしい……49
嘘つきは盗人の苗代……50
嘘つき世渡り上手……51
嘘は盗みのもと……50
嘘も重宝……51
嘘も追従も世渡り……51
嘘も誠も話の手管……51
嘘を言えば地獄へ行く……51
嘘をつかねば仏になれぬ……50・51
嘘をつくと腹に竹が生える……51
疑いは言葉でとけぬ……85
疑えば鬼を見る……99
打たねば鳴らぬ……290
内で蛤 外でしじみ貝……52
内ふんばりの外ひっこみ……52
内弁慶の外地蔵……52
内弁慶の外幽霊……52
腕一本……254
鵜の真似する烏 水に溺れる……53
手ばね干棒……55
旨い物は宵に食え……171
馬の耳に風……53・239・294
馬の目に銭……242
馬は馬方……116・304
馬痩せて毛長し……275
生まれつきより育ちが第一……49
馬を鹿……255
馬を相するには輿を以てし士を相するには居を以てす……53
海 波を揚げず……21

海も見えぬに舟用意……53
怨みに報ゆるに徳を以てす……15・76・303
売り出し三年……5
瓜の皮は大名にむかせよ 柿の皮は乞食にむかせよ……135
瓜の種に茄子は生えぬ……55
瓜を投じて玉を得る……60
瓜を二つに割ったよう……55
噂を言えば主が来る……56
生んだ子より抱いた子……54
膿んだ物は潰せ……109
雲泥万里……57
運を待つは死を待つに等しい……90

え

枝先に行かねば熟柿は食えぬ……126
枝を撓めて花を散らす……205
越後女に上州男……13
越前男に加賀女……13
得手で手を焼く……58
榎の実はならばなれ 木は椋の木……255
海老の鯛交じり……136
笑みの中の刀……293
燕雀鳳を生まず……55
縁の切れ目は子でつなぐ……130
縁の下の舞……61

お

追い風に帆……226
老い木は曲がらぬ……194・208
老いの木登り……219
老いも若きも……243
鸚鵡の人真似……53
往を彰かにして来を察す……280
大男の殿……63
大きな大根辛くなし……52・63
大摑みより小摑み……64
大鳥の尾より小鳥の頭……115
陸へ上がった船頭……65
傍目八目……263
起きて半畳寝て一畳……169
屋下に屋を架す……65
奥歯に衣着せる……65・257
奢るものは末世の厄介……65
驕れる者久しからず……45
お茶の子さいさい……11
おどけがほんになる……50
男は妻から……238
男やもめに雑魚たかる……68
お情けより樽の酒……201・228
鬼は弱り目に乗る……319
鬼も頼めば人食わず……70
己のまぶたは見えぬ……214
斧をといで針にする……27
思し召しより米の飯……201・228
思い立つ日に人神なし……72
思うに別れて思わぬに添う……232
親方思いの主倒し……261
親が憎けりゃ子も憎い……286
親父は俺より年が上……40
親に似た亀の子……79・292
親に似ぬ子なし……72
親の意見より無い意見……224
親の打つ拳より他人の撫でるほうが痛い……51
親の涙雨 子にかかる……73
親の罰は子に当たる……73

親の欲目……132
親は親 子は子……73
親船に乗った気……64
お山の大将空威張り……74
泳ぎ上手は川で死ぬ……116
及ばざるは猶過ぎたるに勝れり……161
尾を踏まば頭まで……217・241
尾を振る犬は叩かれず……26・176
女が口を叩けば牛の値が下がる……75
女三人寄れば着物の噂する……75
女の賢いのと東の空明かりとは当てにならぬ……75
女の心は猫の眼……75
女の知恵は鼻の先……75
恩報じは出世の相……75
恩を仇で返される……135
恩を以て怨みに報ず……76

か

飼い養う犬も主を知る……41
飼い養う虫に手を食わる……76
偕老同穴……71
買うは貰うに勝る……189
鍵の孔から天を覗く……110
餓鬼も人数……92・283・310
鉤を盗む者は誅せられ国を盗む者は諸侯となる……137
柿を盗んで核隠さず……14
学者の不身持ち……30
隠す事千里……7・80
隠す事は知れ易し……80
隠せばなお顕る……80
楽屋で声嗄らす……6・61
隠れての信は顕れての徳……45
陰に居て枝を折る……76
陰の舞の奉公……61
籠で水汲む……21
籠の鳥……21
火事場へ煙硝……81
鍛冶屋の明後日……213
稼ぐに追い抜く貧乏神……83
稼げば身立つ……83
堅い木は折れる……151
堅い歯は折れても柔い舌は折れぬ……310
堅き氷は霜を踏むより至る……149
刀は刀屋……304
片山曇れば片山日照る……44
河童に水練……138・149
河童の寒稽古……80
糧を棄て舟を沈む……248
瓜田李下……85・321
悲しい時の神祈り……113
金があれば馬鹿も旦那……168
鉦叩きゃ念仏が外れる……180
金に親子はない……73
金の光は阿弥陀ほど……20・143・184
銀は命の親 命の敵……87
金は片行き……88
金は湧き物……88
金持ち舟に乗らず……89
金持ち身が大事……89
南瓜に目鼻……190・193
嚙み合う犬は呼び難し……187
剃刀の刃を渡る……222
神の目は眠ることがない……90

神へも物は申しがら……90
髪結いの乱れ髪……58・125
噛む馬はしまいまで噛む…162
亀の看経……86
蚊帳の目に風たまる……21
枯れ木も森の賑わかし……92
彼も人なり予も人なり……213
夏炉冬扇……204
川からあがった河童……24
川向こうの喧嘩……178
変わりやすきは世の習い……45
皮を斬らして骨を斬れ……235
勧学院の雀は蒙求を囀る…308
坎井の蛙……165
完全無欠……95
干天の慈雨……143
堪忍蔵の戸が開く……96
堪忍の忍の字が百貫する…239
看板に偽りなし……97・317

き

聞いた百より見た一つ……272
聞いて千金見て一毛……98
機失うべからず……121
木から落ちた猿……65
騎虎の勢い……248
雉子の草隠れ……14
傷口に塩……226
機先を制する……135
北に近けりゃ南に遠い……40
来る者は善からず善き者は来らず……232
騎竹の交わり……197
切っても血の出ぬ人……198
狐に小豆飯……242
機に因りて法を説け……139・270
杵で鼻こする……100
昨日の娘 今日の老婆……101
木登りは木で果てる……93
鬼面仏心……18
牛首を懸けて馬肉を売る……97・317
京男に伊勢女……13
京女に奈良男……13
教学は相長ず……66
兄弟は両の手……105・198
今日の一つは明日の十にまさる……13
器用貧乏……117・185
虚は実を引く……50
切り株にも衣装……291
錐を以て地を指す……110
騏驎の躓き……138
琴瑟調わず……107
金石の交わり……97・281
金襴の契り……195

く

草木もなびく……221
孔雀は羽ゆえに人に獲らる……227
薬も過ぎれば毒となる……161
癖なき馬は行かず……301
糞骨を折る……288
口から出れば世間……249
口自慢の仕事下手……111・246
口叩きの手足らず……111
口では大阪の城も建つ……25・246
口の下から……146
口は虎 舌は剣……111
唇竭きて歯寒し……111

唇無ければ歯寒し……111
口を糊する……126
国に入ってはまず禁を問え……124
蜘蛛の網に風たまらず……21
鞍掛け馬の稽古……188
暗がりに鬼をつなぐ……69
車に乗る人乗せる人……81
紅は園生に植えても隠れなし……149・325
暮れぬ先の提灯……142
黒犬に嚙まれて赤犬に怖じる……284
食わず貧楽高枕……275
食わぬ腹探られる……31
鍬をかたげた乞食は来ない……83
苦をせねば楽はならず……112

け

経験は学問にまさる……232
兄たり難く弟たり難し……251
兄弟牆に鬩ぐ……128
兄弟は手足たり……105
芸は身の仇……116・159
褻にも晴れにも歌一首……250
犬猿もただならず……118
乾坤一擲……38
賢人は危うきを見ず……113
犬兎の争い……106
剣を使う者は剣で死ぬ……270

こ

恋は思案の外……120
光陰に関守なし……120
厚顔無恥……206
剛毅木訥仁に近し……121
巧言は徳を乱る……121
孔子に論語……138・149
孔子も世に用いられず……123
黄塵万丈……251
甲の薬は乙の毒……242
高木風に折らる……258
高木風に嫉まる……182
蝙蝠が燕を笑う……302
蝙蝠も鳥の内……189
紺屋の明後日……213
声無くして人を呼ぶ……215
小男の腕立て……216
氷と炭……273
氷に坐す……252
氷に鏤め 水に描く……19
氷は水より出でて水よりも寒し……4
氷を叩き火を求む……101
小柿に核多し……275
五月蕨は嫁に食わすな……5
こけた上を踏まれる……281
こけても馬の糞……131
後家花咲かす……68
虎口を逃れて竜穴に入る……33・172
心安いは不和の基……146
後生より今生が大事……128
後生を願う……128
鯒の頭は嫁に食わせよ……5
木っ端で集めて材木で流す……291
コップの中の嵐……80
事終われば速やかに去れ……225
子供喧嘩が親喧嘩……129
子供の喧嘩 親かまわず……129

子に過ぎたる宝なし……130
粉糠にも根性……37
好む道より破る……58
子は縁つなぎ……130
小股取っても勝つが本……85
胡麻を擂る……262
小村の犬は人を嚙む……155
こらえ袋の緒を切る……96
衣ばかりで和尚はできぬ…291
転んでも土をつかむ……131
子を持って知る親の恩……73
権者にも失念……109・124
根性に似せて家を作る……86
金輪際の玉も拾えば尽きる……108

さ

才子 才に倒れる……135
最上は幸福の敵……178
財布の口を締める……134
財宝は身の敵……184
鷺に尾が無いとて脚切って接がれもせず……206
鷺を烏と言いくろむ……143
酒買うて臂切らる……135
酒なくて何の己が桜かな…257
酒は憂いを掃う玉箒……136
酒は諸悪の基……136
酒は天の美禄……136
酒は飲むべし飲むべからず……135
酒は百毒の長……136
誘う水あれば去なんとぞ思う……321
座頭の櫛……233
笊なめた犬が科かぶる……137
笊に水……21
猿の尻笑い……302
触らぬ蜂は刺さぬ……139
三十六策走るを上計と為す……140
三徴七辟……140
三人市に虎を成す……174
三人にして迷う事なし……141
三年居れば温まる……28
三年飛ばず鳴かず……225
山門から喧嘩見る……184

し

仕上げが肝心……75
ジークフリートの肩……285
塩を摘んで水に入れる……309
自画自賛……209
鹿の角に蜂……79
自業自得……7・212
地獄の地蔵……143
地獄も住みか……164
死しての千年より生きての一日……13
紙上兵を談ず……99
時節流るるが如し……120
親しき仲に垣をせよ……146
親しき仲は遠くなる……146
舌の剣は命を絶つ……111
舌は禍の根……111
七尺去って師の影を踏まず……140
失敗は成功の母……147・329
尻尾を出す……250
尻尾を見せぬ……250
師弟となって七尺去る……140
地頭に法なし……227

死人に妄語……148
死ぬる子は眉目よし……234
慈悲が仇になる……228
渋柿の長持ち……235
自分の子には目口が明かぬ……132
釈迦に経……138・149
釈迦にも経の読み違い……85・109
杓子で芋を盛る……325
杓子は耳掻きにならず……182
尺を枉げて尋を直ぶ……154
蛇は一寸にしてその気を得る……150
沙弥から長老にはなれぬ……150
三味線も弾き方……306
衆寡敵せず……186
習慣は自然の如し……231
十読は一写に如かず……147
舅の物で相婿もてなす……267
重箱の隅を杓子で払う……150
十を聞いて一を知る……302
入眼……92
儒者の不身持ち……58
主と病には勝たれず……227
順風満帆……59
将棋さすより艦褸をさせ……157
傷弓の鳥……16
証拠が先……327
正直の儲けは身に付く……8
正直は一生の宝……51・152
盛者必衰……45・65・203
小人は面を革む……114
冗談から駒……50
小知を以て大道を窺う……110
商売は草の種……219
商売は道によって賢し……116
勝負は平家の常……85
証文の出し後れ……17
小利を積んで大利成る……64
小利を貪って大利を失う……34
知らぬは仏 見ぬが神……155
尻が割れる……250
次郎にも太郎にも足らぬ……71
白豆腐の拍子木……52
唇歯輔車……111
仁者に敵なし……228
針小棒大……260
死んだ子は賢い……234
沈丁花は枯れても香し……109
死んで花実が咲くものか……41
心腹の友……118
辛抱の棒が大事……159
辛抱は金 挽き臼は石……159

す

水中に火を求む……101
推定無罪……51
水泡に帰する……286
据え膳と河豚汁を食わぬは男の内ではない……160
姿はつくりもの……161
好きな事には騙され易い……23
好きは上手のもと……161
酢でも蒟蒻でも食えぬ……236・253
簀子の下の舞……61
素引きの精兵……188
墨に染まれば黒くなる……151・296
住めば田舎も名所……164
擂り粉木で腹を切る……134

駿河の富士と一里塚……200・202
寸善尺魔……203

せ

井魚は与に大を語るべからず……165
成功の下に久しく処るべからず……124
青山骨を埋むべし……238
聖人も時に遇わず……123
精出せば凍る間もなし水車……83
節制は最良の薬である……259
せつない時は茨も摑む……71
銭は銭だけ……309
千金を買う市あれど一文字を買う店なし……80
千石取れば万石羨む……326
千丈の堤も蟻の一穴から……23
善書は紙筆を択ばず……125
先手は万手……135
千日の功名一時に亡ぶ……171
千人の指す所は違わず……151
千人持ちの蒟蒻……52
千の倉より子は宝……130
千里の馬は常にあれども伯楽は常にはあらず……172
千里の行も足下より始まる……172・183
千慮の一得……110・173

そ

滄海の一粟……103
滄海変じて桑田となる……12・101・174・318
糟粕をなめる……128
象は歯有りて以て其の身を焚かる……227
倉廩満ちて礼節を知る……30
草廬三顧……140
粟を量りてつく……131
謗れば影さす……56
粗相早手……258
空向いて石を投げる……212
損は儲けの始め……178

た

大海の一滴……103
大海は芥を択ばず……79
大海を耳搔きで測る……76・178
大器小用……180
大魚は網を破る……20・213
大工の掘っ建て……125
大行は小謹を顧みず……181
大功を論ずる者は小過を録せず……181
泰山の霤 石を穿つ……19
大人は虎変す……114
大象は兎径に遊ばず……179
大敵を見ては欺き小敵を見ては畏れよ……181
大同小異……223
鯛の尾より鰯の頭……115
大仏を蟻が曳く……179
大木の下に小木育たず……181・182
大利は利ならず……183
倒す神あれば起こす神あり……162
高枕で寝る……290
宝多ければ身を害す……184
宝は国の渡り物……88

宝は身の差し合わせ……184
多岐亡羊……287
竹に油……190
竹に接ぎ木……101
筍の親勝り……55・79
竹箒も五百羅漢……44
蛇首を見て長短を知る……39
出すものは舌を出すのも嫌……205
叩かれて戻れば寝よい……187
ただより安いものはない……189
立ち仏が居仏を使う……189
他人の中を踏む……191
他人の念仏で極楽参り……267
他人は時の花……198
田の事すれば畠が荒れる……180
楽しみ尽きて悲しみ来る……97
頼みの綱も切れる……192
頼めば越後から米搗きに来る……192
旅の恥は弁慶状……192
旅は情け 人は心……192
玉を銜いて石を売る……317
誑しが誑しに誑される……191
樽ぬき渋柿を笑う……302
足るを知るは第一の富なり……194
団子さえ食えば彼岸だと思う……4
男子家を出ずれば七人の敵あり……68
短慮功を成さず……195

ち

小さな流れも大河となる……201
知恵ない神に知恵付ける……245
知恵の鏡も曇る……275
近くて見えぬは睫……263
近しき仲に垣を結え……146
近道は遠道……31・166
筑前女に筑前男……13
父は天 母は地……197
血に交れば赤くなる……151
血は血だけ……198
柱に膠し瑟を鼓す……129
寵愛昂じて尼になす……261
長者に子なし……275
長者の跡は三年味噌臭い……280
提灯を借りた恩は知れど天道の恩は忘れる……178
町人の刀好み……233
長鞭 馬腹に及ばず……52
沈黙は金 雄弁は銀……25

つ

杖の下に回る犬は打たれぬ……176
使わぬ鍬は錆びる……226・318
月雪花は一度に眺められぬ……289
月夜半分 闇夜半分……203
槌で庭を掃く……325
土人形の水遊び……204
妻恋う鹿は笛に寄る……6
躓く石も縁の端……176
爪で拾うて箕でこぼす……291
強い者には負けろ……225
鶴の粟を拾う如し……206
鶴は枯れ木に巣をくわず……179

て

亭主が好きなら薦でもかぶれ……207
泥中の蓮……235
手加減の独り舌打ち……209
敵は大勢 味方は一人……186
敵国敗れて謀臣亡ぶ……123・264
鉄の下駄で尋ねる……88
鉄面皮……206
寺の隣にも鬼が住む……329
手を出して火傷する……84
手を翻せば雲となり手を覆せば雨となる……101
天子に戯言なし……324
天水桶に竜……179・223・250
天道様は見通し……20・90・211
天道是か非か……212
天道は親なし……212
天に橋を架ける……101
天に眼……90・212
天罰覿面……212
田父の功……106
天を指して魚を射る……101

と

戸板に豆……190
同悪相助く……215
東西を弁えず……236
灯台人を照らし己を照らさず……214
問うは当座の恥 問わぬは末代の恥……99
豆腐で足突く……43
豆腐の皮をむく……60
豆腐を藁でつなぐ……27
桃李門に満つ……215
同類相求む……49・324
遠くなれば薄くなる……138
遠火で手を焙る……234
どこの烏も黒さは変わらぬ……218
どこの鶏も裸足……40・218
どこ吹く風……294
所の神様有り難からず……216
所の法に矢は立たぬ……124
歳寒くして松柏の凋むに後るるを知る……147
泥鰌の地団駄……216
隣の芝生は青い……219
隣の白飯より内の粟飯……219
隣の牡丹は大きく見える……219
隣の飯も食ってみよ……191
飛ぶ鳥の献立……222
富は足るを知るにあり……194
虎に翼……69・81
虎は千里の藪に栖む……179
虎を放ち山に帰す……316
取りつく島もない……100
泥に灸……239
泥棒にも三分の道理……321
泥を打てば面へはねる……212
呑舟の魚 枝流に游がず……179
貪欲は底なき鉢に盛れ……317

な

無い子では泣かれぬ……130
内緒話は江戸まで聞こえる……136
無い知恵は出せぬ……224
無いとこ納め……224
長居をすれば物を見る……225

長持ちは枕にならぬ……182
流れ川を棒で打つ……19
鳴く猫は鼠を捕らぬ……287
情けの罪科……228
納所から和尚……150
七下がり七上がり……229
難波の葦は伊勢の浜荻……218
生壁の釘……239
生悟り堀に落ちる……231
生物知り地獄へ落ちる……231
蛞蝓にも角……37
成るも成らぬも金次第……87・143
名を得て実を失う……232
名を取るより得を取れ……232
何でも来いの何でも下手……233

に

似合い似合いの釜の蓋……236
牲に赴く羊……218
憎い子には飴ん棒くれろ……235
逃ぐる者道を択ばず……104
逃げるが一の手……140
逃げるが勝ち……290
西から日が出る……27
西と言えば東と言う……3
日光を見ない中は結構と言うな……230
女房と鍋釜は古いほどよい……238
女房は家の大黒柱……238
似るを友……324
鶏を割くに焉んぞ牛刀を用いん……180
人間万事金の世の中……87

ぬ

抜かぬ太刀の高名……221
盗人が盗人に盗まれる……191
盗人に蔵の番……242
盗人にも三分の理……321
盗人の番には盗人を使え……218
沼に杭……239
濡れぬ先の傘……131

ね

佞言は忠に似たり……199
根がなくとも花は咲く……271
値切りて高買い……309
猫に魚の番……242
猫は虎の心を知らず……61
鼠の空死に……191
熱しやすいものは冷めやすい……197
寝ていて牡丹餅は食えぬ……90・292
寝耳に擂り粉木……245
年功序列……201

の

能なし犬は昼吠える……246
能なしの能一つ……89
後の親が親……54
飲まぬ酒には酔わず……271
飲まぬ酒に酔う……271
蚤の小便 蚊の涙……162
のるか反るか……38
呪うに死なず……235

は

吐いた唾を呑む……249

杯と唇のあいだで取り落とす……104
灰吹から蛇が出る……274
馬鹿があって利口が引き立つ……282
測り難きは人心……269
箸と主とは太いがよい……319
馬耳東風……53
畑に蛤……101
二十過ぎての子の意見と彼岸過ぎての肥はきかぬ……194
二十日鼠も獣の内……189
八卦裏返り……316
花多ければ実少なし……121・257
話し上手の聞き下手……256
花の下より鼻の下……257
花は折りたし梢は高し……183
花発いて風雨多し……203
花も折らず実も取らず……18
はまった後で井戸の蓋をする……120・223
早いが勝ち……135
早いばかりが能でない……258
早好きの早飽き……197
腹の立つ事は明日言え……25
薔薇の根から藁は生えぬ……55
腹も身の内……259
腸が煮えくり返る……282
針の穴から天を覗く……76・110

ひ

飛蛾の火に入るが如し……224
火が降っても槍が降っても……21
日勘定では足らぬが月勘定では余る……236
飛脚に三里の灸……270
火消しの家にも火事……6
火避けて水に陥る……33
膝とも談合……306
尾大掉わず……160
火で火は消えぬ……218
日照りに雨……329
人窮すれば天を呼ぶ……113
人こそ人の鏡……267
一つ穴の狐……68
人通りに草生えず……202
人捕る亀が人に捕られる……294
人に一癖……227
人の痛いのは三年でも我慢する……191
人のことより足下の豆を拾え……14
人の物より自分の物……219
人は近親によって裏切られる……144
人は心が目抜き……269
人は死して名を留む……267
人は知れぬもの……269
人は盗人 火は焼亡……270
人真似すれば過ちする……53
人見て使え……270
一村雨の雨宿り……176
一人喧嘩はならぬ……3
人を愛する者は人恒に之を愛す……330
人を思うは身を思う……228
人を叩いた夜は寝られぬ……187
人を憎むは身を憎む……330
人を以て鑑となす……186
日の目を見る……54
火は火で治まる……218

暇あれば瘡掻く……153
暇ほど毒なものはない……153
百芸は一芸の精しきに如かず……185
百川海に朝す……262
拍子木で鼻かむ……100
瓢箪から駒も出ず……274
比翼連理……107
昼の行灯……204
火を吹く力もない……9
火を見れば火事と思え……270
品作ろうより田を作れ……157
貧は諂う……221
貧は病より苦し……148
貧乏人も三年置けば用に立つ……287

ふ

笛に寄る鹿は妻を恋う……6
俯仰天地に愧じず……4
福重ねて至らず禍必ず重ねて来る……328
吹く風 条を鳴らさず……21
袋の鼠……21
無沙汰は無事の便り……194
富士の山ほど願うて蟻塚ほど叶う……286
不精者の隣働き……185
布施見て経読む……278
仏事供養も布施次第……278
太きには呑まれよ……225
船は船頭に任せよ……304
船を沈め釜を破る……279
ぶよの一時……279
風呂と客とは立ったがよい……103
付和雷同……329
褌には短し手拭には長し……71
文は武に勝る……285

へ

下手な鍛冶屋も一度は名剣……283
下手の大連れ……171
下手の金的……283
下手の道具選び……125・283
糸瓜の種は大根にならぬ……55
反吐が出る……301
弁慶に薙刀……69・79

ほ

法師の軍咄……233
坊主の花簪……301
坊主の不信心……30・58
吠える犬に噛ける……270
帆掛け舟に櫓を押す……253
仏に蓮華……69
仏の光より金の光……143
骨は朽ちても名は朽ちぬ……267
誉れは毀りの基……210
惚れた欲目……18・286
盆過ぎての鯖商い……216

ま

曲がらねば世が渡られぬ……266
負けて勝つ……290
貧しきは諂う……221
待たぬ月日は経ち易い……297
待たれる身より待つ身……292
松笠より年嵩……91
松の木柱も三年……198
祭の日より前の日……291

眉毛に火がつく……154
迷わぬ者に悟りなし……179
満潮ごとに退潮あり……203
満は損を招く……178

み

右と言えば左……3
御輿を据える……295
水清くして大魚なし……295
水と油……19・118・273
水と魚……273
水に絵を描く……19
水の低きに就くが如し……262
水を飲みて源を思う……46
水を離れた魚……65
道は好む所によって安し……161
港口で難船……31・175
見ぬもの清し……155
実のなる木は花から知れる……170
蓑のそばへ笠が寄る……236
実る稲田は頭を垂れる……298

む

昔千里も今一里……106・109・300
昔は昔 今は今……102・300
麦飯で鯉を釣る……60
麦藁人形も装束から……291
娘三人は一身代……301
娘の子は強盗八人……301
娘一人に七蔵あける……301

め

名家三代続かず……199
名所に見所なし……302
名筆は筆を択ばず……283
名物は聞くに名高く食うに味なし……302
命を知る者は巌牆の下に立たず……113
牝牛に腹突かれる……43
雌鶏勧めて雄鶏時を作る……274
雌鶏時を作る……274
面皮厚し……206
面面の楊貴妃……18

も

儲けぬ前の胸算用……222
没義道……198
持たない子には苦労はしない……304
物がなければ影ささず……271
物盛んなれば則ち衰う……45
物は言い残せ菜は食い残せ……306
物は言いようで角が立つ……293
茂林の下に豊草なし……181
門外 雀羅を設くべし……94
文殊も知恵のこぼれ……109
門前 市の如し……94・307
門庭 市の若し……307

や

焼き鳥に攣……245
薬酒口に苦うして病に利あり……323
役人多くして事絶えず……171
安物は高物……309
痩せ犬は吠える……10・277
痩せ腕にも骨……37
痩せ馬の声嚇し……10
藪医者の薬味簞笥……283

病治りて医師忘れる……46・247
山師 山で果てる……93
山と言えば川……3
山に蛤を求む……101
山の芋 鰻とならず……313
山のことは樵夫に問え……304
闇の独り舞……61
闇夜に灯火……329
闇夜の提灯……143
病む目につき目……319

ゆ

夕立のせぬ先に下駄履いて歩く……142
行きずりの宿世……176
雪を墨……143
柚子は九年で花盛り梅は酸いとて十三年……307
指を惜しみて掌を失う……34
弓を引く……261
夢は嘘……316
夢は正夢……316

よ

良い仲も笠を脱げ……146
陽極まって陰生ず……178
用心に怪我なし……131
用心は無事なる中……316
用心は前にあり……131
羊頭狗肉……97・317
楊柳の風に吹かるるが如し……310
善く游ぐ者は溺れ 善く騎る者は堕つ……23
欲は身を失う……237
横車を押す……318
予防は治療に勝る……316

ら

落花枝に還らず……251・277
落花情あれども流水意なし……321

り

律儀者の子沢山……275
隆車に向かう蟷螂……216
両方立てれば身が立たぬ……15
利を取るより名を取れ……232
悋気嫉妬は女の常……324
悋気せぬ女は弾まぬ鞠……324
林中に疾風多し……323

る

類を以て集まる……49
ルビコンを渡る……134
瑠璃の光も磨きから……193

れ

礼儀は富足に生ず……30
礼過ぐれば諂いとなる……325
蓮華の水に在るが如し……235

ろ

労して功無し……288
老馬の智……62
櫓を推して櫂は持たれぬ……180
論は後 証拠は先……327

わ

若い時の力瘤……96・327
我が子可愛くば人の子を可愛がれ……328

我が家に勝る所なし……327
和気 財を生ず……330
和すること琴瑟の如し……107
綿にて首を絞むる如し……293
渡りかけた橋……248
藁しべを以て泰山を上ぐる
……179
童諍い大人知らず……129
破れ鍋二度の役に立たず…287

テーマ別索引

●主な見出し語をその内容で分類しました。
●意味から、ことわざ・成句を手早く検索できます。

人間

▶生死・人生・成長

邯鄲の夢……96
棺を蓋いて事定まる……98
死人に口なし……148
人生意気に感ず……158
生は難く死は易し……166
泣く子は育つ……227
人間僅か五十年……239
寝る子は育つ……245
馬齢を重ねる……260
日暮れて途遠し……262
人の一生は重荷を負うて遠き道を行くが如し……266
蜉蝣の一期……279
露命を繋ぐ……326

▶性格・人柄・態度

ああ言えばこう言う……3
青菜に塩……4
灰汁が強い……7
石に漱ぎ流れに枕す……27
石橋を叩いて渡る……29
石部金吉鉄兜……29
馬の耳に念仏……53
鬼の首を取ったよう……70
お山の大将俺一人……74
蛙の面に水……79
四角な座敷を円く掃く……142
重箱で味噌を擂る……150
重箱の隅を楊枝でほじくる……150
正直の頭に神宿る……152
正直貧乏横着栄耀……152
正直者が馬鹿を見る……152
酸いも甘いも嚙み分ける……160
竹を割ったよう……186
卵を見て時夜を求む……193
短気は損気……195
血も涙もない……198
面の皮の千枚張り……206
煮ても焼いても食えぬ……236
糠に釘……239
暖簾に腕押し……248
一筋縄で行かぬ……266

▶感情・喜怒哀楽

足下から鳥が立つ……11
鬼の目にも涙……70
快哉を叫ぶ……77
逆鱗に触れる……117
青天の霹靂……166
血湧き肉躍る……201
角を出す……205
手の舞い足の踏む所を知らず……209
苦虫を嚙み潰したよう……234
寝耳に水……245
鳩に豆鉄砲……255
臍が茶を沸かす……282

仏の顔も三度……288
柳眉を逆立てる……322
笑う門には福来る……330

▶容姿・男女・老若

薊の花も一盛り……10
あの声で蜥蜴食らうか時鳥……18
痘痕も靨……18
色の白いは七難隠す……44
鶯鳴かせた事もある……47
老いたる馬は道を忘れず……62
老いては子に従え……62
男は閾を跨げば七人の敵あり……68
男は度胸 女は愛嬌……68
男やもめに蛆がわき 女やもめに花が咲く……68
鬼も十八 番茶も出花……70
女心と秋の空……75
女賢しうして牛売り損なう……75
女三人寄れば姦しい……75
女は三界に家なし……76
騏驎も老いては駑馬に劣る……106
人生七十 古来稀なり……158
蓼食う虫も好き好き……190
立てば芍薬 座れば牡丹……190
卵に目鼻……193
長幼の序……201
年寄りの冷や水……219
年寄りの昔話……219
掃き溜めに鶴……250
顰みに倣う……263
人は見かけによらぬもの……268
人は見目よりただ心……269
目は口ほどに物を言う……303
目は心の鏡……303
夜目 遠目 笠の内……319
柳眉を逆立てる……322
六十の手習い……326
若気の至り……328

▶無能・軽薄・愚者

明るけりゃ月夜だと思う……4
空き樽は音が高い……5
浅瀬に仇浪……10
慌てる乞食は貰いが少ない……24
一丁字を知らず……38
一斑を見て全豹を卜す……39
井の中の蛙大海を知らず……42
烏合の衆……47
鵜の真似する烏……52
陸に上がった河童……65
蛙の行列……78
株を守りて兎を待つ……89
邯鄲の歩み……95
愚者も一得……110
管を以て天を窺う……110
暗闇から牛を引きだす……113
螻蛄才……117
猿に木登り……138
小人閑居して不善をなす……153
井蛙は以て海を語るべからず……165
薪を抱きて火を救う……185
たくらだ猫の隣歩き……185
月夜の蟹……204
泥棒捕らえて縄を綯う……223
夏の虫 氷を笑う……229

怠け者の節供働き……231
西も東もわからぬ……236
能なしの口叩き……246
馬鹿と鋏は使いよう……249
馬鹿に付ける薬はない……250
馬鹿の一つ覚え……250
箸にも棒にも掛からぬ……252
舟盗人を徒歩で追う……279
舟に刻みて剣を求む……279
分別過ぐれば愚に返る……282
下手の考え休むに似たり……283

▶有能・知恵・賢者

一目置く……34
一葉落ちて天下の秋を知る……35
一を聞いて十を知る……35
一頭地を抜く……38
海に千年 河に千年……54
快刀乱麻を断つ……77
間然するところなし……95
腐っても鯛……109
口も八丁 手も八丁……111
君子は豹変す……114
鶏群の一鶴……115
弘法筆を択ばず……124
材大なれば用を為し難し……134
三人寄れば文殊の知恵……141
麝あれば香し……149
知らざるを知らずとせよ是知るなり……155
知る者は言わず 言う者は知らず……156
千里の馬も伯楽に逢わず……172
大疑は大悟の基……179
大魚は小池に棲まず……179
大功を成す者は衆に謀らず……179
多多益益弁ず……188
玉磨かざれば光なし……193
知恵と力は重荷にならぬ……196
知恵は小出しにせよ……196
知恵は万代の宝……196
智に働けば角が立つ……198
天上天下 唯我独尊……211
天 二物を与えず……212
能ある鷹は爪を隠す……246
万卒は得易く 一将は得難し……261
実るほど頭の下がる稲穂かな……298
名馬に癖あり……301
目から鼻へ抜ける……302
両雄並び立たず……323
瑠璃も玻璃も照らせば光る……324
和して同ぜず……329

▶後悔・心配・用心

浅い川も深く渡れ……9
羹に懲りて膾を吹く……16
後の祭り……17
蟻の穴から堤の崩れ……23
案ずるより産むが易い……24
石橋を叩いて渡る……29
急がば回れ……30
後ろ髪を引かれる……49
生まれぬ前の襁褓定め……53
固唾を呑む……83
勝って兜の緒を締めよ……84
君子危うきに近寄らず……113
後悔先に立たず……120
転ばぬ先の杖……131

死んだ子の年を数える……158
急いては事を仕損ずる……166
前車の覆るは後車の戒め…170
前車の轍を踏む……170
備えあれば患いなし……176
大敵と見て恐れず小敵と見て侮らず……181
念には念を入れよ……245
杯中の蛇影……249
古傷は痛み易い……280
蛇に噛まれて朽ち縄に怖じる……284
臍を噛む……288
幽霊の正体見たり枯れ尾花……314
養虎の患い……316

▶欲望・期待・希望

虻蜂取らず……18
株を守りて兎を待つ……89
大欲は無欲に似たり……183
卵を見て時夜を求む……193
二兎を追う者は一兎をも得ず……237
棒ほど願って針ほど叶う…286
待つ間が花……291
待てば海路の日和あり……292
貰い物は夏も小袖……307
柳の下の泥鰌……310
欲に頂無し……317
欲の熊鷹 股裂くる……317
来年の事を言えば鬼が笑う…319
隴を得て蜀を望む……326

▶努力・忍耐・苦労

雨垂れ 石を穿つ……19
石の上にも三年……28
運根鈍……56
縁の下の力持ち……61
金の草鞋で尋ねる……88
韓信の股くぐり……95
艱難 汝を玉にす……96
堪忍袋の緒が切れる……96
勤勉は成功の母……108
愚公 山を移す……108
蛍雪の功……116
犬馬の労……119
人事を尽くして天命を待つ……157
辛抱する木に金がなる……159
尺蠖の屈するは伸びんがため……168
千里の道も一歩より……172
高きに登るには低きよりす……183
叩けよさらば開かれん……187
他人の飯を食う……191
玉磨かざれば光なし……193
塵も積もれば山となる……201
鶴の粟 蟻の塔……206
釣瓶縄 井桁を断つ……207
天は自ら助くる者を助く…213
鳴くまで待とう時鳥……227
七転び八起き……229
成らぬ堪忍するが堪忍……232
忍の一字は衆妙の門……239
百里の道は九十里が半ば…272
楽人 楽を知らず……320
ローマは一日にして成らず……326
若い時の苦労は買うてでもせよ……327

▶勇気・信念・決意

石に立つ矢……28
一寸の虫にも五分の魂……37
清水の舞台から飛び下りる……106
義を見てせざるは勇無きなり……107
賽は投げられた……134
少年よ大志を抱け……153
青雲の志……165
精神一到何事か成らざらん……165
千万人と雖も吾往かん……171
大勇は勇ならず……182
天知る 地知る 我知る 人知る……211
図南の翼……220
念力岩を徹す……246
背水の陣……248
匹夫も志を奪うべからず……265
舟を焼く……279

▶弁舌・噓・秘密

空き樽は音が高い……5
揚げ足をとる……8
浅瀬に仇浪……10
言い勝ち功名……25
言いたい事は明日言え……25
言うは易く行うは難し……25
言わぬが花……45
売り言葉に買い言葉……55
奥歯に物が挟まる……65
語るに落ちる……83
蟹の念仏……86
壁に耳……89
神様にも祝詞……90
看板に偽りあり……97
狐を馬に乗せたよう……100
口も八丁 手も八丁……111
巧言令色鮮し仁……121
囁き千里……136
舌の根の乾かぬうち……146
寸鉄人を刺す……164
竹屋の火事……186
叩けば埃が出る……187
立て板に水……190
狸が人に化かされる……191
忠言耳に逆らう……199
手前味噌を並べる……209
長口上は欠伸の種……225
鳴く虫は捕らえられる……227
二の句が継げない……237
二枚舌を使う……237
能なしの口叩き……246
吐いた唾は呑めぬ……249
馬鹿も休み休み言え……250
這っても黒豆……254
話し上手は聞き上手……256
歯に衣着せぬ……257
半畳を入れる……261
秘事は睫……263
吠える犬は噛みつかぬ……287
眉に唾を付ける……293
丸い卵も切りようで四角……293
物言えば唇寒し秋の風……305
物は言いよう……306
薬石の言……308
綸言 汗の如し……324

▶体裁・誇張・恥

頭隠して尻隠さず……14

命長ければ恥多し……42
内裸でも外錦……52
会稽の恥……77
餓鬼の断食……80
沽券にかかわる……126
面の皮を剥ぐ……206
取らずの大関……221
虎の威を藉る狐……222
内心忸怩たる思い……224
逃がした魚は大きい……234
猫を被る……244
馬脚を露す……250
白髪三千丈……251
化けの皮が剝がれる……252
張り子の虎……259
針ほどのことを棒ほどに言う……260
人は見かけによらぬもの……268
馬子にも衣裳……291
羊頭を懸けて狗肉を売る……317

人間関係

▶愛情・男女関係

愛多ければ憎しみ至る……3
秋の扇……5
秋の鹿は笛に寄る……6
悪女の深情け……8
痘痕も靨……18
磯の鮑の片思い……31
一押し 二金 三男……32
縁は異なもの味なもの……62
屋烏の愛……65
思えば思わるる……72
恋に師匠なし……119
恋は盲目……120
好いた同士は泣いても連れる……160
据え膳食わぬは男の恥……160
蓼食う虫も好き好き……190
近惚れの早飽き……196
遠くて近きは男女の仲……216
鳴かぬ蛍が身を焦がす……226
生木を裂く……230
汝の敵を愛せよ……233
憎い憎いは可愛いの裏……235
鼻毛を抜く……256
鼻毛を伸ばす……256
氷炭相愛す……273
覆水盆に返らず……277
惚れて通えば千里も一里……289
目に入れても痛くない……302
元の鞘へ収まる……304
焼け木杭に火がつく……309
落花流水の情……321
両手に花……323
悋気は女の七つ道具……324

▶夫婦・家庭

悪妻は百年の不作……7
鴛鴦の契り……60
お前百までわしゃ九十九まで……71
髪結いの亭主……90
琴瑟相和す……107
知らぬは亭主ばかりなり……156
糟糠の妻……174
玉の輿に乗る……193
亭主の好きな赤烏帽子……207
似た者夫婦……236
女房と畳は新しいほうがよい……238

女房は半身上……238
蚤の夫婦……247
破鏡再び照らさず……251
蓮の台の半座を分かつ……254
牝鶏晨す……274
夫婦喧嘩は犬も食わぬ……276
へっついより女房……284
牝鶏につつかれて時をうたう……303
元の鞘へ収まる……304
嫁を貰えば親を貰え……319
破れ鍋に綴じ蓋……330

▶親子・親族

秋茄子 嫁に食わすな……5
石に布団は着せられぬ……28
一姫二太郎……34
いつまでもあると思うな親と金……39
打たれても親の杖……51
生みの親より育ての親……54
瓜の蔓に茄子はならぬ……55
親が親なら子も子……72
親の意見と茄子の花は千に一つも仇はない……73
親の因果が子に報う……73
親の心子知らず……73
親の脛を齧る……74
親の光は七光……74
蛙の子は蛙……78
可愛い子には旅をさせよ……93
兄弟は他人の始まり……105
孝行のしたい時分に親はなし……121
声無きに聴き 形無きに視る……125
骨肉相食む……128
子供の喧嘩に親が出る……129
この親にしてこの子あり……129
子は親を映す鏡……130
子は鎹……130
子は三界の首枷……130
子を視ること親に如かず……132
獅子の子落とし……144
児孫の為に美田を買わず……146
せつない時は親……168
総領の甚六……175
立っている者は親でも使え……189
他人の飯を食わねば親の恩は知れぬ……191
父の恩は山よりも高く母の恩は海よりも深し……197
血は水よりも濃い……198
遠い親戚より近くの他人……216
鳶が鷹を生む……220
這えば立て 立てば歩めの親心……249
鳩に三枝の礼あり 烏に反哺の孝あり……255
一人子は国に憚る……269
一人娘に婿八人……269
冷や酒と親の意見は後の薬……273
風樹の嘆……276
蝮の子は蝮……292
娘三人持てば身代潰す……301
持つべきものは子……304
焼け野の雉子 夜の鶴……309

▶友情・仲間・近所

麻に連るる蓬……10

牛は牛づれ馬は馬づれ……49
馬には乗ってみよ人には添うてみよ……53
益者三友 損者三友……57
同じ穴の狢……68
同じ釜の飯を食う……69
鐘も撞木の当たり柄……88
肝胆相照らす……95
管鮑の交わり……97
昨日の友は今日の仇……101
犬猿の仲……118
雑魚の魚交じり……136
去る者は追わず……138
去る者は日日に疎し……138
蛇の道は蛇……149
朱に交われば赤くなる……151
水魚の交わり……159
太鼓も桴の当たりよう……179
断琴の交わり……195
竹馬の友……197
同舟相救う……214
同病相憐む……215
遠い親戚より近くの他人……216
とかく近所に事なかれ……217
朋有り遠方より来る……221
刎頸の交わり……281
藪の中のうばら……311
湯の山の道連れ……315
類は友を呼ぶ……324
和して同ぜず……329
和を以て貴しとなす……330

▶師弟・主従・奉公

青は藍より出でて藍より青し……4
一将功成りて万骨枯る……36
衣鉢を継ぐ……42
飼い犬に手を噛まれる……76
驥尾に附す……102
謦咳に接する……114
後塵を拝す……123
三尺下がって師の影を踏まず……140
使うものは使われる……202
殿の犬には食われ損……220
奉公人に使われる……285
勇将の下に弱卒なし……314

▶協力・相談・敵味方

油に水……19
魚心あれば水心……46
小田原評定……67
胸襟を開く……105
船頭多くして船山へ上る……170
敵に塩を送る……207
敵もさるもの引っ掻くもの……208
氷炭相容れず……273
下手な味方は無いがまし……283
蛇に蛙……284
目の上の瘤……303
物は相談……306
世は相持ち……318

▶喧嘩・別れ・仲裁

挨拶は時の氏神……3
相手のない喧嘩は出来ぬ……3
雨降って地固まる……22
怒れる拳 笑顔に当たらず……26
鼬の最後っ屁……32
売り言葉に買い言葉……55
蝸牛角上の争い……80

喧嘩両成敗……118
多勢に無勢……186
闘う雀 人を恐れず……187
叩かれた夜は寝やすい……187
立つ鳥 跡を濁さず……190
血で血を洗う……197
泣く子と地頭には勝たれぬ……227
寝首を掻く……241
覆水盆に返らず……277
真綿で首を絞める……293
真綿に針を包む……293
両雄並び立たず……323

▶恩・情・仇・憎悪

仇を恩で報ずる……15
魚を得て筌を忘る……46
江戸の敵を長崎で討つ……59
恩を仇で返す……76
酒買って尻切られる……135
大恩は報ぜず……178
搗いた餅より心持ち……201
情けが仇……228
情けの酒より酒屋の酒……228
情けは人の為ならず……228
情けも過ぐれば仇となる……228
憎き鷹には餌を飼え……235
鼠壁を忘る 壁鼠を忘れず……244
喉元過ぎれば熱さを忘れる……247
人を呪わば穴二つ……270
坊主憎けりゃ袈裟まで憎い……286
虫酸が走る……300
目には目 歯には歯……303

社会生活

▶衣食住・生まれ育ち

家柄より芋茎……25
家貧しくして孝子顕る……26
芋の煮えたも御存じない……43
氏より育ち……49
海魚腹から川魚背から……53
お里が知れる……66
駆けつけ三杯……81
五臓六腑に沁みわたる……128
魚は殿様に焼かせよ 餅は乞食に焼かせよ……135
酒は飲むとも飲まるるな……135
酒は百薬の長……136
空き腹にまずい物無し……161
雀百まで踊り忘れず……162
匂い松茸 味しめじ……234
猫も跨いで通る……243
花より団子……257
人酒を飲む 酒酒を飲む 酒人を飲む……266
河豚は食いたし命は惜しし……278
名物に旨い物なし……302
安かろう悪かろう……309
安物買いの銭失い……309

▶仕事・出世・処世

商い三年……5
商いは牛の涎……5
商人の空誓文……6
商人の元値……7
後は野となれ山となれ……17
急がば回れ……30

梲が上がらない……51
運根鈍……56
縁の下の筍……61
駕籠に乗る人 担ぐ人 そのまた草鞋を作る人……81
金槌の川流れ……86
閑古鳥が鳴く……94
鶏口となるも牛後となるなかれ……115
芸は道によって賢し……116
鯉の滝登り……119
恒産無き者は恒心無し……122
故郷へ錦を衣て帰る……126
先んずれば人を制す……135
士族の商法……146
沙弥から長老……150
すまじきものは宮仕え……163
急いては事を仕損ずる……166
積薪の嘆……167
創業は易く守成は難し……173
損して得取れ……177
損せぬ人に儲けなし……178
渡世は八百八品……219
二足の草鞋を履く……236
日計足らずして歳計余り有り……236
左前になる……264
人と屏風は直ぐには立たず……266
一旗揚げる……268
人は道によって賢し……269
見猿 聞か猿 言わ猿……295
身過ぎは草の種……295
餅は餅屋……304
寄らば大樹の蔭……319

▶習慣・趣味・道楽

医者の不養生……30
易者身の上知らず……58
烏の行水……91
形影相弔う……114
芸は身を助く……116
紺屋の白袴……125
粋が身を食う……159
好きこそ物の上手なれ……161
雀百まで踊り忘れず……162
手のない将棋は負け将棋……209
習い性となる……231
習うより慣れよ……232
早起きは三文の徳……258
下手の考え休むに似たり……283
下手の横好き……284
三つ子の魂百まで……297
病膏肓に入る……312
宵っ張りの朝寝坊……316

▶金銭・実利・富裕

悪銭身に付かず……8
明日の百より今日の五十……13
阿弥陀も銭で光る……20
有る時払いの催促なし……24
一銭を笑う者は一銭に泣く……38
海老で鯛を釣る……60
栄耀の餅の皮……60
大鍋の底は撫でても三杯……64
驕る平家は久しからず……65
親子の仲でも金銭は他人……73
金が敵……87
金さえあれば飛ぶ鳥も落ちる……87

金で面を張る……87
金の切れ目が縁の切れ目……87
金は天下の回り物……88
金持ち喧嘩せず……88
漁夫の利……106
槿花一日の栄……107
地獄の沙汰も金次第……143
詩を作るより田を作れ……157
銭ある時は鬼をも使う……168
損せぬ人に儲けなし……178
宝は身の仇……184
ただより高いものはない……188
近火で手を焙る……196
長者に二代なし……199
富みては驕る……221
無いが意見の総じまい……224
無い袖は振れない……224
某より金貸し……230
名を棄てて実を取る……232
濡れ手で粟……241
左団扇で暮らす……263
富貴 天にあり……275
富貴は浮雲の如し……276
布施ない経に袈裟を落とす……278
古川に水絶えず……280
安かろう悪かろう……309
安物買いの銭失い……309
我が物と思えば軽し笠の雪……328

▶病気・困窮・助け

顎で蠅を追う……9
家貧しくして孝子顕る……26
医者が取るか坊主が取るか……29
医者と味噌は古いほどよい……29
医者の不養生……30
鬼の霍乱……69
尾羽打ち枯らす……70
溺れる者は藁をも摑む……71
稼ぐに追いつく貧乏なし……83
窮すれば通ず……104
窮鼠猫を嚙む……104
健康は富にまさる……118
采薪の憂い……134
地獄で仏……143
四百四病より貧の苦しみ……148
赤貧洗うが如し……167
爪に火を灯す……205
鳴かず飛ばず……225
腹八分目に医者いらず……259
貧者の一灯……274
貧すれば鈍する……274
貧にして楽しむ……275
貧乏人の子沢山……275
貧乏暇なし……275
焼け跡の釘拾い……308
病は気から……312
よい中から養生……316
渡りに舟……329
藁にもすがる……330

▶噂・評判・名誉

悪事千里を走る……7
浮き名を流す……47
後ろ指をさされる……49
噂をすれば影がさす……56
聞いて極楽見て地獄……98
囁き千里……136
死馬の骨を買う……148

人口に膾炙する……157
曽参 人を殺す……174
大徳は小怨を滅ぼす……181
虎は死して皮を留め人は死して名を残す……222
名を竹帛に垂る……233
抜け駆けの功名……240
根も葉もない……245
人の噂も七十五日……266
人の口に戸は立てられぬ……267
人は一代 名は末代……267
見ると聞くとは大違い……299
洛陽の紙価貴し……320
流言は知者に止まる……322

▶礼儀・道徳

仰いで天に愧じず……4
衣食足りて礼節を知る……30
陰徳あれば陽報あり……45
遠慮は無沙汰……62
己の欲せざる所は人に施すなかれ……70
カエサルの物はカエサルに……78
渇しても盗泉の水を飲まず……84
瓜田に履を納れず……85
親しき仲に礼儀あり……146
礼も過ぎれば無礼になる……325
我が身を抓って人の痛さを知れ……328

▶戦略・計画・方法

いざ鎌倉……26
一年の計は元旦にあり……33
一擲乾坤を賭す……38
運用の妙は一心に存す……57
海老で鯛を釣る……60
隗より始めよ……78
彼を知り己を知れば百戦殆からず……93
窮余の一策……105
苦肉の策……111
砂上の楼閣……136
三十六計逃げるに如かず……140
死中に活を求める……147
死馬の骨を買う……148
将を射んとせば先ず馬を射よ……154
宋襄の仁……174
鯛なくば狗母魚……181
血で血を洗う……197
敵は本能寺にあり……208
毒を以て毒を制す……218
捕らぬ狸の皮算用……222
生兵法は大怪我のもと……231
肉を斬らせて骨を斬る……235
寝首を掻く……241
猫の首に鈴……242
猫を追うより皿を引け……243
背水の陣……248
馬鹿と鋏は使いよう……249
舟を焼く……279
洞が峠をきめこむ……289

▶学芸・教育・知識

一寸の光陰軽んずべからず……37
一丁字を知らず……38
田舎の学問より京の昼寝……40
韋編三度絶つ……43
瓜に爪あり爪に爪なし……55

教うるは学ぶの半ば……66
学問に王道なし……80
眼光紙背に徹す……94
聞くは一時の恥 聞かぬは一生の恥……99
芸術は長く人生は短し……115
蛍雪の功……116
十遍読むより一遍写せ……147
少年老い易く学成り難し……153
鉄は熱いうちに打て……208
手習いは坂に車を押すが如し……208
習わぬ経は読めぬ……232
百芸達して一心足らず……272
文は人なり……281
ペンは剣よりも強し……285
亡羊の嘆……287
学びて思わざれば則ち罔し……292
孟母三遷の教え……304
門前の小僧習わぬ経を読む……308
洛陽の紙価貴し……320
魯魚の誤り……326
論語読みの論語知らず……326

▶郷里・土地・風俗

東男に京女……13
阿波に吹く風は讃岐にも吹く……24
越鳥南枝に巣くい 胡馬北風に嘶く……58
江戸っ子は五月の鯉の吹き流し……59
江戸っ子は宵越しの銭は使わぬ……59
国破れて山河在り……112
郷に入っては郷に従う……124
故郷へ錦を衣て帰る……126
住まば都……163
住めば都……164
旅の恥は掻き捨て……192
旅は憂いもの辛いもの……192
旅は道連れ世は情け……192
所変われば品変わる……218
ナポリを見てから死ね……230
人間到る処青山あり……238
預言者 郷里に容れられず……317

▶地位・権力・繁栄

殷鑑遠からず……45
栄耀の餅の皮……60
驕る平家は久しからず……65
奢る者は心嘗に貧し……66
お山の大将俺一人……74
鼎の軽重を問う……86
牛耳を執る……103
鶏口となるも牛後となるなかれ……115
功成り名遂げて身退くは天の道なり……124
鹿を指して馬と為す……142
すべての道はローマに通ず……163
中原に鹿を逐う……198
月満つれば則ち虧く……203
天下は回り持ち……210
とかく近所に事なかれ……217
上り一日下り一時……247
平家を滅ぼすは平家……282
ローマは一日にして成らず……326

成否・比較

▶好機・幸運・吉事

一富士 二鷹 三茄子……34
犬も歩けば棒に当たる……41
命の洗濯……42
有卦に入る……47
牛に引かれて善光寺詣り……49
思い立ったが吉日……72
終わり良ければすべて良し……74
果報は寝て待て……90
鴨が葱を背負ってくる……91
奇貨居くべし……98
怪我の功名……116
好機逸すべからず……121
好事 魔多し……122
最後に笑う者の笑いが最上……133
積善の家には必ず余慶あり……167
棚から牡丹餅……191
出船に船頭待たず……209
為せば成る……229
残り物に福がある……246
一旗揚げる……268
火のない所に煙は立たぬ……271
盆と正月が一緒に来たよう……289
物には時節……306
笑う門には福来る……330

▶危険・災難・悪事

悪事千里を走る……7
悪事身にとまる……7
悪銭身に付かず……8
阿漕が浦に引く網……9
足下から火がつく……11
頭の黒い鼠……14
後足で砂をかける……17
危ない橋を渡る……18
網に掛かった魚……21
危うきこと累卵の如し……22
板子一枚 下は地獄……31
一難去ってまた一難……33
一災起これば二災起こる……36
一髪 千鈞を引く……39
犬も歩けば棒に当たる……41
命あっての物種……41
魚の釜中に遊ぶが如し……46
鬼が出るか蛇が出るか……69
火事場の馬鹿力……82
火中の栗を拾う……84
危急存亡の秋……98
獅子身中の虫……144
焦眉の急……154
前門の虎 後門の狼……172
俎上の魚……176
側杖を食う……177
叩けば埃が出る……187
池魚の殃……197
土仏の水遊び……204
轍鮒の急……208
毒を食らわば皿まで……217
虎の尾を踏む……222
泣き面に蜂……226
濡れ衣を着せる……241
猫が糞を踏む……242
根を断って葉を枯らす……245
喉元過ぎれば熱さを忘れる……247

薄氷を履むが如し……252
梯子を外される……252
風前の灯火……276
豚を盗んで骨を施す……279
踏んだり蹴ったり……281
魔が差す……289
弱り目に祟り目……319
竜の頷の珠を取る……322
燎原の火……323
禍独り行かず……328

▶無理・無駄・失敗

空き家で声嗄らす……6
虻蜂取らず……18
脂に画き 氷に鏤む……19
網の目に風たまらず……21
過ちて改めざる是を過ちと謂う……22
過ちては改むるに憚ることなかれ……22
過ちは好む所にあり……23
磯際で船を破る……31
一敗 地に塗れる……39
犬に論語……40
犬の川端歩き……40
魚の木に登るが如し……46
牛に対して琴を弾ず……48
絵に描いた餅……59
屋上屋を架す……65
貝殻で海を量る……76
河清を俟つ……82
河童の川流れ……84
株を守りて兎を待つ……89
画竜点睛を欠く……92
川立ちは川で果てる……93
邯鄲の歩み……95
狐その尾を濡らす……100
木に縁りて魚を求む……101
九仞の功を一簣に虧く……104
孔子の倒れ……109
弘法にも筆の誤り……124
砂上の楼閣……136
匙を投げる……136
猿も木から落ちる……138
失敗は成功のもと……147
釈迦に説法……149
上手の手から水が漏る……153
前車の覆るは後車の戒め……170
前車の轍を踏む……170
千日の萱を一日……171
千慮の一失……172
草履履き際で仕損じる……175
大海を手で塞ぐ……178
大黒柱を蟻がせせる……179
太鼓を打てば鉦が外れる……180
大根を正宗で切る……180
薪を抱きて火を救う……185
畳の上の水練……188
月夜に提灯……204
豆腐に鎹……215
十日の菊 六日の菖蒲……216
二階から目薬……234
逃がした魚は大きい……234
人参飲んで首くくる……239
糠に釘……239
猫に小判……242
走れば躓く……253
葉をかいて根を断つ……260
万事休す……261
引かれ者の小唄……262
飛鳥尽きて良弓蔵る……264
百日の説法屁一つ……272

豚に真珠……278
舟盗人を徒歩で追う……279
棒に振る……286
仏作って魂入れず……288
骨折り損の草臥れ儲け……288
枡で量って箕でこぼす……291
水の泡……296
元の木阿弥……304
元も子も失う……305
焼け石に水……309
山に躓かずして垤に躓く……313
闇夜の錦……313
弓折れ 矢尽く……316
連木で腹切る……325

▶勝負・優劣・比較

彼方立てれば此方が立たぬ……15
一日の長……32
雲泥の差……57
帯に短し襷に長し……71
勝って兜の緒を締めよ……84
勝つも負けるも時の運……85
勝てば官軍 負ければ賊軍……85
五十歩百歩……127
柔能く剛を制す……151
小異を捨てて大同につく……152
小の虫を殺して大の虫を助ける……154
小を捨て大につく……154
相撲に勝って勝負に負ける……164
大事の前の小事……180
多勢に無勢……186
月と鼈……202
敵に塩を送る……207
手も足も出ない……209
団栗の背比べ……223
敗軍の将は兵を語らず……248
伯仲の間……251
下手があるので上手が知れる……282
負けるが勝ち……290
目糞 鼻糞を笑う……302

▶運不運・苦楽・変転

飛鳥川の淵瀬……12
鼬の道切り……32
一の裏は六……33
一寸先は闇の夜……37
有為転変は世の習い……45
有卦に入る……47
運は天にあり……57
勝つも負けるも時の運……85
禍福は糾える縄の如し……89
昨日の敵は今日の味方……101
昨日の友は今日の仇……101
昨日の淵は今日の瀬……101
苦杯を嘗める……112
苦は楽の種……112
孔子も時に遭わず……122
塞翁が馬……132
皿嘗めた猫が科を負う……137
失敗は成功のもと……147
捨てる神あれば拾う神あり……162
滄桑の変……174
大吉は凶に還る……178
月満つれば則ち虧く……203
始めあるものは必ず終わりあり……253
降れば必ずどしゃ降り……281

負けるも勝つも運次第……291
世の中は三日見ぬ間に桜かな
……318
楽あれば苦あり……320
禍を転じて福となす……329

▶大小・強弱・長短

独活の大木……52
枝を伐って根を枯らす……58
大男 総身に知恵が回りかね
……63
鬼に金棒……69
餓鬼に苧殻……79
雀の涙……162
大は小を兼ねる……182
小さくとも針は呑まれぬ……196
長所は短所……199
角を矯めて牛を殺す……205
鶴の脛切るべからず……206
蛞蝓に塩……231
歯亡びて舌存す……258
氷山の一角……273
弁慶の泣き所……285

その他

▶神仏・縁

鰯の頭も信心から……44
縁なき衆生は度し難し……61
神様にも祝詞……90
神は見通し……90
苦しい時の神頼み……113
後生が大事……128
狭き門より入れ……169
袖振り合うも他生の縁……176
叩けよさらば開かれん……187
天に目なし……212
天の配剤……212
天網恢恢疎にして漏らさず
……213
人はパンのみにて生くるにあらず……268
布施ない経に袈裟を落とす
……278
仏ほっとけ神構うな……288
凡夫盛んに神祟りなし……289

▶自然・季節・景観

秋の日は釣瓶落とし……6
朝雨 女の腕まくり……9
暑さ寒さも彼岸まで……16
狐の嫁入り……100
災害は忘れた頃にやって来る
……133
春宵一刻直千金……151
春眠暁を覚えず……152
天高く馬肥ゆ……211
灯火親しむべし……213
ナポリを見てから死ね……230

▶時間・歳月・歴史

一年の計は元旦にあり……33
一寸の光陰軽んずべからず
……37
光陰矢の如し……120
歳月人を待たず……133
月日に関守なし……203
時は金なり……217
故きを温ねて新しきを知る
……280
昔は今の鏡……300
歴史は繰り返す……325

状況別索引

●祝辞・スピーチ・ビジネスでの訓話など、生活の場面に合わせたことわざ・成句を見出し語から抜粋しました。

結婚・祝辞

一姫二太郎……34
陰徳あれば陽報あり……45
鴛鴦の契り……60
縁は異なもの味なもの……62
お前百までわしゃ九十九まで……71
華燭の典……82
琴瑟相和す……107
恋に師匠なし……119
父の恩は山よりも高く母の恩は海よりも深し……197
遠くて近きは男女の仲……216
女房は半身上……238
蓮の台の半座を分かつ……254
惚れて通えば千里も一里……289

ビジネス・訓話

商い三年……5
商いは牛の涎……5
浅い川も深く渡れ……9
明日の百より今日の五十……13
新しい酒は新しい革袋に盛れ……15
生き馬の目を抜く……26
一将功成りて万骨枯る……36
一寸先は闇の夜……37
一銭を笑う者は一銭に泣く……38
一擲乾坤を賭す……38
色眼鏡で見る……44
運根鈍……56
大鉈を振るう……64
飼い犬に手を噛まれる……76
隗より始めよ……78
風が吹けば桶屋が儲かる……82
鐘も撞木の当たり柄……88
彼を知り己を知れば百戦殆からず……93
危急存亡の秋……98
狂瀾を既倒に廻らす……105
鶏口となるも牛後となるなかれ……115
好機逸すべからず……121
狡兎死して走狗烹らる……123
志は木の葉に包め……127
先んずれば人を制す……135
小異を捨てて大同につく……152
商売は元値にあり……154
知る者は言わず 言う者は知らず……156
末大なれば必ず折る……160
前車の覆るは後車の戒め……170
船頭多くして船山へ上る……170
創業は易く守成は難し……173
備わるを一人に求むなかれ……177
損して得取れ……177
太鼓も桴の当たりよう……179
使うものは使われる……202
時は金なり……217

泣いて馬謖を斬る……225
為せば成る……229
名を棄てて実を取る……232
日計足らずして歳計余り有り……236
猫の手も借りたい……243
敗軍の将は兵を語らず……248
裸一貫……254
万卒は得易く 一将は得難し……261
飛鳥尽きて良弓蔵る……264
一旗揚げる……268
山に躓かずして垤に躓く……313
勇将の下に弱卒なし……314
寄らば大樹の蔭……319

褒める

青は藍より出でて藍より青し……4
一日の長……32
一を聞いて十を知る……35
縁の下の力持ち……61
快刀乱麻を断つ……77
亀の甲より年の劫……91
痒い所に手が届く……91
義を見てせざるは勇無きなり……107
正直の頭に神宿る……152
清濁併せ呑む……165
先見の明……169
栴檀は双葉より芳し……170
立てば芍薬 座れば牡丹……190
端倪すべからざる……195
掉尾を飾る……200
使っている鍬は光る……202
釣瓶縄 井桁を断つ……207
桃李もの言わざれど下自ら蹊を成す……215
虎は死して皮を留め人は死して名を残す……222
七転び八起き……229
話し上手は聞き上手……256
実るほど頭の下がる稲穂かな……298
名馬に癖あり……301
山高きが故に貴からず……312
有終の美……314

励ます・慰める

雨垂れ 石を穿つ……19
雨降って地固まる……22
一寸の光陰軽んずべからず……37
一寸の虫にも五分の魂……37
勝つも負けるも時の運……85
活を入れる……85
科に盈ちて後進む……86
禍福は糾える縄の如し……89
艱難 汝を玉にす……96
勤勉は成功の母……108
苦は楽の種……112
蛍雪の功……116
光陰矢の如し……120
孔子も時に遭わず……122
弘法にも筆の誤り……124
塞翁が馬……132
失敗は成功のもと……147
人事を尽くして天命を待つ……157
精神一到何事か成らざらん……165
千里の馬も伯楽に逢わず……172

玉磨かざれば光なし……193
手習いは坂に車を押すが如し……208
飛ばんとするものは翼伏す……220
流るる水は腐らず……226
人間到る処青山あり……238
冬来りなば春遠からじ……280
楽あれば苦あり……320
若い時の苦労は買うてでもせよ……327
禍を転じて福となす……329
我人に辛ければ人また我に辛し……330

叱る・諭す

過ちて改めざる是を過ちと謂う……22
過ちては改むるに憚ることなかれ……22
慌てる乞食は貰いが少ない……24
言うは易く行うは難し……25
いつまでもあると思うな親と金……39
井の中の蛙大海を知らず……42
鵜の真似する烏……52
絵に描いた餅……59
奢る者は心嘗に貧し……66
学問に王道なし……80
勝って兜の緒を締めよ……84
画竜点睛を欠く……92
歳月人を待たず……133
三尺下がって師の影を踏まず……140
初心忘るべからず……155
知らざるを知らずとせよ是知るなり……155
辛抱する木に金がなる……159
千里の道も一歩より……172
備わるを一人に求むなかれ……177
忠言耳に逆らう……199
富みては驕る……221
生兵法は大怪我のもと……231
人のふり見て我がふり直せ……267
蒔かぬ種は生えぬ……290
学びて思わざれば則ち罔し……292
物には時節……306
良薬は口に苦し……323
若い時の苦労は買うてでもせよ……327

謙遜する・敬意を表す

枯れ木も山の賑わい……92
驥尾に附す……102
愚者も一得……110
謦咳に接する……114
犬馬の齢……119
犬馬の労……119
後塵を拝す……123
采薪の憂い……134
年寄りの冷や水……219
駑馬に鞭打つ……220
鳶が鷹を生む……220
馬齢を重ねる……260
日暮れて途遠し……262
顰みに倣う……263
下手の横好き……284
馬子にも衣装……291

編集協力・DTP組版　株式会社 日本レキシコ
校正　株式会社 鷗来堂

実用ことわざ新辞典　ポケット判

編　者　高橋書店編集部
発行者　高橋秀雄
編集者　髙橋秀行
発行所　株式会社 高橋書店
〒170-6014
東京都豊島区東池袋3-1-1 サンシャイン60 14階
電話　03-5957-7103

ISBN978-4-471-17228-2　W-7-⑧

本書の内容についてのご質問は「書名、質問事項(ページ、内容)、お客様のご連絡先」を明記のうえ、郵送、FAX、ホームページお問い合わせフォームから小社へお送りください。
回答にはお時間をいただく場合がございます。また、電話によるお問い合わせ、本書の内容を超えたご質問にはお答えできませんので、ご了承ください。
本書に関する正誤等の情報は、小社ホームページもご参照ください。

【内容についての問い合わせ先】

書　面　〒170-6014　東京都豊島区東池袋3-1-1
サンシャイン60 14階　高橋書店編集部
F A X　03-5957-7079
メール　小社ホームページお問い合わせフォームから
(https://www.takahashishoten.co.jp/)

【不良品についての問い合わせ先】

ページの順序間違い・抜けなど物理的欠陥がございましたら、電話03-5957-7076へお問い合わせください。ただし、古書店等で購入・入手された商品の交換には一切応じられません。